Del sentimiento trágico de la vida
en los hombres y en los pueblos

Sección: Literatura

Miguel de Unamuno:

Del sentimiento trágico de la vida
en los hombres
y en los pueblos

Prólogo de Fernando Savater

El Libro de Bolsillo
Alianza Editorial
Madrid

Primera edición en "El Libro de Bolsillo": 1986
Quinta reimpresión en "El Libro de Bolsillo": 1995

© Herederos de Miguel de Unamuno
© Alianza Editorial, S. A., Madrid, 1986, 1991, 1992, 1993, 1994, 1995
   Calle Juan Ignacio Luca de Tena, 15; 28027 Madrid; teléf. 393 88 88
   ISBN: 84-206-0168-3
   Depósito legal: M. 31.292-1995
   Impreso en Lavel, S. A., Pol. Ind. Los Llanos
   C/ Gran Canaria, 12. Humanes (Madrid)
   Printed in Spain

Un eterno purgatorio, pues, más que una Gloria; una ascensión eterna. Si desaparece todo dolor, por puro y espiritualizado que lo supongamos, toda ansia, ¿qué hace vivir a los bienaventurados?

Suele decirse que los escritores más notables de una época, aquellos que durante su vida han recabado más intensamente la atención —aversión o fervor— de los contemporáneos, pasan al morir por un purgatorio de duración variable, una especie de puesta entre paréntesis que contrasta con su vehemente presencia anterior: acabado este período expiatorio, se instalan para siempre en la gloria de los elegidos, en el limbo de los estudiados a pie de página en los manuales o en el infierno del puro y simple olvido. A Unamuno le ha correspondido la gloria, de eso no cabe duda, pero no hecha de admiración sin mácula y reconocimiento pleno; su gloria es litigiosa, pugnaz, pródiga en ironía y escándalo, en dudas y reconvenciones: así le hubiera, sin duda, gustado a él. Como ocurre a cuantos practican géneros diversos después de haber sido adscritos perentoriamente a uno por la opinión pública, so pretexto de ensalzar su maestría en «lo suyo» se cuestiona su importancia en todo lo demás. Para quienes le tienen ante todo por ensayista, su poesía es demasiado secamente conceptual; quienes le decretan poeta, denuncian en sus ensayos demasia-

dos caprichos líricos; sus novelas y sus piezas teatrales son o
muy «filosóficas» o vagamente «poéticas». En cuanto a sus
ideas e intervenciones políticas, se resienten a la vez de todos
los excesos y deficiencias que se atribuyen a quien no es en
nada auténtico especialista: contradicciones, divagación, tem-
peramentalismo, irrealidad, individualismo extremo, etc. Y es
que todavía la división en géneros es más importante que la
especificidad de cada protagonista creador, porque ayuda a
dividirle metodológica y valorativamente, permitiendo, por
tanto, vencerle. Unamuno fue en persona y personaje el escritor total, el escritor metido a ensayista, poeta, novelista, dra-
maturgo, político, místico, hereje... Un metomentodo, cuyo
vigor e interés estriba precisamente en no querer resignarse a
hacer algo como es debido, es decir, exclusivamente. Quien no
es capaz de comprender que la gracia del teatro de Unamuno
es que remite a sus ensayos y su poesía, como ésta reclama sus
novelas, y los ensayos exigen mística, política y ficción narra-
tiva, puede que haya nacido para profesor universitario, pero
desde luego no para lector. Hay autores que son sólo un pretexto para su obra —Cervantes quizá, o Mallarmé— y hay
otros para los que su obra es ni más ni menos que una coar-
tada expresiva, irrelevante si no se les tiene presentes a ellos
mismos: Unamuno perteneció característicamente a este último
grupo. Lo que Walt Whitman escribió de «Hojas de yerba»
—«Quien toca este libro, toca a un hombre»— podría decirlo incluso con más nítida razón don Miguel como presen-
tación de cualquiera de sus escritos en verso o prosa.

En el estrecho campo de liza de la filosofía española contemporánea clásica se ha hecho de Unamuno el adversario re-
ferencial y tópico de los otros dos cabezas de serie, Ortega y
Gasset y Eugenio d'Ors: el tercero no ya en discordia, sino
para la discordia. Este papel discordante ciertamente lo aco-
gió don Miguel con empeñoso entusiasmo, viendo en este culto
conflicto a la vez su tarea vocacional y su liberación. Cuando
Unamuno salta a la palestra con ánimo batallón, se le nota
aliviado y hasta fogosamente distendido, mientras que en sus
raros momentos no adversativos, sino asertóricos suele mostrar-
se tenso, premioso, irreconciliable consigo mismo por falta de

disputa ajena. La valoración actual —lo que no quiere decir «definitiva»— de los tres pensadores escolarmente enfrentados y quizá secretamente cómplices es también diversa y mutuamente polémica. El reciente centenario de Ortega ha servido para que se haga énfasis hasta la hipérbole en la tarea ilustradora del fundador de «Revista de Occidente», introductor en nuestra órbita intelectual de figuras, problemas y modos de esencial modernidad en Europa. El clasicismo conceptuoso y sabiamente estetizante de Eugenio d'Ors, junto al propio estilo de su lenguaje catalán —magnífico en su exigencia, aunque a veces perverso en su esoterismo nigromante—, le aseguran también un aura modernista y fundacional en la senda de la reflexión creadora. ¿Y Unamuno? ¿No es el que se ha quedado más «viejo» de todos, precisamente por no haber querido jamás ser ni «nuevo» ni «clásico»? Este hombre que lo había leído todo no fue embajador de ninguna tendencia europea que pudiera resultar académicamente aprovechable; asiduo de Schopenhauer, Nietzsche y Kierkegaard, se le puede considerar generosamente como precursor del existencialismo, movimiento filosófico ocurrido en Francia —donde se le conocía tangencial y escasamente—, pero no en España, su lugar natural de influencia. Por su temática demasiado explícitamente impregnada de religiosidad —diferencia radical con Ortega y D'Ors, que son laicos a todos los defectos—, por su misma brusquedad retórica —carente tanto de distanciamiento científico como de preciosismo mundano—, Unamuno resulta intempestivo y difícil de incorporar a la fundación de ese nuevo pensamiento español que ocupaba a sus colegas. Aunque quizá, por una paradoja de las suyas, las condiciones que le aislaron en su día nos le acercan hoy. Unamuno no fue moderno, pero es probable que en virtud de eso mismo vaya a resultar ahora posmoderno. *A primera vista, esta opinión puede parecer una mera concesión a los ídolos momentáneos de la tribu cultural: si por posmodernidad se entiende una disposición intelectual* light, *nadie más berroqueñamente* hard *que don Miguel. Y sin embargo...*

Uno de los rasgos esenciales del temperamento posmoderno es el cultivo teórico y práctico, en la ideolgía y en las costum-

bres, del narcisismo. Se entiende por tal el énfasis autoscópico,
la fijación en los problemas corporales y anímicos del sujeto
individual, sus perplejidades sentimentales o estéticas, sus an-
helos y temores, su decadencia. Se opone esta disposición a la
que prevalecía en la veintena de los cincuentas y sesentas, con-
movidos por las cuestiones colectivas e inquisitoriales contra el
subjetivismo, renunciativos, internacionalistas. Entonces lo
importante era colaborar anónimamente al triunfo de grandes
principios universales, estar comprometidos en una batalla his-
tórica cuyo ámbito abarcaba el mundo entero; en la actual
era narcisista el único principio por el que se lucha es el de
la conservación, imposición y plenitud del propio yo —que
también puede ser una identidad nacional, de grupo o sec-
ta— sin rendir pleitesía ni a veces prestar tan siquiera con-
sideración a la armonía de conjunto. Pues bien, Miguel de
Unamuno fue lo que podríamos llamar sin chuscada un nar-
cisista *trascendental. Ya se sabe que todos los pensadores real-*
mente importantes, personales, de la edad moderna se han pro-
pulsado a partir de una o dos urgencias simples, es decir, uno
o dos intereses apasionados convertidos en intuición origina-
ria. Lo cual no tiene nada que ver con la articulación de un
sistema filosófico, pues lo que se acaba de señalar no es menos
válido para Pascal o Kierkegaard que para Hegel. En todo
caso, a la existencia de tal núcleo intelectual se debe ese no
sé qué de compacto *que tienen los verdaderos filósofos —por*
dispersos y aun contradictorios que sean en la ejecución de su
obra escrita— frente al deshuesamiento ecléctico y mimético
de los simples comentaristas de ideas ajenas. Es preciso tam-
bién señalar que esa urgencia o interés apasionado puede de-
berse al carácter del pensador o a su circunstancia histórica,
surgiendo en ocasiones del presente y otras veces actualizando
una intuición primordial. Todo Kant se centra en torno a un
pálpito tan deudor de su siglo como el de la autonomía racional, *mientras que el cronológicamente posterior Schopen-*
hauer halla su impulso en la abolición del deseo, *infinita-*
mente más antiguo y de raigambre más oriental que occiden-
tal. La urgencia íntima esencial que motivó la reflexión de
Unamuno es de una índole que podemos calificar sin inexac-

titud ni demérito como narcisista; en ella se aúna algo que viene de muy atrás con una reivindicación característicamente contemporánea, formando así ese modelo complejo que la actual posmodernidad debería reconocer como propio.

El narcisismo trascendental de Unamuno puede desglosarse en dos afanes radicales: ansia de inmortalidad y ansia de conflicto polémico. Los dos constituyen, como es obvio, propósitos de autoafirmación, incluso de regodeo en el propio yo. Que a don Miguel no le diera la gana morirse, así como que rechazara el abstracto consuelo de formas de supervivencia impersonales, no viene a ser más que una forma de asegurar con el mayor pathos que quería seguir siendo él mismo —en cuerpo, alma y memoria— para siempre jamás; que no buscara paz en esta vida ni en la otra, sino gloria conflictiva, disputa, esfuerzo y contradicción, significa que no entendía su yo como algo pasivamente recibido y acomodado a los requisitos del existir, sino como trofeo que debía conquistarse a sí mismo para luego asestarse al resto del universo, como un sello indeleble o un pendón victorioso. Contra las acusaciones de egocentrismo, se defendió diciendo que lo que él quería no era ni más ni menos que lo anhelado por todos: «¿Egoísmo, decís? Nada hay más universal que lo individual, pues lo que es de cada uno lo es de todos... Eso que llamáis egoísmo es el postulado de la gravedad psíquica, etc.» Sin embargo, resulta más convincente cuando proclama su propio afán que cuando, como de pasada, y quizá por miramiento al prójimo, asegura que nadie desea cosa distinta. Abundan los testimonios respetables en contra, desde el «j'ai douleur d'être moi» de la canción de Jacques Brel hasta la reconvención que le hace Borges, señalando que por su parte ve en la muerte total un lenitivo de la vida y un refugio contra la carga de la conciencia personal. Hay quien sólo soporta ser quien es porque sabe que alguna vez dejará definitivamente de serlo, y muchos padecen con la obligación de enfrentamiento y pugna que la autoafirmación social nos impone. El apego a sí mismo de Unamuno, al menos en su explicitud inmediata, no puede ser generalizado sin reservas.

Un doble equívoco en este peculiar narcisismo: considerar el afán de inmortalidad como una preocupación ante todo religiosa, entender el ánimo agónico como simple cuestión profana, disputa civil o empecinamiento soberbio. Veamos ambos extremos más cerca. «No quiero morirme, no; no quiero, ni quiero quererlo; quiero vivir siempre, siempre, siempre, y vivir yo, este pobre yo que me soy y me siento ser ahora y aquí, y por esto me tortura el problema de la duración de mi alma, de la mía propia»: a mi juicio, lo más importante de este párrafo sintomático estriba en ese «ni quiero quererlo». Unamuno no quiere morir, pero sobre todo no quiere querer morir, no quiere verse obligado a querer morir. La duración de su alma, planteamiento religioso de una inquietud que no lo es, le interesa a partir de su no querer morir ni querer verse obligado a quererlo. Pero ¿hay algo menos religioso, más estrictamente impío, que no querer morir? ¿Qué otra cosa ordena nuestra religión sino precisamente aceptar la muerte? O mejor, lo que la religión manda, su precepto esencial, no es sino esto: has de querer morir. La verdadera vida del cristiano nace precisamente de su muerte, de su aceptación de la muerte, de su «sí, quiero» nupcial a la muerte. Desde el punto de vista auténticamente religioso no hay más que una forma de vencer a la muerte y consiste en desearla ardiente, desesperadamente: «muero porque no muero». En puridad cristiana, el afán de vivir eternamente equivale al suplicante anhelo de morir cuanto antes. Creer en Dios es creer en su posibilidad de rescatarnos de la muerte, en su capacidad absurda y triunfal de vencer a la necesidad después de ocurrido lo irreversible. La tarea de Dios es invertir el sentido de la muerte ya acaecida y reconstruirnos a partir del abismo de la nada, del que nos hizo brotar un día. Pero antes, ahora, cuanto más pronto mejor, es preciso morir y querer piadosamente morir. De aquí la parsimonia de Cristo en lo tocante a alterar el orden natural de la muerte por medio de indiscretas y, digámoslo así, desmoralizadoras resurrecciones antes de tiempo, tan espléndidamente reflejado por Rilke en su poema «La resurrección de Lázaro»: pues El soñaba que a Marta y María debería bastarles el saber que era capaz, pero como no es así, se decide a operar «lo prohibido en la tranquila naturaleza», no sin tremenda reticencia, «pues le aterrorizaba ahora que todos los muertos / quisieran regresar a través de la succionada / fosa, donde uno de ellos, cual entumecida larva / se incorporaba ya de su posición horizontal». La cadena de las resurrecciones prematuras anularía el sentido mismo de la trascendencia religiosa, cuyo esencial acto de fe consiste en desear la muerte como prueba de que se cree en Dios.

Unamuno no quiere querer la muerte, rechaza el verse obligado a quererla ni siquiera como prenda de vida eterna. No aspira a la resurrección, como sería lo piadoso, sino a no morir, deseo frontalmente anticristiano, aunque el lenguaje en que se expresa sea tan deudor de la ortodoxia cristiana. No se engañaron los inquisidores del Index Libri Prohibitorum cuando incluyeron sus dos obras principales en el catálogo de los réprobos. Por si hubiera dudas, Unamuno insiste en que lo que apetece es seguir viviendo tal como es y como quien es, con su mismo lote psíquico y físico, en carne y hueso: no quiere ser redimido de sus miserias e insuficiencias, no quiere que le promocionen a cuerpo glorioso, pues entonces ya no podría seguir siendo él mismo. De lo único que acepta verse libre es del tedio y del miedo a la muerte, que son ambos consecuencia directa del falseamiento de la vida por la obligación de morir. Cuando imagina la «otra vida», que para él tendría que ser la prolongación sempiterna de ésta sin la censura purificadora de la muerte como tránsito, rechaza la idea de gloria porque excluye la posibilidad de dolor y sin dolor la vida ya no seguiría siendo la suya, sino la de los ángeles o la de los muertos resucitados: y ésa no la quiere. El infinito purgatorio, la ascensión eterna con su esforzado penar, es el mito que le parece más acorde con su apetito de inmortalidad; pero aun así es hereje, pues la puridad de la ortodoxia enseña que el purgatorio no puede ser para siempre. Se parece tanto éste a la vida que tiene necesariamente que acabar para dar paso a algo radicalmente distinto —para bien o para mal—, otra condición ya sin parangón con lo que el hombre de carne y hueso llama precisamente vida.

*No morir no es morir para resucitar, ni tampoco perdurar
en la memoria de los hombres o en las conquistas frágilmente
instituidas de las colectividades. La inmortalidad de carne y
hueso de Unamuno no se aviene con el «muero porque no muero» del cristiano, pero tampoco con el «non omnis moriar» del
pagano que se consuela con la fama post-mortem, ni con la
supervivencia diluida en una empresa comunitaria. Si él ha
de morir de veras, totalmente, en la aniquilación de su conciencia y la disyunción definitiva de su carne y de sus huesos,
ya nada le interesa lo que los hombres celebren de él o el destino de las empresas comunes en las que colaboró durante su
vida. Su individualidad concreta desaparecerá en estos ersatz
de inmortalidad no menos que en la trascendencia cristiana
pasada por una muerte que tiene que ser absolutamente real
para que Dios pueda ejercer su auténtica hegemonía. Se con-
firma así la irreligiosidad de fondo —la forma, a veces, es contradictoria, como siempre en este paradójico metódico—, de
tal apetito de inmortalidad, que rechaza también los leniti-
vos de los más asentados modelos laicos de supervivencia religiosa, es decir, deshuesada. Ni la fama personal, ni la perduración en los grandes logros culturales o políticos de la humanidad le bastan a Unamuno: de hecho, no atañen siquiera
a la radicalidad de su anhelo. Y por eso con razón habló don
Miguel de «sentimiento trágico de la vida». Trágico, es decir,
imposible de reconciliar con lo que sabemos o con lo que tra-
dicionalmente esperamos, inaquietable, sin asideros verosími-
les de ningún tipo y, sin embargo, urgente, que no deja de azu-
zar. El cristianismo no es trágico: marca más bien una salida
hipotética, propuesta a la voluntad de creer, de la asfixiante
evidencia trágica. Tampoco los grandes proyectos políticos,
científicos o artísticos asumen francamente lo trágico —lo sin
salida ni componenda posible, plausible— ni lo asume el renombre tributado por museos y manuales académicos: todo esto
es subreligión, infrainmortalidad, derivativos turbios de la
pasión trágica. Unamuno elige mantenerse en la más desolada pureza de ésta, en la demanda de una inmortalidad tanto más perentoria cuanto que todo la desmiente y que la niegan
de hecho hasta los credos que se atreven a prometerla a su
modo.*

En la reclamación de inmortalidad formulada por Unamuno, bajo apariencia y terminología religiosas, hay una impiedad de fondo que acabamos de mostrar. Algo así como un narcisismo definitivo cuya sincera hondura tiene que ser atea, del mismo rango que el de aquella «Oración del ateo» que don Miguel incluyó en su «Rosario de sonetos líricos»: «Sufro yo a tu costa / Dios no existente, pues si Tú existieras / existiría yo también de veras.» Lo que habitualmente se considera como su preocupación de más neta raigambre cristiana es en realidad una inquietud trágica, es decir, anticristiana. La otra vertiente de la íntima urgencia que sirve de motor a su reflexión hemos dicho que fue el animus disputandi, afán de contradicción y polémica. A diferencia del anterior suele ser considerado como un movimiento profano, muestra de enfermiza irritabilidad o ganas de llevar la contraria para unos, refrenado de egolatría quisquillosa y soberbia para los menos amables. Sin embargo, aquí pudiera estar precisamente lo más religioso y aun cristiano del pensamiento de don Miguel. Para él, lo propiamente humano es luchar contra lo evidente, contra lo vigente, cuestionar lo que ya se da de hecho y que, por tanto, convierte una posibilidad libre en necesidad. En «La agonía del cristianismo» lo expresa así: «Los hombres buscan la paz, se dice. Pero ¿es esto verdad? Es como cuando se dice que los hombres buscan la libertad. No, los hombres buscan la paz en tiempo de guerra, y la guerra, en tiempo de paz; buscan la libertad bajo la tiranía y buscan la tiranía bajo la libertad.» La empresa humana consiste en oponerse a lo que se nos ofrece como irremediable, como dado. ¿Por qué? Porque en lo irremediable nuestra peculiaridad se desdibuja, se funde en la repetición del decorado. Es preciso obrar de tal manera que en cada una de nuestras opciones se quiebre la rutina de lo intercambiable: tal pudiera ser el imperativo categórico de la moral de Unamuno. «Ha de ser nuestro mayor esfuerzo el de hacernos insustituibles, el de hacer una verdad práctica del hecho teórico —si es que esto de hecho teórico no envuelve una contradictio in adiecto— de que es cada uno de nosotros único e irreemplazable, de que no puede llenar otro el hueco que dejamos al morirnos.» Que si la muerte llega, nos

*sorprenda resistiendo contra la gran tentación de la muerte:
hacernos a todos por fin ineluctablemente iguales.*

El ímpetu agónico de Unamuno es religioso en el sentido de
que intenta superar la fragmentación acomodaticia del ser:
cuando don Miguel discute, aunque sea de nimiedades o de
lo que Chesterton llamaría «enormes minucias», lo hace por rabia contra la finitud y como protesta por cuanto queda fuera
de él, al margen de su esforzadamente conquistado «yo». No
querer conformarse con nuestro destino de simple porción, aspirar alucinatoriamente a fagocitar el todo, a convertirlo todo
en «yo», he aquí una tarea específicamente religiosa, en el sentido más amplio y auténtico de la palabra. Dice Unamuno
que el universo empezó con un infinito de materia y un cero
de espíritu y que nuestra misión es empeñarnos en que llegue
a un cero de materia y a un infinito de espíritu: este tipo de
enormidad es sin duda desesperadamente religiosa, lleva un
sello desaforado que no es de este mundo. Imponerse a los demás es amarles: así, Unamuno se revela como fiel a ese cristianismo esencial que la decadencia de la Iglesia nos ha querido maquillar con dulzuras que no le cuadran. El precepto
cristiano es de entrega, se nos amonestará empalagosamente;
pero Unamuno pone las cosas en su sitio: «Entregarse supone,
lo he de repetir, imponerse. La verdadera moral religiosa es,
en el fondo, agresiva, invasora.» No se refiere evidentemente
a cualquier *moral religiosa*, no al budismo o al taoísmo, sino
que con fiereza inequívoca habla del cristianismo; y es también el amor cristiano el que describe así: «Amar al prójimo
es querer que sea como yo, que sea otro yo, es decir, es querer
yo ser él; es querer borrar la divisoria entre él y yo, suprimir
el mal. Mi esfuerzo por imponerme a otro, por ser y vivir yo
en él y de él, por hacerlo mío —que es lo mismo que hacerme
suyo—, es lo que da sentido religioso a la colectividad humana.» Por una parte, luchar por hacernos insustituibles y
contra el igualitarismo forzoso de la muerte; por otra, querer
convertir al otro en mí, imponerme a él hasta fundirnos en un
solo y único yo (aunque Unamuno intenta mostrar como equi-
valente el hacer al otro mío o el hacerme yo del otro, siempre
habla de imponerme yo al otro y nunca de permitir que el otro

se me imponga): pues bien, esta contradicción lleva al absurdo o a la religión, que es la forma más elevada y socialmente aceptada de él. No nos engañemos, esta propuesta dominante nada tiene que ver con la ética entendida como valoración racional, pues en la ética lo que yo reconozco precisamente en el otro es su derecho —idéntico al mío— a inventarse infinitamente como diferente: la moral que propone Unamuno es netamente religiosa, no humanista laica. De modo que ocurre en el pensamiento del rector de Salamanca como en el del profesor de Koenisberg: que la religiosidad que niega o sabotea en su primer gran impulso teórico retorna luego allí donde menos se la esperaba ya, como razón práctica.

«Del sentimiento trágico de la vida en los hombres y en los pueblos» se publicó por vez primera en 1913, en vísperas de la gran conflagración mundial que inauguró otro siglo sanguinario y despótico, como todos. No se trata de una obra serena, ni concluyente; no abre nuevos caminos de indagación —más bien maldice de algunos de los más prestigiosos— ni favorece de ningún modo la integración de la arriscada España en el mercado europeo de las ideas. Por este libro vaga lanzando clamores el yo de Unamuno, desatado, como un ornitorrinco, según la malignamente certera expresión de Ortega. Ese yo asusta, impacienta, fatiga: como si se tratara de un extraño marsupial antidiluviano, el lector lo ve evolucionar con cierto reparo y no sabe cómo arreglárselas con él. Y es que también el yo, como cualquier otra noción fundamental, tiene sus alzas y bajas en la cotización de la bolsa filosófica. En el año treinta y siete, unos cuantos meses después de la muerte de Unamuno, el joven Albert Camus anotaba en sus Carnets: *«¡El culto del yo! ¡Hágame el favor! ¿Qué yo y qué personalidad? Cuando contemplo mi vida y su color secreto, siento en mí como un temblor de lágrimas.» Demasiadas cosas iban siendo trituradas a lo largo de las décadas recientes como para que el yo unamuniano no resultara algo impúdico, un desplante fuera de lugar o un intento trágico de monopolizar individualmente una atención solicitada por tantas tragedias colectivas. Por lo demás, desde el punto de vista de la objetividad científica, nada podía sacarse en*

limpio de tales vociferaciones de energúmeno. Y aunque Una-
muno tenía señalado que, a su juicio, la filosofía se acuesta
más hacia la poesía que hacia la ciencia, tampoco la relaja-
ción formal y el descoyuntamiento del sentido que marcaron
la poesía del siglo, precisamente a partir de los mismos años
en que apareció «Del sentimiento trágico» podían favorecer
una lectura calibradamente poética de esta pieza irritante de
reflexión sin mesura. El mensaje impresionó, con todo, pero
quedó como pendiente, ahorcado espectacularmente en la alta
ventolera convulsa del siglo, aviso huérfano de un genial ex-
travagante, cuyo destino parecía vedarle juntamente el ser ol-
vidado y el saber dejar huellas fecundas.

Ahora que ya puede leerse otra vez todo sin que nadie se
atreva a buscar inmediatamente remedios para nada, quizá
«Del sentimiento trágico» pueda ser degustado con mayor cer-
canía. Aquí se brinda el lado grave y fiero del narcisismo, la
cara oculta del lifting, *del* footing *y de la meditación tras-*
cendental con yogui de guardarropía haciendo el oso. No es
obra para ponernos por fin de acuerdo, pero al menos colabo-
rará seriamente con un desacuerdo que no suele ser demasia-
do consciente de sus motivos últimos. Cuando llegó a París,
huido de su confinamiento isleño bajo Primo de Rivera, Una-
muno fue entrevistado por Benoist-Méchin, quien le preguntó
qué había leído durante su cautividad. «He leído lo esencial:
Byron», respondió don Miguel. Pues bien, en uno de los más
característicos textos de Byron, «Manfred», puede encontrarse
esta espléndida caracterización digna de Shakespeare: «We
are the fools of time and terror.» *Somos los bufones del tiem-*
po y del terror, tal fue la convicción de fondo de Unamuno du-
rante toda su ejecutoria reflexiva. Pero desde el tiempo y el
terror que nos acosan alzamos una reclamación, una protesta,
un canto y así se nos acerca subjetivamente la dignidad trá-
gica que los hechos —y su mera administración positivista—
nos niegan. No es suficiente, pero es suficiente; suena a énfasis
ridículo, pero es lo único no ridículo a nuestro alcance; no lleva
a ninguna parte, pero nos ahínca al menos donde estamos; voz

que brota del atormentado capricho de uno solo y voz de todos, voz impuesta y desmentida por herederos rebeldes pero que vuelven a acercársele.

Fernando SAVATER
Donostia-Madrid, enero de 1986

1. El hombre de carne y hueso

Homo sum; nihil humani a me alienum puto, dijo el cómico latino. Y yo diría más bien: *Nullum hominem a me alienum puto;* soy hombre, a ningún otro hombre estimo extraño. Porque el adjetivo *humanus* me es tan sospechoso como su sustantivo abstracto *humanitas,* la humanidad. Ni lo humano ni la humanidad, ni el adjetivo simple, ni el adjetivo sustantivo, sino el sustantivo concreto: el hombre. El hombre de carne y hueso, el que nace, sufre y muere —sobre todo muere—, el que come, y bebe, y juega, y duerme, y piensa, y quiere: el hombre que se ve y a quien se oye, el hermano, el verdadero hermano.

Porque hay otra cosa, que llaman también hombre, y que es el sujeto de no pocas divagaciones más o menos científicas. Y es el bípedo implume de la leyenda, el ζωον πολιτκόν de Aristóteles, el contratante social de Rousseau, el *homo oeconomicus* de los manchesterianos, el *homo sapiens,* de Linneo, o, si se quiere, el mamífero vertical. Un hombre que no es de aquí o de allí, ni de esta época o de la otra; que no tiene ni sexo ni patria, una idea, en fin. Es decir, un no hombre.

El nuestro es el otro, el de carne y hueso; yo, tú, lector mío: aquel otro de más allá, cuantos pisamos sobre la tierra.

Y este hombre concreto, de carne y hueso, es el sujeto y el supremo objeto a la vez de toda filosofía, quiéranlo o no ciertos sedicentes filósofos.

En las más de las historias de la filosofía que conozco se nos presenta a los sistemas como originándose los unos de los otros, y sus autores, los filósofos, apenas aparecen sino como meros pretextos. La íntima biografía de los filósofos, de los hombres que filosofaron, ocupa un lugar secundario. Y es ella, sin embargo, esa íntima biografía, la que más cosas nos explica.

Cúmplenos decir, ante todo, que la filosofía se acuesta más a la poesía que no a la ciencia. Cuantos sistemas filosóficos se han fraguado como suprema concinación de los resultados finales de las ciencias particulares, en un período cualquiera, han tenido mucha menos consistencia y menos vida que aquellos otros que representaban el anhelo integral del espíritu de su autor.

Y es que las ciencias, importándonos tanto y siendo indispensables para nuestra vida y nuestro pensamiento, nos son, en cierto sentido, más extrañas que la filosofía. Cumplen un fin más objetivo, es decir, más fuera de nosotros. Son, en el fondo, cosa de economía. Un nuevo descubrimiento científico, de los que llamamos teóricos, es como un descubrimiento mecánico, el de la máquina de vapor, el teléfono, el fonógrafo, el aeroplano, una cosa que sirve para algo. Así, el teléfono puede servirnos para comunicarnos a distancia con la mujer amada. Pero ésta, ¿para qué nos sirve? Toma uno el tranvía eléctrico para ir a oír una ópera, y se pregunta: «¿Cuál es en este caso más útil, el tranvía o la ópera?»

La filosofía responde a la necesidad de formarnos una concepción unitaria y total del mundo y de la vida, y como consecuencia de esa concepción, un sentimiento que engendre una actitud íntima y hasta una acción. Pero resulta que ese sentimiento, en vez de ser consecuencia de aquella concepción, es causa de ella. Nuestra filosofía, esto es, nuestro modo de comprender o de no comprender el mundo y la vida brota de nuestro sentimiento respecto a la vida misma. Y ésta, como todo lo afectivo, tiene raíces subconcientes, inconcientes tal vez.

No suelen ser nuestras ideas las que nos hacen optimistas o pesimistas, sino que es nuestro optimismo o nuestro pesimismo, de origen fisiológico o patológico quizá, tanto el uno como el otro, el que hace nuestras ideas.

El hombre, dicen, es un animal racional. No sé por qué no se haya dicho que es un animal afectivo o sentimental. Y acaso lo que de los demás animales le diferencia sea más el sentimiento que no la razón. Más veces he visto razonar a un gato que no reír o llorar. Acaso llore o ría por dentro, pero por dentro acaso también el cangrejo resuelva ecuaciones de segundo grado.

Y así, lo que en un filósofo nos debe más importar es el hombre.

Tomad a Kant, al hombre Manuel Kant, que nació y vivió en Koenigsberg a fines del siglo XVIII y hasta pisar los umbrales del XIX. Hay en la filosofía de este hombre Kant, hombre de corazón y de cabeza, es decir, hombre, un significativo salto, como habría dicho Kierkegaard, otro hombre —¡y tan hombre!—, el salto de la *Crítica de la razón pura* a la *Crítica de la razón práctica*. Recostruye en ésta, digan lo que quieran los que no ven al hombre, lo que en aquella abatió. Después de haber examinado y pulverizado con su análisis las tradicionales pruebas de la existencia de Dios, del Dios aristotélico, que es el Dios que corresponde al ζωον πολιτικόν, del Dios abstracto, del primer motor inmóvil, vuelve a reconstruir a Dios, pero al Dios de la conciencia, el autor del orden moral, al Dios luterano, en fin. Ese salto de Kant está ya en germen en la noción luterana de la fe.

El un Dios, ,el Dios racional, es la proyección al infinito de fuera del hombre por definición, es decir, del hombre abstracto, del hombre no hombre, y el otro Dios, el Dios sentimental o volitivo, es la proyección al infinito de dentro del hombre por vida, del hombre concreto, de carne y hueso.

Kant reconstruyó con el corazón lo que con la cabeza había abatido. Y es que sabemos, por testimonio de los que le conocieron y por testimonio propio, en sus cartas y manifestaciones privadas, que el hombre Kant, el solterón un si es no es egoísta, que profesó filosofía en Koenigsberg a fines del siglo de la Enciclopedia y de la diosa Razón, era un hombre muy preocupado del problema. Quiero decir del único verdadero problema vital, del que más a las entrañas nos llega, del problema de nuestro destino individual y personal, de la inmortalidad del alma. El hombre Kant no se resignaba a morir del todo. Y porque no se resignaba a morir del todo dio el salto aquel, el salto inmortal, de una a otra crítica.

Quien lea con atención y sin antojeras la *Crítica de la razón práctica,* verá que, en rigor, se deduce en ella la existencia de Dios de la inmortalidad del alma, y no ésta de aquélla. El imperativo categórico nos lleva a un postulado moral que exige, a su vez, en el orden teleológico, o más bien escatológico, la inmortalidad del alma, y para sustentar esta inmortalidad aparece Dios. Todo lo demás es escamoteo de profesional de la filosofía.

El hombre Kant sintió la moral como base de la escatología, pero el profesor de filosofía invirtió los términos.

Ya dijo no sé dónde otro profesor, el profesor y hombre Guillermo James, que Dios para la generalidad de los hombres es el productor de inmortalidad. Sí, para la generalidad de los hombres, incluyendo al hombre Kant, al hombre James y al hombre que traza estas líneas que estás, lector, leyendo.

Un día, hablando con un campesino, le propuse la hipótesis de que hubiese, en efecto, un Dios que rige cielo y tierra. Conciencia del Universo, pero que no por eso sea el alma de cada hombre inmortal en el sentido tradicional y concreto. Y me respondió: «Entonces, ¿para qué Dios?» Y así se respondían en el recóndito foro de su conciencia el hombre Kant y el hombre James. Sólo que al actuar como profesores tenían que justificar racionalmente esa actitud tan poco racional. Lo que no quiere decir, claro está, que sea absurda.

Hegel hizo célebre su aforismo de que todo lo racional es real y todo lo real racional; pero somos muchos los que, no convencidos por Hegel, seguimos creyendo que lo real, lo realmente real, es irracional: que la razón construye sobre irracionalidades. Hegel, gran definidor, pretendió reconstruir el universo con definiciones, como aquel sargento de Artillería decía que se construyen los cañones tomando un agujero y recubriéndolo de hierro.

Otro hombre, el hombre José Butler, obispo anglicano, que vivió a principios del siglo XVIII, y de quien dice el cardenal católico Newman que es el hombre más grande de la Iglesia anglicana, al final del capítulo primero de su gran obra sobre la analogía de la religión (*The Analogy of Religion*), capítulo que trata de la vida futura, escribió estas preñadas palabras: «Esta credibilidad en una vida futura, sobre lo que tanto aquí se ha insistido, por poco que satisfaga nuestra curiosidad, parece responder a los propósitos todos de la religión tanto como respondería una prueba demostrativa. En realidad, una prueba, aun demostrativa, de una vida futura, no sería una prueba de la religión. Porque el que hayamos de vivir después de la muerte es cosa que se compadece tan bien con el ateísmo y que puede ser por éste tan tomada en cuenta como el que ahora estamos vivos, y nada puede ser, por tanto, más absurdo que argüir del ateísmo que no puede haber estado futuro.»

El hombre Butler, cuyas obras acaso conociera el hombre Kant, quería salvar la fe en la inmortalidad del alma, y para ello la hizo independiente de la fe en Dios. El capítulo primero de su *Analogía* trata, como os digo, de la vida futura, y el segundo, del gobierno de Dios por premios y castigos. Y es que, en el fondo, el buen obispo anglicano deduce la existencia de Dios de la inmortalidad del alma. Y como el buen obispo anglicano partió de aquí, no tuvo que dar el salto que a fines de su mismo siglo tuvo que dar el buen filósofo luterano. Era un hombre el obispo Butler, y era otro hombre el profesor Kant.

Y ser un hombre es ser algo concreto, unitario y sustantivo, es ser cosa, *res*. Y ya sabemos lo que otro hombre, el hombre Benito Spinoza, aquel judío portugués que nació y vivió en Holanda a mediados del siglo XVII, escribió de toda cosa. La proposición sexta de la parte III de su *Etica*, dice: *unaquaeque res, quantum in se est, in suo esse persevere rare conatur;* es decir, cada cosa, en cuanto es en sí, se esfuerza por perseverar en su ser. Cada cosa, en cuanto es en sí, es decir, en cuanto sustancia, ya que, según él, sustancia es *id quod in se est et per se concipitur,* lo que es por sí y por sí se concibe. Y en la siguiente proposición, la séptima, de la misma parte, añade: *conatus, quo unaquaeque res in suo esse perseverare conatur, nihil est praeter ipsius rei actualem essentiam;* esto es, el esfuerzo con que cada cosa trata de perseverar en su ser no es sino la esencia actual de la cosa misma. Quiere decirse que tu esencia, lector, la mía, la del hombre Spinoza, la del hombre Butler, la del hombre Kant y la de cada hombre que sea hombre, no es sino el conato, el esfuerzo que pone en seguir siendo hombre, en no morir. Y la otra proposición que sigue a estas dos, la octava, dice: *conatus, quo unaquaeque res in suo esse perseverare conatur, nullum tempus finitum, sed indefinitum involvit;* o sea, el esfuerzo con que cada cosa se esfuerza por perseverar en su ser, no implica tiempo finito, sino indefinido. Es decir, que tú, yo y Spinoza queremos no morirnos nunca y que este nuestro anhelo de nunca morirnos es nuestra esencia actual. Y, sin embargo, este pobre judío portugués, desterrado en las nieblas holandesas, no pudo llegar a creer nunca en su propia inmortalidad personal, y toda su filosofía no fue sino una consolación que fraguó para esa su falta de fe. Como a otros les duele una mano, o un pie, o el corazón, o la cabeza, a Spinoza le dolía Dios. ¡Pobre hombre! ¡Y pobres hombres los demás!

Y el hombre, esta cosa, ¿es una cosa? Por absurda que parezca la pregunta, hay quienes se la han propuesto. Anduvo no ha mucho por el mundo una cierta doctrina que llamábamos positivismo, que hizo mucho bien y mucho mal. Y entre otros males que hizo, fue el de traernos un género tal de análisis que los hechos se pulverizaban con él, reduciéndose a polvo de hechos. Los más de los que el positivismo llamaba hechos no eran sino fragmentos de hechos. En psicología su acción fue deletérea. Hasta hubo escolásticos metidos a literatos —no digo filósofos metidos a poetas, porque poeta y filósofo son hermanos gemelos, si es que no la misma cosa— que llevaron el análisis psicológico positivista a la novela y al drama, donde hay que poner en pie hombres concretos, de carne y hueso, y en fuerza de estados de conciencia, las conciencias desaparecieron. Les sucedió lo que dicen sucede con frecuencia al examinar y ensayar ciertos complicados compuestos químicos orgánicos, vivos, y es que los reactivos destruyen el cuerpo mismo que se trata de examinar, y lo que obtenemos son no más que productos de su composición.

Partiendo del hecho evidente de que por nuestra conciencia desfilan estados contradictorios entre sí, llegaron a no ver claro la conciencia, el yo. Preguntarle a uno por su yo es como preguntarle por su cuerpo. Y cuenta que al hablar del yo hablo del yo concreto y personal, no del yo de Fichte, sino de Fichte mismo, del hombre Fichte.

Y lo que determina a un hombre, lo que le hace *un* hombre, uno y no otro, el que es y no el que no es, es un principio de unidad y un principio de continuidad. Un principio de unidad primero, en el espacio, merced al cuerpo, y luego en la acción y en el propósito. Cuando andamos, no va un pie hacia adelante y el otro hacia atrás; ni cuando miramos mira un ojo al Norte y el otro al Sur, como estemos sanos. En cada momento de nuestra vida tenemos un propósito, y a él conspira la sinergia de nuestras acciones. Aunque al momento siguiente cambiemos de propósito. Y es en cierto sentido un hombre tanto más hombre cuanto más unitaria sea su acción. Hay quien en su vida no persigue sino un solo propósito, sea el que fuere.

Y un principio de continuidad en el tiempo. Sin entrar a discutir —discusión ociosa— si soy o no el que era hace veinte años, es indiscutible, me parece, el hecho de que el que soy hoy proviene por serie continua de estados de conciencia, del que era en mi cuerpo hace veinte años. La memoria es la base de la personalidad individual, así como la tradición lo es de la personalidad colectiva de un pueblo. Se vive en el recuerdo y por el recuerdo, y nuestra vida espiritual no es, en el fondo, sino el esfuerzo de nuestro recuerdo por perseverar, por hacerse esperanza, el esfuerzo de nuestro pasado por hacerse porvenir.

Todo esto es de una perogrullería chillante, bien lo sé; pero es que, rodando por el mundo, se encuentra uno con hombres que parece no se sienten a sí mismos. Uno de mis mejores amigos, con quien he paseado a diario durante muchos años enteros, cada vez que yo le hablaba de este sentimiento de la propia personalidad, me decía: «Pues yo no me siento a mí mismo; no sé qué es eso.»

En cierta ocasión, este amigo a que aludo me dijo: «Quisiera ser Fulano» (aquí un nombre), y le dije: «Eso es lo que yo no acabo nunca de comprender, que uno quiera ser otro cualquiera. Querer ser otro es dejar de ser uno el que es. Me explico que uno desee tener lo que otro tiene, sus riquezas o sus conocimientos; pero ser otro es cosa que no me la explico. Más de una vez se ha dicho que todo hombre desgraciado prefiere ser el que es, aun con sus desgracias, a ser otro sin ellas. Y es que los hombres desgraciados, cuando conservan la sanidad en su desgracia, es decir, cuando se esfuerzan por perseverar en su ser, prefieren la desgracia a la no existencia. De mí sé decir que cuando era un mozo, y aun de niño, no lograron convencerme las patéticas pinturas que del infierno se me hacían, pues ya desde entonces nada se me aparecía tan horrible como la nada misma. Era una furiosa hambre de ser, un apetito de divinidad, como nuestro ascético dijo».

Irle a uno con la embajada de que sea otro, de que se haga otro, es irle con la embajada de que deje de ser él. Cada cual defiende su personalidad, y sólo acepta un cambio en su modo de pensar o de sentir en cuanto este cambio pueda entrar en la unidad de su espíritu y enzarzar en la continuidad de él; en cuanto ese cambio pueda armonizarse e integrarse con todo el resto de su modo de ser, pensar y sentir, y pueda a la vez enlazarse a sus recuerdos. Ni a un hombre, ni a un pueblo —que es, en cierto sentido, un hombre también— se le puede exigir un cambio que rompa la unidad y la continuidad de su persona. Se le puede cambiar mucho, hasta por completo casi; pero dentro de continuidad.

Cierto es que se da en ciertos individuos eso que se llama un cambio de personalidad; pero esto es un caso patológico, y como tal lo estudian los alienistas. En esos cambios de personalidad, la memoria, base de la conciencia, se arruina por completo, y sólo le queda al pobre paciente, como substrato de continuidad individual —ya que no personal—, el organismo físico. Tal enfermedad equivale a la muerte para el sujeto que la padece; para quienes no equivale a su muerte es para los que hayan de heredarle, si tiene bienes de fortuna. Y esa enfermedad no es más que una revolución, una verdadera revolución.

Una enfermedad es, en cierto aspecto, una disociación orgánica; es un órgano o un elemento cualquiera del cuerpo vivo que se rebela, rompe la sinergia vital y cospira a un fin distinto del que cospiran los demás elementos con él coordinados. Su fin puede ser, considerado en sí, es decir, en abstracto, más elevado, más noble, más... todo lo que se quiera, pero es otro. Podrá ser mejor volar y respirar en el aire que nadar y respirar en el agua; pero si las aletas de un pez dieran en querer convertirse en alas, el pez, como pez, perecería. Y no sirve decir que acabaría por hacerse ave, si es que no había en ello un proceso de continuidad. No lo sé bien, pero acaso se pueda dar que un pez engendre un ave, u otro pez que esté más cerca del ave que él; pero un pez, este pez, no puede él mismo, y durante su vida, hacerse ave.

Todo lo que en mí cospire a romper la unidad y la continuidad de mi vida, cospira a destruirme y, por lo tanto, a destruirse. Todo individuo que en un pueblo conspira a romper la unidad y la continuidad espirituales de ese pueblo, tiende a destruirlo y a destruirse como parte de ese pueblo. ¿Que tal otro pueblo es mejor? Perfectamente, aunque no entendamos bien qué es eso de mejor o peor. ¿Que es más rico? Concedido. ¿Que es más culto? Concedido también. ¿Que vive más feliz? Esto ya..., pero, en fin, ¡pase! ¿Que vence, eso que llaman vencer, mientras nosotros somos vencidos? Enhorabuena. Todo eso está bien; pero es otro. Y basta. Porque para mí, el hacerme otro, rompiendo la unidad y la continuidad de mi vida, es dejar de ser el que soy; es decir, es sencillamente dejar de ser. Y esto no; ¡todo antes que esto!

¿Que otro llenaría tan bien o mejor que yo el papel que lleno? ¿Que otro cumpliría mi función social? Sí, pero no yo.

«¡Yo, yo, yo, siempre yo! —dirá algún lector—; y ¿quién eres tú?» Podría aquí contestarle con Obermann, con el enorme hombre Obermann: «Para el Universo, nada; para mí todo»; pero no, prefiero recordarle una doctrina del hombre Kant, y es la de que debemos considerar a nuestros prójimos, a los demás hombres, no como medios, sino como fines. Pues no se trata de mí tan sólo; se trata de ti, lector, que así refunfuñas; se trata del otro, se trata de todos y de cada uno. Los juicios singulares tienen valor de universales, dicen los lógicos. Lo singular no es particular, es universal.

El hombre es un fin, no un medio. La civilización toda se endereza al hombre, a cada hombre, a cada yo. ¿O qué es ese ídolo, llámese Humanidad o como se llamare, a que se han de sacrificar todos y cada uno de los hombres? Porque yo me sacrifico por mis prójimos, por mis compatriotas, por mis hijos, y éstos, a su vez, por los suyos, y los suyos por los de ellos, y así en serie inacabable de generaciones. ¿Y quién recibe el fruto de ese sacrificio?

Los mismos que nos hablan de ese sacrificio fantástico, de esa dedicación sin objeto, suelen también hablarnos del derecho a la vida. ¿Y qué es el derecho a la vida? Me dicen que he venido a realizar no sé qué fin social; pero yo siento que yo, lo mismo que cada uno de mis hermanos, he venido a realizarme, a vivir.

Sí, sí, lo veo; una enorme actividad social, una poderosa civilización, mucha ciencia, mucho arte, mucha industria, mucha moral, y luego, cuando hayamos llenado el mundo de maravillas industriales, de grandes fábricas, de caminos, de museos, de bibliotecas, caeremos agotados al pie de todo

eso, y quedará, ¿para quién? ¿Se hizo el hombre para la ciencia, o se hizo la ciencia para el hombre?

«¡Ea!» —exclamará de nuevo el mismo lector—, volvemos a aquello del Catecismo: «Pregunta. ¿Para quién hizo
Dios el mundo? Respuesta. Para el hombre». Pues bien, sí,
así debe responder el hombre que sea hombre. La hormiga, si se diese cuenta de esto y fuera persona, conciente de
sí misma, contestaría que para la hormiga, y contestaría
bien. El mundo se hace para la conciencia, para cada
conciencia.

Un alma humana vale por todo el universo, ha dicho no
sé quién, pero ha dicho egregiamente. Un alma humana,
¿eh? No una vida. La vida ésta no. Y sucede que a medida
que se cree menos en el alma, es decir, en su inmortalidad
conciente, personal y concreta, se exagerará más el valor de
la pobre vida pasajera. De aquí arrancan todas las afemi-
nadas sensiblerías contra la guerra. Sí, uno no debe querer
morir, pero de la otra muerte. «El que quiera salvar su vida
la perderá», dice el Evangelio; pero no dice el que quiera
salvar su alma, el alma inmortal. O que creemos y queremos que lo sea.

Y todos los definidores del objetivismo no se fijan, o mejor dicho, no quieren fijarse en que al afirmar un hombre
su yo, su conciencia personal, afirma al hombre, al hombre
concreto y real, afirma al verdadero humanismo —que no
es el de las cosas del hombre, sino el del hombre—, y al
afirmar al hombre afirma la conciencia. Porque la única
conciencia de que tenemos conciencia es la del hombre.

El mundo es para la conciencia. O mejor dicho, este *para*,
esta noción de finalidad, y mejor que noción sentimiento,
este sentimiento teleológico, no nace sino donde hay conciencia. Conciencia y finalidad son la misma cosa en el
fondo.

Si el sol tuviese conciencia, pensaría vivir para alumbrar
a los mundos, sin duda; pero pensaría también, y sobre
todo, que los mundos existen para que él los alumbre y se
goce en alumbrarlos y así viva. Y pensaría bien.

Y toda esta trágica batalla del hombre por salvarse, ese

inmortal anhelo de inmortalidad que le hizo al hombre Kant dar aquel salto inmortal de que os decía, todo eso no es más que una batalla por la conciencia. Si la conciencia no es, como ha dicho algún pensador inhumano, nada más que un relámpago entre dos eternidades de tinieblas, entonces no hay nada más execrable que la existencia.

Alguien podrá ver un fondo de contradicción en todo cuanto voy diciendo, anhelando unas veces la vida inatacable, y diciendo otras que esta vida no tiene el valor que se le da. ¿Contradicción? ¡Ya lo creo! ¡La de mi corazón, que dice sí, y mi cabeza, que dice no! Contradicción, naturalmente. ¿Quién no recuerda aquellas palabras del Evangelio: «¡Señor, creo; ayuda a mi incredulidad!»? ¡Contradicción!, ¡naturalmente! Como que sólo vivimos de contradicciones, y por ellas; como que la vida es tragedia, y la tragedia es perpetua lucha, sin victoria ni esperanza de ella; es contradicción.

Se trata, como veis, de un valor afectivo, y contra los valores afectivos no valen razones. Porque las razones no son nada más que razones, es decir, ni siquiera son verdades. Hay definidores de esos pedantes por naturaleza y por gracia, que me hacen el efecto de aquel señor que va a consolar a un padre que acaba de perder un hijo muerto de repente en la flor de sus años, y le dice: «¡Paciencia, amigo, que todos tenemos que morirnos!» ¿Os chocaría que este padre se irritase contra semejante impertinencia? Porque es una impertinencia. Cuántas veces no cabe decir aquello de

> Para pensar cual tú, sólo es preciso
> no tener nada más que inteligencia.

Hay personas, en efecto, que parecen no pensar más que con el cerebro, o con cualquier otro órgano que sea el específico para pensar; mientras otros piensan con todo el cuerpo y toda el alma, con la sangre, con el tuétano de los huesos, con el corazón, con los pulmones, con el vientre, con la vida. Y las gentes que no piensan más que con el cerebro, dan en definidores; se hacen profesionales del pensamiento. ¿Y sabéis lo que es un profesional? ¿Sabéis lo que es un producto de la diferenciación del trabajo?

Aquí tenéis un profesional del boxeo. Ha aprendido a dar puñetazos con tal economía, que reconcentra sus fuerzas en el puñetazo, y apenas pone en juego sino los músculos precisos para obtener el fin inmediato y concretado de su acción: derribar al adversario. Un voleo dado por un no profesional, podrá no tener tanta eficacia objetiva inmediata; pero vitaliza mucho más al que lo da, haciéndole poner en juego casi todo su cuerpo. El uno es un puñetazo de boxeador; el otro, de hombre. Y sabido es que los hércules de circo, que los atletas de feria, no suelen ser sanos. Derriban a los adversarios, levantan enormes pesas, pero se mueren o de tisis o de dispepsia.

Si un filósofo no es un hombre, es todo menos un filósofo; es, sobre todo, un pedante, es decir, un remedo de hombre. El cultivo de una ciencia cualquiera, de la química, de la física, de la geometría, de la filología, puede ser, y aun esto muy restringidamente y dentro de muy estrechos límites, obra de especialización diferenciada; pero la filosofía, como la poesía, o es obra de integración, de concinación, o no es sino filosofería, erudición pseudo-filosófica.

Todo conocimiento tiene una finalidad. Lo de saber para saber no es, dígase lo que se quiera, sino una tétrica petición de principio. Se aprende algo, o para un fin práctico inmediato, o para completar nuestros demás conocimientos. Hasta la doctrina que nos aparezca más teórica, es decir, de menos aplicación inmediata a las necesidades no intelectuales de la vida, responde a una necesidad —que también lo es— intelectual, a una razón de economía en el pensar, a un principio de unidad y continuidad de la conciencia. Pero así como un conocimiento científico tiene su finalidad en los demás conocimientos, la filosofía que uno haya de abrazar tiene otra finalidad extrínseca, se refiere a nuestro destino todo, a nuestra actitud frente a la vida y al universo. Y el más trágico problema de la filosofía es el de conciliar las necesidades intelectuales con las necesidades afectivas y con las volitivas. Como que ahí fracasa toda filosofía que pretende deshacer la eterna y trágica contradicción, base de nuestra existencia. ¿Pero afrontan todos esta contradicción?

Poco puede esperarse, verbigracia, de un gobernante que alguna vez, aun cuando sea por modo oscuro, no se ha preocupado del principio primero y del fin último de las cosas todas, y sobre todo de los hombres, de su primer por qué y de su último para qué.

Y esta suprema preocupación no puede ser puramente racional, tiene que ser afectiva. No basta pensar, hay que sentir nuestro destino. Y el que, pretendiendo dirijir a sus semejantes, dice y proclama que le tienen sin cuidado las cosas de tejas arriba, no merece dirijirlos. Sin que esto quiera decir, ¡claro está!, que haya de pedírsele solución alguna determinada. ¡Solución! ¿La hay acaso?

Por lo que a mí hace, jamás me entregaré de buen grado, y otorgándole mi confianza, a conductor alguno de pueblos que no esté penetrado de que, al conducir un pueblo, conduce hombres, hombres de carne y hueso, hombres que nacen, sufren, y, aunque no quieran morir, mueren; hombres que son fines en sí mismos, no sólo medios; hombres que han de ser los que son y no otros; hombres, en fin, que buscan eso que llamamos la felicidad. Es inhumano, por ejemplo, sacrificar una generación de hombres a la generación que le sigue cuando no se tiene sentimiento del destino de los sacrificados. No de su memoria, no de sus nombres, sino de ellos mismos.

Todo eso de que uno vive en sus hijos, o en sus obras, o en el Universo, son vagas elucubraciones con que sólo se satisfacen los que padecen de estupidez afectiva, que pueden ser, por lo demás, personas de una cierta eminencia cerebral. Porque puede uno tener un gran talento, lo que llamamos un gran talento, y ser un estúpido del sentimiento y hasta un imbécil moral. Se han dado casos.

Estos estúpidos afectivos con talento suelen decir que no sirve querer zahondar en lo inconocible ni dar coces contra el aguijón. Es como si se le dijera a uno a quien le han tenido que amputar una pierna que de nada le sirve pensar en ello. Y a todos nos falta algo; sólo que unos lo sienten y otros no. O hacen como que no lo sienten, y entonces son unos hipócritas.

Un pedante que vio a Solón llorar la muerte de un hijo, le dijo: «¿Para qué lloras así, si eso de nada sirve?» Y el sabio le respondió: «Por eso precisamente, porque no sirve». Claro está que el llorar sirve de algo, aunque no sea más que de desahogo; pero bien se ve el profundo sentido de la respuesta de Solón al impertinente. Y estoy convencido de que resolveríamos muchas cosas si saliendo todos a la calle, y poniendo a luz nuestras penas, que acaso resultasen una sola pena común, nos pusiéramos en común a llorarlas y a dar gritos al cielo y a llamar a Dios. Aunque no nos oyese, que sí nos oiría. Lo más santo de un templo es que es el lugar a que se va a llorar en común. Un *Miserere,* cantado en común por una muchedumbre azotada del destino, vale tanto como una filosofía. No basta curar la peste, hay que saber llorarla. ¡Sí, hay que saber llorar! Y acaso ésta es la sabiduría suprema. ¿Para qué? Preguntádselo a Solón.

Hay algo que, a falta de otro nombre, llamaremos el sentimiento trágico de la vida, que lleva tras sí toda una concepción de la vida misma y del Universo, toda una filosofía más o menos formulada, más o menos conciente. Y ese sentimiento pueden tenerlo, y lo tienen, no sólo hombres individuales, sino pueblos enteros. Y ese sentimiento, más que brotar de ideas, las determina, aun cuando luego, claro está, esas ideas reaccionen sobre él, corroborándolo. Unas veces puede provenir de una enfermedad adventicia, de una dispepsia, verbigracia; pero otras veces es constitucional. Y no sirve hablar, como veremos, de hombres sanos e insanos. Aparte de no haber una noción normativa de la salud, nadie ha probado que el hombre tenga que ser naturalmente alegre. Es más: el hombre, por ser hombre, por tener conciencia, es ya, respecto al burro o a un cangrejo, un animal enfermo. La conciencia es una enfermedad.

Ha habido entre los hombres de carne y hueso ejemplares típicos de esos que tienen el sentimiento trágico de la vida. Ahora recuerdo a Marco Aurelio, San Agustín, Pascal, Rousseau, *René, Obermann,* Thomson, Leopardi, Vigny, Lenau, Kleist, Amiel, Quental, Kierkegaard, hombres cargados de sabiduría más bien que de ciencia.

Habrá quien crea que uno cualquiera de estos hombres adoptó su actitud —como si actitudes así cupiese adoptar, como quien adopta una postura— para llamar la atención o tal vez para congraciarse con los poderosos, con sus jefes acaso, porque no hay nada más menguado que el hombre cuando se pone a suponer intenciones ajenas; pero *honni soit qui mal y pense.* Y esto por no estampar ahora y aquí otro proverbio, éste español, mucho más enérgico, pero que acaso raye en grosería.

Y hay, creo, también pueblos que tienen el sentimiento trágico de la vida.

Es lo que hemos de ver ahora, empezando por eso de la salud y la enfermedad.

2. El punto de partida

Acaso las reflexiones que vengo haciendo puedan parecer a alguien de un cierto carácter morboso. ¿Morboso? ¿Pero qué es eso de la enfermedad? ¿Qué es la salud?

Y acaso la enfermedad misma sea la condición esencial de lo que llamamos progreso, y el progreso mismo una enfermedad.

¿Quién no conoce la mítica tragedia del Paraíso? Vivían en él nuestros primeros padres en estado de perfecta salud y de perfecta inocencia y Jahvé les permitía comer del árbol de la vida y había creado todo para ellos; pero les prohibió probar del fruto del árbol de la ciencia del bien y del mal. Pero ellos, tentados por la serpiente, modelo de prudencia para el Cristo, probaron de la fruta del árbol de la ciencia del bien y del mal, y quedaron sujetos a las enfermedades todas y a la que es corona y acabamiento de ellas, la muerte, y al trabajo y al progreso. Porque el progreso arranca, según esta leyenda, del pecado original. Y así fue cómo la curiosidad de la mujer, de Eva, de la más presa a las necesidades orgánicas y de conservación, fue la que trajo la caída, y con la caída la redención, la que nos puso en el camino de Dios, de llegar a El y ser en El.

¿Queréis otra versión de nuestro origen? Sea. Según ella, no es en rigor el hombre, sino una especie de gorila, orangután, chimpancé o cosa así, hidrocéfalo o algo parecido. Un mono antropoide tuvo una vez un hijo enfermo, desde el punto de vista estrictamente animal o zoológico, enfermo, verdaderamente enfermo, y esa enfermedad resultó, además de una flaqueza, una ventaja para la lucha por la persistencia. Acabó por ponerse derecho el único mamífero vertical: el hombre. La posición erecta le libertó las manos, de tener que apoyarse en ellas para andar, y pudo oponer el pulgar a los otros cuatro dedos, y cojer objetos y fabricarse utensilios, y son las manos, como es sabido, grandes fraguadores de inteligencia. Y esa misma posición le puso pulmones, tráquea, laringe y boca en aptitud de poder articular lenguaje, y la palabra es inteligencia. Y esa posición también, haciendo que la cabeza pese verticalmente sobre el tronco, permitió un mayor peso y desarrollo de aquélla, en que el pensamiento se asienta. Pero necesitando para esto unos huesos de la pelvis más resistentes y recios que en las especies cuyo tronco y cabeza descansan sobre las cuatro extremidades, la mujer, la autora de la caída, según el Génesis, tuvo que dar salida en el parto a una cría de mayor cabeza por entre unos huesos más duros. Y Jahvé la condenó, por haber pecado, a parir con dolor sus hijos.

El gorila, el chimpancé, el orangután y sus congéneres deben de considerar como un pobre animal enfermo al hombre, que hasta almacena sus muertos. ¿Para qué?

Y esa enfermedad primera y las enfermedades todas que se le siguen, ¿no son acaso el capital elemento del progreso? La artritis, pongamos por caso, inficiona la sangre, introduce en ella cenizas, escurrajas de una imperfecta combustión orgánica; pero esta impureza misma, ¿no hace por ventura más excitante a esa sangre? ¿No provocará acaso esa sangre impura, y precisamente por serlo, a una más aguda cerebración? El agua químicamente pura es impotable. Y la sangre fisiológicamente pura, ¿no es acaso también inapta para el cerebro del mamífero vertical que tiene que vivir del pensamiento?

La historia de la Medicina, por otra parte, nos enseña que no consiste tanto el progreso en expulsar de nosotros los gérmenes de las enfermedades, o más bien las enfermedades mismas, cuanto en acomodarlas a nuestro organismo, enriqueciéndolo tal vez, en macerarlas en nuestra sangre. ¿Qué otra cosa significan la vacunación y los sueros todos, qué otra cosa la inmunización por el trascurso del tiempo?

Si eso de la salud no fuera una categoría abstracta, algo que en rigor no se da, podríamos decir que un hombre perfectamente sano no sería ya un hombre, sino un animal irracional. Irracional por falta de enfermedad alguna que encendiera su razón. Y es una verdadera enfermedad, y trágica, la que nos da el apetito de conocer por gusto del conocimiento mismo, por el deleite de probar de la fruta del árbol de la ciencia del bien y del mal.

Παντες ανθρωποι τον ειδεναι ορεγονται φυσει, «todos los hombres se empeñan por naturaleza en conocer». Así empieza Aristóteles su Metafísica y desde entonces se ha repetido miles de veces que la curiosidad o deseo de saber, lo que según el Génesis llevó a nuestra primera madre al pecado, es el origen de la ciencia.

Mas es menester distinguir aquí entre el deseo o apetito de conocer, aparentemente y a primera vista, por amor al conocimiento mismo, entre el ansia de probar del fruto del árbol de la ciencia, y la necesidad de conocer para vivir. Esto último, que nos da el conocimiento directo e inmediato, y que en cierto sentido, si no pareciese paradójico, podría llamarse conocimiento inconciente, es común al hombre con los animales, mientras lo que nos distingue de éstos es el conocimiento reflexivo, el conocer del conocer mismo.

Mucho han disputado y mucho seguirán todavía disputando los hombres, ya que a sus disputas fue entregado el mundo, sobre el origen del conocimiento; mas dejando ahora para más adelante lo que de ello sea en las hondas entrañas de la existencia, es lo averiguado y cierto que en el orden aparencial de las cosas, en la vida de los seres dotados de algún conocer o percibir, más o menos brumoso, o que por sus actos parecen estar dotados de él, el conocimiento se nos muestra ligado a la necesidad de vivir y de procurarse sustento para lograrlo. Es una secuela de aquella esencia misma del ser, que, según Spinoza, consiste en el conato por perseverar indefinidamente en su ser mismo. Con términos en que la concreción raya acaso en grosería, cabe decir que el cerebro, en cuanto a su función, depende del estómago. En los seres que figuran en lo más bajo de la escala de los vivientes, los actos que presentan caracteres de voluntariedad, los que parecen ligados a una conciencia más o menos clara, son actos que se enderezan a procurarse subsistencia al ser que los ejecuta.

Tal es el origen que podemos llamar histórico del conocimiento, sea cual fuere su origen en otro respecto. Los seres que parecen dotados de percepción, perciben para poder vivir, y sólo en cuanto para vivir lo necesitan, perciben. Pero tal vez, atesorados estos conocimientos que empezaron siendo útiles y dejaron de serlo, han llegado a constituir un caudal que sobrepuja, con mucho, al necesario para la vida.

Hay, pues, primero, la necesidad de conocer para vivir, y de ella se desarrolla ese otro que podríamos llamar conocimiento de lujo o de exceso, que puede a su vez llegar a costituir una nueva necesidad. La curiosidad, el llamado deseo innato de conocer, sólo se despierta y obra luego que está satisfecha la necesidad de conocer para vivir; y aunque alguna vez no sucediese así en las condiciones actuales de nuestro linaje, sino que la curiosidad se sobreponga a la necesidad y la ciencia al hambre, el hecho primordial es que la curiosidad brotó de la necesidad de conocer para vivir, y éste es el peso muerto y la grosera materia que en su seno la ciencia lleva; y es que aspirando a ser un conocer por conocer, un conocer la verdad por la verdad misma, las necesidades de la vida fuerzan y tuercen a la ciencia a que se ponga al servicio de ellas, y los hombres, mientras creen que buscan la verdad por ella misma, buscan de hecho la vida en la verdad. Las variaciones de la ciencia dependen de las variaciones de las necesidades humanas, y los hombres de ciencia suelen trabajar, queriéndolo o sin quererlo, a sabiendas o no, al servicio de los poderosos o al del pueblo que les pide confirmación de sus anhelos.

¿Pero es esto realmente un peso muerto y una grosera materia de la ciencia, o no es más bien la íntima fuente de su redención? El hecho es que ello es así, y torpeza grande pretender rebelarse contra la condición misma de la vida.

El conocimiento está al servicio de la necesidad de vivir, y primariamente al servicio del instinto de conservación personal. Y esta necesidad y este instinto han creado en el hombre los órganos del conocimiento, dándoles el alcance que tienen. El hombre ve, oye, toca, gusta y huele lo que necesita ver, oír, tocar, gustar y oler para conservar su vida; la merma o la pérdida de uno cualquiera de estos sentidos aumenta los riesgos de que su vida está rodeada, y si no los aumenta tanto en el estado de sociedad en que vivimos, es porque los unos ven, oyen, tocan, gustan o huelen por los otros. Un ciego solo, sin lazarillo, no podría vivir mucho tiempo. La sociedad es otro sentido, el verdadero sentido común.

El hombre, pues, en su estado de individuo aislado, no ve, ni oye, ni toca, ni gusta, ni huele más que lo que necesita para vivir y conservarse. Si no percibe colores ni por debajo del rojo ni por encima del violeta, es acaso porque le bastan los otros para poder conservarse. Y los sentidos mismos son aparatos de simplificación, que eliminan de la realidad objetiva todo aquello que no nos es necesario conocer para poder usar de los objetos a fin de conservar la vida. En la completa oscuridad, el animal que no perece acaba por volverse ciego. Los parásitos, que en las entrañas de otros animales viven de los jugos nutritivos por estos otros preparados ya, como no necesitan ni ver ni oír, ni ven ni oyen, sino que, convertidos en una especie de saco, permanecen adheridos al ser de quien viven. Para estos parásitos no deben de existir ni el mundo visual ni el mundo sonoro. Basta que vean y oigan aquellos que en sus entrañas los mantienen.

Está, pues, el conocimiento primariamente al servicio del instinto de conservación, que es más bien, como con Spinoza dijimos, su esencia misma. Y así cabe decir que es el instinto de conservación el que nos hace la realidad y la verdad del mundo perceptible, pues del campo insondable e ilimitado de lo posible es ese instinto el que nos saca y separa lo para nosotros existente. Existe, en efecto, para nosotros todo lo que, de una o de otra manera, necesitamos conocer para existir nosotros; la existencia objetiva es, en nuestro conocer, una dependencia de nuestra propia existencia personal. Y nadie puede negar que pueden existir y acaso existen aspectos de la realidad desconocidos, hoy al menos, de nosotros, y acaso inconocibles, porque en nada nos son necesarios para conservar nuestra propia existencia actual.

Pero el hombre ni vive solo ni es individuo aislado, sino que es miembro de sociedad, encerrando no poca verdad aquel dicho de que el individuo, como el átomo, es una abstracción. Sí, el átomo fuera del universo es tan abstracción como el universo aparte de los átomos. Y si el individuo se mantiene por el instinto de conservación, la sociedad debe su ser y su mantenimiento al instinto de perpetuación de aquél. Y de este instinto, mejor dicho, de la sociedad, brota la razón.

La razón, lo que llamamos tal, el conocimiento reflejo y reflexivo, el que distingue al hombre, es un producto social.

Debe su origen acaso al lenguaje. Pensamos articulada, o sea reflexivamente, gracias al lenguaje articulado, y este lenguaje brotó de la necesidad de trasmitir nuestro pensamiento a nuestros prójimos. Pensar es hablar consigo mismo, y hablamos cada uno consigo mismo gracias a haber tenido que hablar los unos con los otros, y en la vida ordinaria acontece con frecuencia que llega uno a encontrar una idea que buscaba, llega a darle forma, es decir, a obtenerla, sacándola de la nebulosa de percepciones oscuras a que representa, gracias a los esfuerzos que hace para presentarla a los demás. El pensamiento es lenguaje interior, y el lenguaje interior brota del exterior. De donde resulta que la razón es social y común. Hecho preñado de consecuencias, como hemos de ver.

Y si hay una realidad que es, en cuanto conocida, obra del instinto de conservación personal y de los sentidos, al servicio de éste, ¿no habrá de haber otra realidad, no menos real que aquélla, obra, en cuanto conocida, del instinto de perpetuación, el de la especie, y al servicio de él? El instinto de conservación, el hambre, es el fundamento del individuo humano; el instinto de perpetuación, el amor, en su forma más rudimentaria y fisiológica, es el fundamento de la sociedad humana. Y así como el hombre conoce lo que necesita conocer para que se conserve, así la sociedad o el hombre, en cuanto ser social, conoce lo que necesita conocer para perpetuarse en sociedad.

Hay un mundo, el mundo sensible, que es el hijo del hambre, y hay otro mundo, el ideal, que es hijo del amor. Y así como hay sentidos al servicio del conocimiento del mundo sensible, los hay también, hoy en su mayor parte dormidos, porque apenas si la conciencia social alborea, al servicio del conocimiento del mundo ideal. Y ¿por qué hemos de negar realidad objetiva a las creaciones del amor, del instinto de perpetuación, ya que se lo concedemos a las del hambre o instinto de conservación? Porque si se dice que estas otras creaciones no lo son más que de nuestra fantasía, sin valor objetivo, ¿no puede decirse igualmente de aquellas que no son sino creaciones de nuestros sentidos? ¿Quién nos dice que no haya un mundo invisible e intangible, percibido por el sentido íntimo que vive al servicio del instinto de perpetuación?

La sociedad humana, como tal sociedad, tiene sentidos de que el individuo, a no ser por ella, carecería; lo mismo que este individuo, el hombre, que es a su vez una especie de sociedad, tiene sentidos de que carecen las células que le componen. Las células ciegas del oído, en su oscura conciencia, deben de ignorar la existencia del mundo visible, y si de él les hablasen, lo estimarían acaso creación arbitraria de las células sordas de la vista, las cuales, a su vez, habrán de estimar ilusión el mundo sonoro que aquéllas crean.

Mentábamos antes a los parásitos que, viviendo en las entrañas de los animales superiores, de los jugos nutritivos que éstos preparan, no necesitan ver ni oír, y no existe, por tanto, para ellos, mundo visible ni sonoro. Y si tuviesen cierta conciencia, y se hicieran cargo de que aquel a cuyas expensas viven cree en otro mundo, juzgaríanlo acaso desvaríos de la imaginación. Y así hay parásitos sociales, como hace muy bien notar míster Balfour (1), que, recibiendo de la sociedad en que viven los móviles de su conducta moral, niegan que la creencia en Dios y en otra vida sean necesarias para fundamentar una buena conducta y una vida soportables, porque la sociedad les ha preparado ya los jugos espirituales de que viven. Un individuo suelto puede soportar la vida y vivirla buena, y hasta heroica, sin creer en manera alguna ni en la inmortalidad del alma ni en Dios; pero es que vive vida del parásito espiritual. Lo que llamamos sentimiento del honor es, aun en los no cristianos, un producto cristiano. Y aún digo más, y es: que si se da en un hombre la fe en Dios unida a una vida de pureza y elevación moral, no es tanto que el creer en Dios le haga bueno, cuanto que el ser bueno, gracias a Dios, le hace creer en El. La bondad es la mejor fuente de clarividencia espiritual.

No se me oculta tampoco que podrá decírseme que todo esto de que el hombre crea el mundo sensible y ama el ideal, todo lo de las células ciegas del oído y las sordas de la vista, lo de los parásitos espirituales, etc., son metáforas. Así es, y no pretendo otra cosa sino discurrir por metáforas. Y es que ese sentido social, hijo del amor, padre del lenguaje y de la razón y del mundo ideal que de él surge, no es en el fondo otra cosa que lo que llamamos fantasía o imaginación. De la fantasía brota la razón. Y si se toma a aquélla como una facultad que fragua caprichosamente imágenes, preguntaré qué es el capricho, y en todo caso también los sentidos y la razón yerran.

¹ *The Foundations of Belief, being Notes Introductory to the study of Thedogy,* by the Right Hon. Arthur James Balfour. [London, 1895, cap. IV.]

Y hemos de ver que es esa facultad íntima social, la imaginación que lo personaliza todo, la que, puesta al servicio del instinto de perpetuación, nos revela la inmortalidad del alma y a Dios, siendo así Dios un producto social.

Pero esto para más adelante.

Y ahora bien: ¿para qué se filosofa?, es decir, ¿para qué se investiga los primeros principios y los fines últimos de las cosas? ¿Para qué se busca la verdad desinteresada? Porque aquello de que todos los hombres tienden por naturaleza a conocer, está bien; pero ¿para qué?

Buscan los filósofos un punto de partida teórico o ideal a su trabajo humano, el de filosofar; pero suelen descuidar buscarle el punto de partida práctico y real, el propósito. ¿Cuál es el propósito al hacer filosofía, al pensarla y exponerla luego a los semejantes? ¿Qué busca en ello y con ello el filósofo? ¿La verdad por la verdad misma? ¿La verdad para sujetar a ella nuestra conducta y determinar conforme a ella nuestra actitud espiritual para con la vida y el universo?

La filosofía es un producto humano de cada filósofo, y cada filósofo es un hombre de carne y hueso que se dirije a otros hombres de carne y hueso como él. Y haga lo que quiera, filosofa, no con la razón sólo, sino con la voluntad, con el sentimiento, con la carne y con los huesos, con el alma toda y con todo el cuerpo. Filosofa el hombre.

Y no quiero emplear aquí el yo, diciendo que al filosofar filosofo yo y no el hombre, para que no se confunda este yo concreto, circunscrito, de carne y hueso, que sufre de mal de muelas y no encuentra soportable la vida si la muerte es la aniquilación de la conciencia personal, para que no se le confunda con ese otro yo de matute, el Yo con letra mayúscula, el Yo teórico que introdujo en la filosofía Fichte, ni aun con el Unico, también teórico, de Max Stirner. Es mejor decir nosotros. Pero nosotros los circunscritos en espacios.

¡Saber por saber! ¡La verdad por la verdad! Eso es inhumano. Y si decimos que la filosofía teórica se endereza a la práctica, la verdad al bien, la ciencia a la moral, diré: y el bien ¿para qué? ¿Es acaso un fin en sí? Bueno no es sino lo que contribuye a la conservación, perpetuación y enriquecimiento de la conciencia. El bien se endereza al hombre, al mantenimiento y perfección de la sociedad humana, que se compone de hombres. Y esto, ¿para qué? «Obra de modo que tu acción pueda servir de norma a todos los hombres», nos dice Kant. Bien, ¿y para qué? Hay que buscar un para qué.

En el punto de partida, en el verdadero punto de partida, el práctico, no el teórico, de toda filosofía, hay un para qué. El filósofo filosofa para algo más que para filosofar. *Primum vivere, deinde philosophari,* dice el antiguo adagio latino, y como el filósofo antes que filósofo es hombre, necesita vivir para poder filosofar, y de hecho filosofa para vivir. Y suele filosofar, o para resignarse a la vida o para buscarle alguna finalidad, o para divertirse y olvidar penas, o por deporte y juego. Buen ejemplo de esto último, aquel terrible ironista ateniense que fue Sócrates, y de quien nos cuenta Jenofonte, en sus *Memorias,* que de tal modo le expuso a Teodota la cortesana las artes de que debía valerse para atraer a su casa amantes, que le pidió ella al filósofo que fuese su compañero de caza, συνθηρατηζ, su alcahuete, es una palabra. Y es que, de hecho, en arte de alcahuetería, aunque sea espiritual, suele no pocas veces convertirse la filosofía. Y otras, en opio para adormecer pesares.

Tomo al azar un libro de metafísica, el que encuentro más a mano, *Time and Espace, a Metaphysical Essay,* de Shadworth H. Hodgson; lo abro, y en el párrafo quinto del primer capítulo de su parte primera, leo: «La metafísica no es, propiamente hablando, una ciencia, sino una filosofía; esto es, una ciencia cuyo fin está en sí misma, en la gratificación y educación de los espíritus que la cultivan, no en propósito alguno externo, tal como el de fundar un arte conducente al bienestar de la vida». Examinemos esto. Y veremos primero que la metafísica no es, hablando con propiedad —*properly speaking*—, una ciencia, «esto es», *that is,* que es una ciencia cuyo fin, etc. Y esta ciencia, que no es propiamente una ciencia, tiene su fin en sí, en la gra-

tificación y educación de los espíritus que la cultivan. ¿En
qué, pues, quedamos? ¿Tiene su fin en sí, o es su fin gra-
tificar y educar a los espíritus que la cultivan? ¡O lo uno o
lo otro! Luego añade Hodgson que el fin de la metafísica
no es propósito alguno externo, como el de fundar un arte
conducente al bienestar de la vida. Pero es que la gratificación del espíritu de aquel que cultiva la filosofía, ¿no es
parte del bienestar de su vida? Fíjese el lector en ese pasaje
del metafísico inglés, y dígame si no es un tejido de
contradicciones.

Lo cual es inevitable cuando se trata de fijar *humanamente* eso de una ciencia, de un conocer, cuyo fin esté en
sí mismo, eso de un conocer por el conocer mismo, de un
alcanzar la verdad por la misma verdad. La ciencia no existe, sino en la conciencia personal, y gracias a ella; la astro-
nomía, las matemáticas, no tienen otra realidad que la que
como conocimiento tienen las mentes de los que las aprenden y cultivan. Y si un día ha de acabarse toda conciencia
personal sobre la tierra, si un día ha de volver a la nada,
es decir, a la absoluta inconciencia de que brotara el espíritu humano, y no ha de haber espíritu que se aproveche
de toda nuestra ciencia acumulada, ¿para qué ésta? Porque
no se debe perder de vista que el problema de la inmortalidad personal del alma implica el porvenir de la especie humana toda.

Esa serie de contradicciones en que el inglés cae, al querer explicarnos lo de una ciencia cuyo fin está en sí misma,
es fácilmente comprensible tratándose de un inglés que ante
todo es hombre. Tal vez un especialista alemán, un filósofo
que haya hecho de la filosofía su especialidad, y en ésta
haya enterrado, matándola antes, su humanidad, explicara
mejor eso de la ciencia, cuyo fin está en sí misma, y lo del
conocer por conocer.

Tomad al hombre Spinoza, a aquel judío portugués desterrado en Holanda; leed su *Etica,* como lo que es, como
un desesperado poema elegíaco, y decidme si no se oye allí,
por debajo de las escuetas y, al parecer, serenas proposiciones expuestas *more geometrico,* el eco lúgubre de los salmos

proféticos. Aquella no es la filosofía de la resignación, sino la de la desesperación. Y cuando escribía lo de que el hombre libre en todo piensa menos en la muerte, y es su sabiduría meditación, no de la muerte, sino de la vida misma —*homo liber de nulla re minus quam de morte cogitat et eius sapientiam non mortis, sed vitae meditatio est* (*Ethice,* pars. IV, prop. LXVII)—, cuando escribía, sentíase, como nos sentimos todos, esclavos, y pensaba en la muerte, y para libertarse, aunque en vano, de este pensamiento, lo escribía. Ni al escribir la proposición XLII de la parte V, de que «la felicidad no es premio de la virtud, sino la virtud misma», sentía, de seguro, lo que escribía. Pues para eso suelen filosofar los hombres, para convencerse a sí mismos sin lograrlo. Y este querer convencerse, es decir, este querer violentar la propia naturaleza humana, suele ser el verdadero punto de partida íntimo de no pocas filosofías.

«¿De dónde vengo yo y de dónde viene el mundo en que vivo y del cual vivo? ¿Adónde voy y adónde va cuanto me rodea? ¿Qué significa esto?». Tales son las preguntas del hombre, así que se liberta de la embrutecedora necesidad de tener que sustentarse materialmente. Y si miramos bien, veremos que debajo de esas preguntas no hay tanto el deseo de conocer un por qué como el de conocer el para qué: no de la causa, sino de la finalidad. Conocida es la definición que de la filosofía daba Cicerón llamándola «ciencia de lo divino y de lo humano, y de las causas en que ellos se contienen, *rerum divinarum et humanarum, causarumque quibus hae res continentur»;* pero, en realidad, esas causas son, para nosotros, fines. Y la Causa Suprema, Dios, ¿qué es sino el Supremo Fin? Sólo nos interesa el por qué en vista del para qué; sólo queremos saber de dónde venimos para mejor poder averiguar adónde vamos.

Esa definición ciceroniana, que es la estoica, se halla también en aquel formidable intelectualista que fue Clemente de Alejandría, por la Iglesia Católica canonizado, el cual la expone en el cap. V del primero de sus *Stromata.* Pero este mismo filósofo cristiano —¿cristiano?—, en el cap. XXII de su cuarto *Stroma,* nos dice que debe bastarle al gnóstico, es decir, al intelectual, el conocimiento, la gnosis, y añade:

«y me atrevería a decir que por no querer salvarse escojerá el conocimiento el que lo siga por la divina ciencia misma; el conocer tiende, mediante el ejercicio, al siempre conocer; pero el conocer siempre, hecho esencia del conocimiento por continua mezcla y hecho contemplación eterna queda sustancia viva; y si alguien por su posición propusiese al intelectual qué prefería, o el conocimiento de Dios o la salvación eterna, y se pudieran dar estas cosas separadas, siendo, como son, más bien una sola, sin vacilar escojería el conocimiento de Dios». ¡Que El, que Dios mismo, a quien anhelamos gozar y poseer eternamente, nos libre de este gnosticismo o intelectualismo clementino!

¿Por qué quiero saber de dónde vengo y adónde voy, de dónde viene y adónde va lo que me rodea, y qué significa todo esto? Porque no quiero morirme del todo, y quiero saber si he de morirme o no definitivamente. Y si no muero, ¿qué será de mí?; y si muero, ya nada tiene sentido. Y hay tres soluciones: *a*) o sé que me muero del todo, y entonces la desesperación irremediable, o *b*) sé que no muero del todo, y entonces la resignación, o *c*) no puedo saber ni una ni otra cosa, y entonces la resignación en la desesperación o ésta en aquélla, una resignación desesperada, o una desesperación resignada, y la lucha.

«Lo mejor es —dirá algún lector— dejarse de lo que no se puede conocer.» ¿Es ello posible? En su hermosísimo poema *El sabio antiguo (The Ancient Sage)* decía Tennyson: «¡No puedes probar lo inefable *(The Nameless)*, ¿oh, hijo mío!, ni puedes probar el mundo en que te mueves; no puedes probar que eres cuerpo sólo, ni puedes probar que eres sólo espíritu, ni que eres ambos en uno; no puedes probar que eres inmortal, ni tampoco que eres mortal; sí, hijo mío, no puedes probar que yo, que contigo hablo, no eres tú que hablas contigo mismo, porque nada digno de probarse puede ser probado ni des-probado, por lo cual sé prudente, agárrate siempre a la parte más soleada de la duda y trepa a la Fe allende las formas de la Fe!». Sí, acaso, como dice el sabio, nada digno de probarse puede ser probado ni des-probado.

> *for nothing worthy proving can be proven,*
> *nor yet disproven;*

pero ¿podemos contener a ese instinto que lleva al hombre a querer conocer y sobre todo a querer conocer aquello que a vivir, y a vivir siempre, conduzca? A vivir siempre, no a conocer siempre como el gnóstico alejandrino. Porque vivir es una cosa y conocer otra, y como veremos, acaso hay entre ellas una tal oposición que podamos decir que todo lo vital es antirracional, no ya sólo irracional, y todo lo racional, anti-vital. Y ésta es la base del sentimiento trágico de la vida.

Lo malo del discurso del método de Descartes no es la duda previa metódica; no es que empezara queriendo dudar de todo, lo cual no es más que un mero artificio; es que quiso empezar, prescindiendo de sí mismo, de Descartes, del hombre real, de carne y hueso, del que no quiere morirse, para ser un mero pensador, esto es, una abstracción. Pero el hombre real volvió y se le metió en la filosofía.

«Le bon sens est la chose du monde la mieux partagée». Así comienza el *Discurso del Método,* y ese buen sentido le salvó. Y sigue hablando de sí mismo, del hombre Descartes, diciéndonos, entre otras cosas, que estimaba mucho la elocuencia y estaba enamorado de la poesía; que se complacía sobre todo en las matemáticas, a causa de la certeza y evidencia de sus razones, y que veneraba nuestra teología, y pretendía, tanto como cualquier otro, ganar el cielo, *et pràtendais autant qu'aucun autre à gagner le ciel.* Y esta pretensión, por lo demás creo que muy laudable, y sobre todo muy natural, fue la que le impidió sacar todas las consecuencias de la duda metódica. El hombre Descartes pretendía tanto como otro cualquiera, ganar el cielo; «pero habiendo sabido, como cosa muy segura, que no está su camino menos abierto a los más ignorantes que a los más doctos, y que las verdades reveladas que a él llevan están por encima de nuestra inteligencia, no me hubiera atrevido a someterlas a la flaqueza de mis razonamientos, y pensé que para emprender el examinarlos y lograrlo era menester tener alguna extraordinaria asistencia del cielo y ser más que

hombre». Y aquí está el hombre. Aquí está el hombre que
no se sentía, a Dios gracias, en condiciones que le obligase
a hacer de la ciencia un oficio —*mètier*— para alivio de su
fortuna, y que no se hacía una profesión de despreciar, en
cínico, la gloria. Y luego nos cuenta cómo tuvo que detenerse en Alemania, y encerrado en una estufa, *poêle,* empezó a filosofar su método. En Alemania, ¡pero encerrado en
una estufa! Y así es, un discurso de estufa, y de estufa alemana, aunque el filósofo en ella encerrado, un francés que
se proponía ganar el cielo.

Y llega al *cogito ergo sum,* que ya San Agustín preludia-
ra; pero el *ego* implícito en este entimema, *ego cogito, ergo
ego sum,* es un *ego,* un yo irreal o sea ideal, y su *sum,* su existencia, algo irreal también. «Pienso, luego soy», no puede
querer decir sino «pienso, luego soy pensante»; ese ser del
soy, que se deriva de pienso, no es más que un conocer; ese
ser es conocimiento, mas no vida. Y lo primitivo no es que
pienso, sino que vivo, porque también viven los que no
piensan. Aunque ese vivir no sea un vivir verdadero. ¡Qué
de contradicciones, Dios mío, cuando queremos casar la
vida y la razón!

La verdad es *sum, ergo cogito,* soy, luego pienso, aunque
no todo lo que es, piense. La conciencia de pensar, ¿no será
ante todo conciencia de ser? ¿Será posible acaso un pensamiento puro, sin conciencia de sí, sin personalidad? ¿Cabe
acaso conocimiento puro sin sentimiento, sin esta especie
de materialidad que el sentimiento le presta? ¿No se siente
acaso el pensamiento y se siente uno a sí mismo a la vez
que se conoce y se quiere? ¿No pudo decir el hombre de la
estufa: «Siento, luego soy»; o «quiero, luego soy»? Y sentirse, ¿no es acaso sentirse imperecedero? Quererse, ¿no es
quererse eterno, es decir, no querer morirse? Lo que el triste judío de Amsterdam llamaba la esencia de la cosa, el conato que pone en perseverar indefinidamente en su ser, el
amor propio, el ansia de inmortalidad, ¿no será acaso la condición primera y la fundamental de todo conocimiento reflexivo o humano? ¿Y no será, por tanto, la verdadera base,
el punto de partida de toda filosofía, aunque los filósofos,
pervertidos por el intelectualismo, no lo reconozcan?

Y fue además el *cogito* el que introdujo una distinción que, aunque fecunda en verdades, lo ha sido también en confusiones, y es la distinción entre objeto, *cogito,* y sujeto, *sum*. Apenas hay distinción que no sirva también para confundir. Pero a esto volveremos.

Quedémonos ahora en esta vehemente sospecha de que el ansia de no morir, el hambre de inmortalidad personal, el conato con que tendemos a persistir indefinidamente en nuestro ser propio y que es, según el trágico judío, nuestra misma esencia, eso es la base afectiva de todo conocer y el íntimo punto de partida personal de toda filosofía humana, fraguada por un hombre y para hombres. Y veremos cómo la solución a ese íntimo problema afectivo, solución que puede ser la renuncia desesperada de solucionarlo, es la que tiñe todo el resto de la filosofía. Hasta debajo del llamado problema del conocimiento no hay sino el afecto ese humano, como debajo de la inquisición del por qué de la causa no hay sino la rebusca del para qué de la finalidad. Todo lo demás es engañarse o querer engañar a los demás. Y querer engañar a los demás para engañarse a sí mismo.

Y ese punto de partida personal y afectivo de toda filosofía y de toda religión es el sentimiento trágico de la vida. Vamos a verlo.

3. El hambre de inmortalidad

Parémonos en esto del inmortal anhelo de inmortalidad, aunque los gnósticos o intelectuales puedan decir que es retórica lo que sigue y no filosofía. También el divino Platón, al disertar en su *Fedón* sobre la inmortalidad del alma, dijo que conviene hacer sobre ella leyendas, μυθολογεῖν.

Recordemos ante todo una vez más, y no será la última, aquello de Spinoza de que cada ser se esfuerza por perseverar en él, y que este esfuerzo es su esencia misma actual, e implica tiempo indefinido, y que el ánimo, en fin, ya en sus ideas distintas y claras, ya en las confusas, tiende a perseverar en su ser con duración indefinida y es sabedor de este su empeño. (*Ethice*, pars. III, propositiones VI-IX.)

Imposible no es, en efecto, concebirnos como no existentes, sin que haya esfuerzo alguno que baste a que la conciencia se dé cuenta de la absoluta inconciencia, de su propio anonadamiento. Intenta, lector, imaginarte en plena vela cuál sea el estado de tu alma en el profundo sueño; trata de llenar tu conciencia con la representación de la no conciencia, y lo verás. Causa congojosísimo vértigo el empeñarse en comprenderlo. No podemos concebirnos como no existiendo.

El universo visible, el que es hijo del instinto de conservación, me viene estrecho, esme como una jaula que me resulta chica, y contra cuyos barrotes da en sus revuelos, mi alma; fáltame en él aire que respirar. Más, más y cada vez más; quiero ser yo y sin dejar de serlo, ser además los otros, adentrarme la totalidad de las cosas visibles e invisibles, extenderme a lo ilimitado del espacio y prolongarme a lo inacabable del tiempo. De no serlo todo y por siempre, es como si no fuera, y por lo menos ser todo yo, y serlo para siempre jamás. Y ser todo yo, es ser todos los demás. ¡O todo o nada!

¡O todo o nada! ¿Y qué otro sentido puede tener el «¡ser o no ser!», *To be or not to be,* shakesperiano, el de aquel mismo poeta que hizo decir de Marcio en su *Coriolano* (V, 4) que sólo necesitaba la eternidad para ser dios: *he wants nothing of a god but eternity?* ¡Eternidad! ¡Eternidad! Este es el anhelo; la sed de eternidad es lo que se llama amor entre los hombres, y quien a otro ama es que quiere eternizarse en él. Lo que no es eterno tampoco es real.

Gritos de las entrañas del alma ha arrancado a los poetas de los tiempos todos esta tremenda visión del fluir de las olas de la vida, desde el «sueño de una sombra» οκιας οναρ, de Píndaro, hasta el «la vida es sueño», de Calderón, y el «estamos hechos de la madera de los sueños», de Shakespeare, sentencia esta última aún más trágica que la del castellano, pues mientras en aquélla sólo se declara sueño a nuestra vida, más no a nosotros, los soñadores de ella, el inglés nos hace también a nosotros sueño, sueño que sueña.

La vanidad del mundo y el cómo pasa, y el amor, son las dos notas radicales y entrañadas de la verdadera poesía. Y son dos notas que no pueden sonar la una sin que la otra a la vez resuene. El sentimiento de la vanidad del mundo pasajero nos mete el amor, único en que se vence lo vano y transitorio, único que rellena y eterniza la vida. Al parecer al menos, que en realidad... Y el amor, sobre todo cuando lucha contra el destino, súmenos en el sentimiento de la vanidad de este mundo de apariencias, y nos abre el vislumbre de otro en que, vencido el destino, sea ley la libertad.

¡Todo pasa! Tal es el estribillo de los que han bebido de la fuente de la vida, boca al chorro, de los que han gustado del fruto del árbol de la ciencia del bien y del mal.

¡Ser, ser siempre, ser sin término! ¡Sed de ser, sed de ser más! ¡Hambre de Dios! ¡Sed de amor eternizante y eterno! ¡Ser siempre! ¡Ser Dios!

«¡Seréis como dioses!», cuenta el Génesis (III, 5) que dijo la serpiente a la primera pareja de enamorados. «Si en esta vida tan sólo hemos de esperar en Cristo, somos los más lastimosos de los hombres», escribía el Apóstol (I Cor., XV, 19), y toda religión arranca históricamente del culto a los muertos, es decir, a la inmortalidad.

Escribía el trágico judío portugués de Amsterdam que el hombre libre en nada piensa menos que en la muerte; pero ese hombre libre es un hombre muerto, libre del resorte de la vida, falto de amor, esclavo de su libertad. Este pensamiento de que me tengo que morir y el enigma de lo que habrá después, es el latir mismo de mi conciencia. Contemplando el sereno campo verde o contemplando unos ojos claros, a que se asome un alma hermana de la mía, se me hinche la conciencia, siento la diástole del alma y me empapo en vida ambiente y creo en mi porvenir; pero al punto la voz del misterio me susurra: «¡Dejarás de ser!», me roza con el ala el Ángel de la muerte, y la sístole del alma me inunda las entrañas espirituales en sangre de divinidad.

Como Pascal, no comprendo al que asegura no dársele un ardite de este asunto, y ese abandono en cosa «en que se trata de ellos mismos, de su eternidad, de su todo, me irrita más que me enternece, me asombra y me espanta», y el que así siente «es para mí», como para Pascal, cuyas son las palabras señaladas, «un monstruo».

Mil veces y en mil tonos se ha dicho cómo es el culto a los muertos antepasados lo que enceta, por lo común, las religiones primitivas, y cabe, en rigor, decir que lo que más al hombre destaca de los demás animales es lo de que guarde, de una manera o de otra, sus muertos sin entregarlos al descuido de su madre la tierra todoparidora; es un animal guardamuertos. ¿Y de qué los guarda así? ¿De qué los ampara el pobre? La pobre conciencia huye de su propia aniquilación y así que un espíritu animal, desplacentándose del mundo se ve frente a éste, y como distinto de él se conoce, ha de querer otra vida que no la del mundo mismo. Y así la tierra correría riesgo de convertirse en un vasto cementerio, antes de que los muertos mismos se remueran.

Cuando no se hacía para los vivos más que chozas de tierra o cabañas de paja que la intemperie ha destruído, elevábanse túmulos para los muertos, y antes se empleó la piedra para las sepulturas que no para las habitaciones. Han vencido a los siglos por su fortaleza las casas de los muertos, no las de los vivos; no las moradas de paso, sino las de queda.

Este culto, no a la muerte, sino a la inmortalidad, inicia y conserva las religiones. En el delirio de la destrucción, Robespierre hace declarar a la Convención la existencia del Ser Supremo y «el principio consolador de la inmortalidad del alma», y es que el Incorruptible se aterraba ante la idea de tener que corromperse un día.

¿Enfermedad? Tal vez; pero quien no se cuida de la enfermedad, descuida la salud, y el hombre es un animal esencial y sustancialmente enfermo. ¿Enfermedad? Tal vez lo sea, como la vida misma a que va presa, y la única salud posible, la muerte; pero esa enfermedad es el manantial de toda salud poderosa. De lo hondo de esa congoja, del abismo del sentimiento de nuestra mortalidad, se sale a la luz de otro cielo, como de lo hondo del infierno salió el Dante a volver a ver las estrellas.

> *e quindi uscimmo a riveder le stelle*
> [Inf. XXXIV, 139.]

Aunque al pronto nos sea congojosa esta meditación de

nuestra mortalidad, nos es al cabo corroboradora. Recójete, lector, en ti mismo, y figúrate un lento deshacerte de ti mismo, en que la luz se te apague, se te enmudezcan las cosas y no te den sonido, envolviéndote en silencio, se te derritan de entre las manos los objetos asideros, se te escurra de bajo los pies el piso, se te desvanezcan como en desmayo los recuerdos, se te vaya disipando todo en nada, y disipándote también tú, y ni aun la conciencia de la nada te quede siquiera como fantástico agarradero de una sombra.

He oído contar de un pobre segador muerto en cama de hospital, que al ir el cura a ungirle en extremaunción las manos, se resistía a abrir la diestra con que apuñaba unas sucias monedas, sin percatarse de que muy pronto no sería ya suya su mano ni él de sí mismo. Y así cerramos y apuñamos, no ya la mano, sino el corazón, queriendo apuñar en él al mundo.

Confesábame un amigo que, previendo, en pleno vigor de salud física, la cercanía de una muerte violenta, pensaba en concentrar la vida, viviéndola en los pocos días que de ella calculaba le quedarían para escribir un libro. ¡Vanidad de vanidades!

Si al morírseme el cuerpo que me sustenta, y al que llamo mío para distinguirle de mí mismo, que soy yo, vuelve mi conciencia a la absoluta inconciencia de que brotara, y como a la mía les acaece a la de mis hermanos todos en humanidad, entonces no es nuestro trabajado linaje humano más que una fatídica procesión de fantasmas, que van de la nada a la nada, y el humanitarismo, lo más inhumano que se conoce.

Y el remedio no es el de la copla que dice:

> Cada vez que considero
> que me tengo que morir,
> tiendo la capa en el suelo
> y no me harto de dormir.

¡No! El remedio es considerarlo cara a cara, fija la mirada en la mirada de la Esfinge, que es así como se deshace el maleficio de su aojamiento.

Si del todo morimos todos, ¿para qué todo? ¿Para qué? Es el ¿para qué? de la Esfinge, es el ¿para qué? que nos corroe el meollo del alma, es el padre de la congoja, la que nos da el amor de esperanza.

Hay, entre los poéticos quejidos del pobre Cowper, unas líneas escritas bajo el peso del delirio, y en las cuales, creyéndose blanco de la divina venganza, exclama que el infierno podrá procurar un abrigo a sus miserias.

Hell might afford my miseries a shelter.

Este es el sentimiento puritano, la preocupación del pecado y de la predestinación; pero leed estas otras mucho más terribles palabras de Sénancour, expresivas de la desesperación católica, no ya de la protestante, cuando hace decir a su *Obermann* (carta XC): *L'homme est périssable. Il se peut; mais périssons en résistant, et, si le néant nous est réservé, ne faisons pas que ce soit une justice.* Y he de confesar, en efecto, por dolorosa que la confesión sea, que nunca, en los días de la fe ingenua de mi mocedad, me hicieron temblar las descripciones, por truculentas que fuesen, de las torturas del infierno, y sentí siempre ser la nada mucho más aterradora que él. El que sufre vive, y el que vive sufriendo ama y espera, aunque a la puerta de su mansión le pongan el «¡Dejad toda esperanza!», y es mejor vivir en dolor que no dejar de ser en paz. En el fondo era que no podía creer en esa atrocidad de un infierno, de una eternidad de pena, ni veía más verdadero infierno que la nada y su perspectiva. Y sigo creyendo que si creyésemos todos en nuestra salvación de la nada, seríamos todos mejores.

¿Qué es ese arregosto de vivir, *la joie de vivre,* de que ahora nos hablan? El hambre de Dios, la sed de eternidad, de sobrevivir, nos ahogará siempre ese pobre goce de la vida que pasa y no queda. Es el desenfrenado amor a la vida, el amor que la quiere inacabable, lo que más suele empujar al ansia de la muerte. «Anonadado yo, si es que del todo me muero —nos decimos—, se me acabó el mundo, acabóse; ¿y por qué no ha de acabarse cuanto antes para

que no vengan nuevas conciencias a padecer el pesadum-
broso engaño de una existencia pasajera y aparencial? Si des-
hecha la ilusión del vivir, el vivir por el vivir mismo o para
otros que han de morirse también, no nos llena el alma,
¿para qué vivir? La muerte es nuestro remedio». Y así es
como se endecha al reposo inacabable por miedo a él, y se
le llama liberadora a la muerte.

Ya el poeta del dolor, del aniquilamiento, aquel Leopardi que, perdido el último engaño, el de creerse eterno.

> *Peri l'inganno estremo*
> *ch'eterno io mi credei.*

le hablaba a su corazón de *l'infinita vanità del tutto;* vio la
estrecha hermandad que hay entre el amor y la muerte, y
cómo cuando «nace en el corazón profundo un amoroso
afecto, lánguido y cansado, juntamente con él en el pecho
un deseo de morir se siente». A la mayor parte de los que
se dan a sí mismos la muerte, es el amor el que les mueve
el brazo, es el ansia suprema de vida, de más vida, de prolongar y perturbar la vida, lo que a la muerte les lleva, una
vez persuadidos de la vanidad de su ansia.

Trágico es el problema y de siempre y cuanto más queramos de él huir, más vamos a dar en él. Fué el sereno
—¿sereno?— Platón, hace ya veinticuatro siglos, el que en
su diálogo sobre la inmortalidad del alma dejó escapar de
la suya, hablando de lo dudoso de nuestro ensueño de ser
inmortales, y del *riesgo* de que no sea vano, aquel profundo
dicho: «¡Hermoso es el riesgo!», καλός γάρ ό κίνδυνος, her-
mosa es la suerte que podemos correr de que no se nos
muera el alma nunca, germen esta sentencia del argumento famoso de la puesta de Pascal.

Frente a este riesgo, y para suprimirlo, me dan raciocinios en prueba de lo absurda que es la creencia en la inmortalidad del alma; pero esos raciocinios no me hacen me-
lla, pues son razones y nada más que razones, y no es de
ellas de lo que se apacienta el corazón. No quiero morirme,
no; no quiero, ni quiero quererlo; quiero vivir siempre,

siempre, siempre, y vivir yo, este pobre yo que me soy y
me siento ser ahora y aquí, y por esto me tortura el problema de la duración de mi alma, de la mía propia.

Yo soy el centro de mi universo, el centro del universo,
y en mis angustias supremas grito con Michelet: «¡Mi yo,
que me arrebatan mi yo!». ¿De qué le sirve al hombre ganar el mundo todo si pierde su alma? (Mat., XVI, 26).
¡Egoísmo decís? Nada hay más universal que lo individual,
pues lo que es de cada uno lo es de todos. Cada hombre
vale más que la humanidad entera, ni sirve sacrificar cada
uno a todos, sino en cuanto todos se sacrifiquen a cada uno.
Eso que llamáis egoísmo es el principio de la gravedad psíquica, el postulado necesario. «¡Ama a tu prójimo como a
ti mismo!», se nos dijo, presuponiendo que cada cual se
ame a sí mismo; y no se nos dijo: «¡Ámate!». Y, sin embargo, no sabemos amarnos.

Quitad la propia persistencia, y meditad lo que os dicen. ¡Sacrifícate por tus hijos! Y te sacrificas por ellos, porque son tuyos, parte y prolongación de ti, y ellos a su vez
se sacrificarán por los suyos, y éstos por los de ellos, y así
irá, sin término, un sacrificio estéril del que nadie se apro-
vecha. Vine al mundo a hacer mi yo, y ¿qué será de nuestros yos todos? ¡Vive para la Verdad, el Bien, la Belleza! Ya
veremos la suprema vanidad y la suprema insinceridad de
esta posición hipócrita.

«¡Eso eres tú!», me dicen con los Upanischadas. Y yo les
digo: «Sí, yo soy eso, cuando eso es yo y todo es mío y mía
la totalidad de las cosas. Y como mía la quiero y amo al
prójimo porque vive en mí y como parte de mi conciencia,
porque es como yo, es mío.»

¡Oh, quién pudiera prolongar este dulce momento y dor-
mirse en él y en él eternizarse! ¡Ahora y aquí, a esta luz dis-
creta y difusa, en este remanso de quietud, cuando está
aplacada la tormenta del corazón y no me llegan los ecos
del mundo! ¡Duerme el deseo insaciable y ni aun sueña; el
hábito, el santo hábito, reina en mi eternidad; han muerto
con los recuerdos los desengaños, y con las esperanzas, los
temores!

Y vienen queriendo engañarnos con un engaño de engaños, y nos hablan de que nada se pierde, de que todo se
transforma, muda y cambia, que ni se aniquila el menor ca-
chito de materia, ni se desvanece del todo el menor golpecito de fuerza, y hay quien pretende darnos consuelo con
esto. ¡Pobre consuelo! Ni de mi materia ni de mi fuerza
me inquieto, pues no son mías mientras no sea yo mismo
mío, esto es, eterno. No, no es anegarme en el gran Todo,
en la Materia o en la Fuerza infinitas y eternas o en Dios
lo que anhelo; no es ser poseído por Dios, sino poseerle, hacerme yo Dios sin dejar de ser el yo que ahora os digo esto.
No nos sirven engañifas de monismo; ¡queremos bulto y
no sombra de inmortalidad!

¿Materialismo? ¿Materialismo decís? Sin duda; pero es
que nuestro espíritu es también alguna especie de materia
o no es nada. Tiemblo ante la idea de tener que desgarrarme de mi carne; tiemblo más aún ante la idea de tener que
desgarrarme de todo lo sensible y material, de toda sustancia. Si acaso esto merece el nombre de materialismo, y si a
Dios me agarro con mis potencias y mis sentidos todos, es
para que El me lleve en sus brazos allende la muerte, mi-
rándome con su cielo a los ojos cuando se me vayan éstos
a apagar para siempre. ¿Que me engaño? ¡No me habléis
de engaño y dejadme vivir!

Llaman también a esto orgullo; «hediondo orgullo» le llamó Leopardi, y nos preguntan que quiénes somos, viles gusanos de la tierra, para pretender inmortalidad; ¿en gracia
de qué? ¿Para qué? ¿Con qué derecho? «¿En gracia a qué?
—preguntáis—, ¿y en gracia a qué vivimos? ¿Para qué? ¿y
para qué somos? ¿Con qué derecho? ¿y con qué derecho somos?». Tan gratuito es existir como seguir existiendo siempre. No hablemos de gracia, ni de derecho, ni de para qué
de nuestro anhelo, que es un fin en sí, porque perderemos
la razón en un remolino de absurdos. No reclamo derecho
ni merecimiento alguno; es sólo una necesidad, lo necesito
para vivir.

Y «¿quién eres tú?» —me preguntas—, y con *Obermann*
te contesto: «¡Para el universo, nada; para mí, todo!». ¿Or-

gullo? ¿Orgullo querer ser inmortal? ¡Pobres hombres! Trágico hado, sin duda, el de tener que cimentar en la movediza y deleznable piedra del deseo de inmortalidad la afirmación de ésta; pero torpeza grande condenar el anhelo por creer probado, sin probarlo, que no sea conseguidero. ¿Que sueño...? Dejadme soñar; si ese sueño es mi vida, no me despertéis de él. Creo en el inmortal origen de este anhelo de inmortalidad, que es la sustancia misma de mi alma. ¿Pero de veras creo en ello...? «¿Y para qué quieres ser inmortal?» —me preguntas—. ¿Para qué? No entiendo la pregunta, francamente, porque es preguntar la razón de la razón, el fin del fin, el principio del principio.

Pero de estas cosas no se puede hablar.

Cuenta el libro de los Hechos de los Apóstoles que adondequiera que fuese Pablo se concitaban contra él los celosos judíos para perseguirle. Apedreáronle en Iconio y en Listra, ciudades de Licaonia, a pesar de las maravillas que en la última obró; le azotaron en Filipos de Macedonia y le persiguieron sus hermanos de raza en Tesalónica y en Berea. Pero llegó a Atenas, a la noble ciudad de los intelectuales, sobre la que velaba el alma excelsa de Platón, el de la hermosura del riesgo de ser inmortal, y allí disputó Pablo con epicúreos y estoicos, que decían de él, o bien: «¿Qué quiere decir este charlatán (οπερμολόγος)?», o bien: «¡Parece que es predicador de nuevos dioses!» (Hechos, XVII, 18), y «tomándole, le llevaron al Areópago, diciendo: «¿Podremos saber qué sea esta nueva doctrina que dices? Porque traes a nuestros oídos cosas peregrinas y queremos saber qué quiere ser eso» (versículos 19-20), añadiendo el libro esta maravillosa caracterización de aquellos atenienses de la decadencia, de aquellos lamineros y golosos de curiosidades, pues «entonces los atenienses todos y sus huéspedes extranjeros no se ocupaban en otra cosa sino en decir o en oír algo de más nuevo» (versículo 21). ¡Rasgo maravilloso, que nos pinta a qué habían venido a parar los que aprendieron en la *Odisea* que los dioses traman y cumplen la destrucción de los mortales para que los venideros tengan algo que contar!

Ya está, pues, Pablo ante los refinados atenienses, ante los *graeculos,* los hombres cultos y tolerantes que admiten toda doctrina, toda la estudian y a nadie apedrean ni azotan ni encarcelan por profesar éstas o las otras; ya está donde se respeta la libertad de conciencia y se oye y se escucha todo parecer. Y alza la voz allí, en medio del Areópago, y les habla como cumplía a los cultos ciudadanos de Atenas, y todos, ansiosos de la última novedad, le oyen; mas cuando llega a hablarles de la resurrección de los muertos se les acaba la paciencia y la tolerancia, y unos se burlan de él y otros le dicen: «¡Ya oiremos otra vez de esto!», con propósito de no oírle. Y una cosa parecida le ocurrió en Cesarea con el pretor romano Félix, hombre también tolerante y culto, que le alivió de la pesadumbre de su prisión y quiso oírle y le oyó disertar de la justicia y de la continencia; mas al llegar al juicio venidero le dijo espantado (εμφοβος γενομενος): «¡Ahora vete, que te volveré a llamar cuando cuadre!» (Hechos, XXIV, 22-25). Y cuando hablaba ante el rey Agripa, al oírle Festo, el gobernador, decir de resurrección de muertos, exclamó: «Estás loco, Pablo; las muchas letras te han vuelto loco» (Hechos, XXVI, 24).

Sea lo que fuere de la verdad del discurso de Pablo en el Areópago, y aun cuando no lo hubiere habido, es lo cierto que en ese relato admirable se ve hasta dónde llega la tolerancia ética y dónde acaba la paciencia de los intelectuales. Os oyen todos en calma, y sonrientes, y a las veces os animan diciéndoos: «¡Es curioso!», o bien: «¡Tiene ingenio!», o: «¡Es sugestivo!», o: «¡Qué hermosura», o: «¡Lástima que no sea verdad tanta belleza!», o: «¡Eso hace pensar!»; pero así que les habláis de resurrección y de vida allende de la muerte, se les acaba la paciencia y os atajan la palabra, diciéndoos: «¡Déjalo! ¡Otro día hablarás de esto!», y es de esto, mis pobres atenienses, mis intolerantes intelectuales, es de esto de lo que voy a hablaros aquí.

Y aun si esa creencia fuese absurda, ¿por qué se tolera menos el que se las exponga que otras muchas más absurdas aún? ¿Por qué esa evidente hostilidad a tal creencia? ¿Es miedo? ¿Es acaso pesar de no poder compartirla?

Y vuelven los sensatos, los que no están a dejarse engañar, y nos machacan los oídos con el sonsonete de que no sirve entregarse a la locura y dar coces contra el aguijón, pues lo que no puede ser es imposible. «Lo viril —dicen— es resignarse a la suerte, y pues no somos inmortales, no queramos serlo; sojuzguémonos a la razón sin acongojarnos por lo irremediable, entenebreciendo y entristeciendo la vida. Esa obsesión —añaden— es una enfermedad.» Enfermedad, locura, razón... ¡El estribillo de siempre! Pues bien: ¡no! No me someto a la razón y me rebelo contra ella y tiro a crear, en fuerza de fe, a mi Dios inmortalizador y a torcer con mi voluntad el curso de los astros, porque si tuviéramos fe como un grano de mostaza, diríamos a ese monte: «Pásate de ahí», y se pasaría, y nada nos sería imposible (Mat., XVII, 20).

Ahí tenéis a ese ladrón de energías, como él llamaba torpemente al Cristo, que quiso casar el nihilismo con la lucha por la existencia, y os habla de valor. Su corazón le pedía el todo eterno, mientras su cabeza le enseñaba la nada, y desesperado y loco para defenderse de sí mismo, maldijo de lo que más amaba. Al no poder ser Cristo, blasfemó del Cristo. Henchido de sí mismo, se quiso inacabable y soñó la vuelta eterna, mezquino remedio de inmortalidad, y lleno de lástima hacia sí, abominó de toda lástima. ¡Y hay quien dice que es la suya filosofía de hombres fuertes! No; no lo es. Mi salud y mi fortaleza me empujan a perpetuarme. ¡Esa es doctrina de endebles que aspiran a ser fuertes, pero no de fuertes que lo son! Sólo los débiles se resignan a la muerte final y sustituyen con otro el anhelo de inmortalidad personal. En los fuertes el ansia de perpetuidad sobrepuja a la duda de lograrla, y su rebose de vida se vierte al más allá de la muerte.

Ante este terrible misterio de la mortalidad, cara a cara de la Esfinge, el hombre adopta distintas actitudes y busca por varios modos consolarse de haber nacido. Y ya se le ocurre tomarlo a juego, y se dice, con Renán, que este universo es un espectáculo que Dios se da a sí mismo, y que debemos servir las intenciones del gran Corega, contribuyendo a hacer el espectáculo lo más brillante y lo más variado posible. Y han hecho del arte una religión y un remedio para el mal metafísico, y han inventado la monserga del arte por el arte.

Y no les basta. El que os diga que escribe, pinta, esculpe o canta para propio recreo, si da al público lo que hace, miente; miente si firma su escrito, pintura, estatua o canto. Quiere, cuando menos, dejar una sombra de su espíritu, algo que le sobreviva. Si la *Imitación de Cristo* es anónima, es porque su autor, buscando la eternidad del alma, no se inquietaba de la del nombre. Literato que os diga que desprecia la gloria, miente como un bellaco. De Dante, el que escribió aquellos treinta y tres vigorosísimos versos (*Purg.,* XI, 85-117) sobre la vanidad de la gloria mundana, dice Boccacio que gustó de los honores y las pompas más acaso de lo que correspondía a su ínclita virtud. El deseo más ardiente de sus condenados es el de que se les recuerde aquí, en la tierra, y se hable de ellos, y es esto lo que más ilumina las tinieblas de su infierno. Y él mismo expuso el concepto de la Monarquía, no sólo para utilidad de los demás, sino para lograr palma de gloria (*De Monarchia,* lib. I, capítulo I). ¿Qué más? Hasta de aquel santo varón, el más desprendido, al parecer, de vanidad terrena, del pobrecito de Asís, cuentan los Tres Socios que dijo: *Adhuc adorabor per totum mundum!* ¡Veréis cómo soy aún adorado por todo el mundo! (II Celano, 1. 1). Y hasta de Dios mismo dicen los teólogos que creó el mundo para manifestación de su gloria.

Cuando las dudas nos invaden y nublan la fe en la inmortalidad del alma, cobra brío y doloroso empuje el ansia de perpetuar el nombre y la fama, de alcanzar una sombra de inmortalidad siquiera. Y de aquí esa tremenda lucha por singularizarse, por sobrevivir de algún modo en la memoria de los otros y de los venideros, esa lucha mil veces más terrible que la lucha por la vida y que da tono, color y carácter a esta nuestra sociedad, en que la fe medieval en el alma inmortal se desvanece. Cada cual quiere afirmarse siquiera en apariencia.

Una vez satisfecha el hambre, y ésta se satisface pronto, surge la vanidad, la necesidad —que lo es— de imponerse y sobrevivir en otros. El hombre suele entregar la vida por la bolsa; pero entrega la bolsa por la vanidad. Engríese, a falta de algo mejor, hasta de sus flaquezas y miserias, y es como el niño, que, con tal de hacerse notar, se pavonea con el dedo vendado. Y la vanidad ¿qué es sino ansia de sobrevivirse?

Acontécele al vanidoso lo que al avaro, que toma los medios por los fines y, olvidadizo de éstos, se apega a aquéllos, en los que se queda. El parecer algo, conducente a serlo, acaba por formar nuestro objetivo. Necesitamos que los demás nos crean superiores a ellos para creernos nosotros tales, y basar en ello nuestra fe en la propia persistencia, por lo menos en la de la fama. Agradecemos más el que se nos encomie el talento con que defendemos una causa, que no el que se reconozca la verdad o bondad de ella. Una furiosa manía de originalidad sopla por el mundo moderno de los espíritus, y cada cual la pone en una cosa. Preferimos desbarrar con ingenio a acertar con ramplonería. Ya dijo Rousseau en su *Emilio:* «Aunque estuvieran los filósofos en disposición de descubrir la verdad, ¿quién de entre ellos se interesaría en ella? Sabe cada uno que su sistema no está mejor fundado que los otros, pero lo sostiene porque es suyo. No hay uno solo que, en llegando a conocer lo verdadero y lo falso, no prefiera la mentira que ha hallado a la verdad descubierta por otro. ¿Dónde está el filósofo que no engañase de buen grado, por su gloria, al género humano? ¿Dónde el que en el secreto de su corazón se proponga otro objeto que distinguirse? Con tal de elevarse por encima del vulgo, con tal de borrar el brillo de sus concurrentes, ¿qué más pide? Lo esencial es pensar de otro modo que los demás. Entre los creyentes es ateo; entre los ateos sería creyente» (Libro IV). ¡Cuánta verdad hay en el fondo de estas tristes confesiones de aquel hombre de sinceridad dolorosa!

Nuestra lucha a brazo partido por la sobrevivencia del nombre se retrae al pasado, así como aspira a conquistar el porvenir; peleamos con los muertos, que son los que nos hacen sombra a los vivos. Sentimos celos de los genios que fueron y cuyos nombres, como hitos de la historia, salvan las edades. El cielo de la fama no es muy grande, y cuantos más en él entren, a menos toca cada uno de ellos. Los grandes nombres del pasado nos roban lugar en él; lo que ellos ocupan en la memoria de las gentes nos lo quitarán a los que aspiramos a ocuparla. Y así nos revolvemos contra ellos, y de aquí la agrura con que cuantos buscan en las letras nombradía juzgan a los que ya la alcanzaron y de ella gozan. Si la literatura se enriquece mucho, llegará el día del cernimiento, y cada cual teme quedarse entre las mallas del cedazo. El joven irreverente para con los maestros, al atacarlos, es que se defiende; el iconoclasta o rompeimágenes en un estilita que se erige a sí mismo en imagen, en *icono*. «Toda comparación es odiosa», dice un dicho decidero, y es que, en efecto, queremos ser únicos. No le digáis a Fernández que es uno de los jóvenes españoles de más talento, pues mientras finge agradecéroslo, moléstale el elogio; si le decís que es el español de más talento... ¡vaya!; pero aún no le basta; una de las eminencias mundiales es ya más de agradecer; pero sólo le satisface que le crean el primero de todas partes y de los siglos todos. Cuanto más solo, más cerca de la inmortalidad aparencial, la del nombre, pues los

¿Qué significa esa irritación cuando creemos que nos roban una frase, o un pensamiento, o una imagen que creíamos nuestra; cuando nos plagian? ¿Robar? ¿Es que es acaso nuestra, una vez que al público se la dimos? Sólo por nuestra la queremos, y más encariñados vivimos de la moneda falsa que conserva nuestro cuño, que no de la pieza de oro puro de donde se ha borrado nuestra efigie y nuestra leyenda. Sucede muy comúnmente que cuando no se pronuncia ya el nombre de un escritor es cuando más influye en su pueblo, desparramado y enfusado su espíritu en los espíritus de los que le leyeron, mientras que se le citaba cuando sus dichos y pensamientos, por chocar con los corrientes, necesitaban garantía de nombre. Lo suyo es ya de todos y él en todos vive. Pero en sí mismo vive triste y lacio y se cree en derrota. No oye ya los aplausos ni tampoco el latir silencioso de los corazones de los que le siguen leyendo. Preguntad a cualquier artista sincero qué prefiere: que se hunda su obra y sobreviva su memoria, o que, hundida ésta, persista aquélla, y veréis, si es de veras sincero, lo que os dice. Cuando el hombre no trabaja para vivir e irlo pasando, trabaja para sobrevivir. Obrar por la obra misma, es juego y no trabajo. ¿Y el juego? Ya hablaremos de él.

Tremenda pasión esa de que nuestra memoria sobreviva por encima del olvido de los demás si es posible. De ella arranca la envidia, a la que se debe, según el relato bíblico, el crimen que abrió la historia humana: el asesinato de Abel por su hermano Caín. No fué lucha por pan, fué lucha por sobrevivir en Dios, en la memoria divina. La envidia es mil veces más terrible que el hambre, porque es hambre espiritual. Resuelto el que llamamos problema de la vida, el del pan, convertiríase la Tierra en un infierno, por surgir con más fuerza la lucha por la sobrevivencia.

Al nombre se sacrifica, no ya la vida, la dicha. La vida, desde luego. «¡Muera yo, viva mi fama!», exclama en *Las mocedades del Cid* Rodrigo Arias, al caer herido de muerte por don Diego Ordóñez de Lara. Débese uno a su nombre. «¡Animo, Jerónimo, que se te recordará largo tiempo; la muerte es amarga, pero la fama, eterna!», exclamó Jerónimo Olgiati, discípulo de Cola Montano y matador, conchabado con Lampugnani y Visconti, de Galeazzo Sforza, tirano de Milán. Hay quien anhela hasta el patíbulo para cobrar fama, aunque sea infame: *avidus malae famae,* que dijo Tácito.

Y este erostratismos, ¿qué es en el fondo sino ansia de inmortalidad, ya que no de sustancia y bulto, al menos de nombre y sombra?

Y hay en ello sus grados. El que desprecia el aplauso de la muchedumbre de hoy es que busca sobrevivir en renovadas minorías durante generaciones. «La posteridad es una superposición de minorías», decía Gounod. Quiere prolongarse en tiempo más que en espacio. Los ídolos de las muchedumbres son pronto derribados por ellas mismas, y su estatua se deshace al pie del pedestal sin que la mire nadie, mientras que quienes ganan el corazón de los escojidos recibirán más largo tiempo fervoroso culto en una capilla siquiera, recojida y pequeña, pero que salvará las avenidas del olvido. Sacrifica el artista la extensión de su fama a su duración; ansía más durar por siempre en un rinconcito, a no brillar un segundo en el universo todo; quiere más ser átomo eterno y conciente de sí mismo, que momentánea conciencia del universo todo; sacrifica la infinidad a la eternidad.

Y vuelven a molernos los oídos con el estribillo aquel de ¡orgullo!, ¡hediondo orgullo! ¿Orgullo querer dejar nombre imborrable? ¿Orgullo? Es como cuando se habla de sed de placeres, interpretando así la sed de riquezas. No, no es tanto ansia de procurarse placeres cuanto el terror a la pobreza lo que nos arrastra a los pobres hombres a buscar el dinero, como no era el deseo de gloria, sino el terror al infierno, lo que arrastraba a los hombres en la Edad Media al claustro con su acedia. Ni eso es orgullo, sino terror a la nada. Tendemos a serlo todo, por ver en ello el único remedio para no reducirnos a nada. Queremos salvar nuestra memoria, siquiera nuestra memoria. ¿Cuánto durará? A lo sumo, lo que dure el linaje humano. ¿Y si salváramos nuestra memoria en Dios?

Todo esto que confieso son, bien lo sé, miserias; pero del fondo de estas miserias surge vida nueva, y sólo apurando las heces del dolor espiritual puede llegarse a gustar la miel del poso de la copa de la vida. La congoja nos lleva al consuelo.

Esa sed de vida eterna apáganla muchos, los sencillos sobre todo, en la fuente de la fe religiosa; pero no a todos es dado beber de ella. La institución cuyo fin primordial es protejer esa fe en la inmortalidad personal del alma es el catolicismo; pero el catolicismo ha querido racionalizar esa fe haciendo de religión teología, queriendo dar por base a la creencia vital una filosofía y una filosofía del siglo XIII. Vamos a verlo y ver sus consecuencias.

Salamanca, noviembre, 1911.

Vengamos ahora a la solución cristiana católica, pauliniana o atanasiana, de nuestro íntimo problema vital, el
hambre de inmortalidad.

Brotó el cristianismo de la confluencia de dos grandes
corrientes espirituales, la una judaica y la otra helénica, ya
de antes influídas mutuamente, y Roma acabó de darle sello práctico y permanencia social.

Hase afirmado del cristianismo primitivo, acaso con pre-
cipitación, que fue anescatológico, que en él no aparece claramente la fe en otra vida después de la muerte, sino en
un próximo fin del mundo y establecimiento del reino de
Dios, en el llamado *quiliasmo*. ¿Y es que no eran, en el fondo, una misma cosa? La fe en la inmortalidad del alma,
cuya condición tal vez no se precisaba mucho, cabe decir
que es una especie de *subentendido,* de supuesto tácito, en
el Evangelio todo, y es la situación del espíritu de muchos
de los que hoy le leen, situación opuesta a la de los cristianos de entre quienes brotó el Evangelio, lo que les impide
verlo. Sin duda que todo aquello de la segunda venida de

Cristo, con gran poder, rodeado de majestad y entre nubes, para juzgar a muertos y a vivos, abrir a los unos el reino de los cielos y echar a los otros a la geena, donde será el lloro y el crujir de dientes, cabe entenderlo quiliásticamente, y aun se hace decir al Cristo en el Evangelio (Marcos, IX, 1) que había con El algunos que no gustarían de la suerte sin haber visto el reino de Dios, esto es, que vendría durante su generación; y en el mismo capítulo, versículo 10, se hace decir a Jacobo, a Pedro y a Juan, que con Jesús subieron al monte de la Transfiguración y le oyeron hablar de que resucitaría de entre los muertos, aquello de: «y guardaron el dicho consigo, razonando unos con otros sobre qué sería eso de resucitar de entre los muertos». Y en todo caso, el Evangelio se compuso cuando esa creencia, base y razón de ser del cristianismo, se estaba formando. Véase en Mateo, XXII, 29-32; en Marcos, XII, 24-27; en Lucas, XVI, 22-31; XX, 34-37; en Juan, V, 24-29; VI, 40, 54, 58; VIII, 51; XI, 25, 56; XIV, 2, 19. Y, sobre todo, aquello de Mateo, XXVII, 52, de que al resucitar el Cristo, «muchos cuerpos santos que dormían resucitaron».

Y no era ésta una resurrección, no. La fe cristiana nació de la fe de que Jesús no permaneció muerto, sino que Dios le resucitó y que esta resurrección era un hecho; pero esto no suponía una mera inmortalidad del alma al modo filosófico. (Véase Harnack, *Dogmengeschichte*. Prolegómena, V, 4.) Para los primeros Padres de la Iglesia mismos, la inmortalidad del alma no era algo natural; bastaba para su demostración, como dice Nemesio, la enseñanza de las Divinas Escrituras, y era, según Lactancio, un don —y, como tal, gratuito— de Dios. Pero sobre esto más adelante.

Brotó, decíamos, el cristianismo de una confluencia de los dos grandes procesos espirituales, judaico y helénico, cada uno de los cuales había llegado por su parte, si no a la definición precisa, al preciso anhelo de otra vida. No fué entre los judíos ni general ni clara la fe en otra vida; pero a ella les llevó la fe en un Dios personal y vivo, cuya formación es toda su historia espiritual.

Jahvé, el Dios judaico, empezó siendo un dios entre otros

muchos, el dios del pueblo de Israel, revelado entre el fragor de la tormenta en el monte Sinaí. Pero era tan celoso, que exigía se le rindiese culto a él solo, y fue por el monocultismo como los judíos llegaron el monoteísmo. Era adorado como fuerza viva, no como entidad metafísica, y era el dios de las batallas. Pero este Dios, de origen social y guerrero, sobre cuya génesis hemos de volver, se hizo más íntimo y personal en los profetas, y al hacerse más íntimo y personal, más individual y más universal, por tanto. Es Jahvé, que no ama a Israel por ser hijo suyo, sino que le toma por hijo, porque le ama (Oseas, XI, 1). Y la fe en el Dios personal, en el Padre de los hombres, lleva consigo la fe en la eternización del hombre individual, que ya en el fariseísmo alborea, aun antes de Cristo.

La cultura helénica, por su parte, acabó descubriendo la muerte, y descubrir la muerte es descubrir el hambre de inmortalidad. No aparece este anhelo en los poemas homéricos, que no son algo inicial, sino final; no el arranque, sino el término de una civilización. Ellos marcan el paso de la vieja religión de la Naturaleza, la de Zeus, a la religión más espiritual de Apolo, la de la redención. Mas en el fondo persistía siempre la religión popular e íntima de los misterios eleusinos, el culto de las almas y de los antepasados. «En cuanto cabe hablar de una teología délfica hay que tomar en cuenta, entre los más importantes elementos de ella, la fe en la continuación de la vida de las almas después de la muerte en sus formas populares y en el culto a las almas de los difuntos», escribe Rohde (1). Había lo titánico y lo dionisíaco, y el hombre debía, según la doctrina órfica, libertarse de los lazos del cuerpo, en que estaba el alma como prisionera en una cárcel. (Véase Rohde, *Psyche,* Die Orphiker, 4.) La noción nietzscheniana de la vuelta eterna es una idea órfica. Pero la idea de la inmortalidad del alma no fue un principio filosófico. El intento de Empédocles de hermanar un sistema hilozoístico con el espiritualismo pro-

---

[1] Erwin Rohde, *Psyche:* «Seelencult und Unsterblichkeitsglaube der Griechen», Tübingen, 1907. Es la obra hasta hoy capital en lo que se refiere a la fe de los griegos en la inmortalidad del alma.

bó que una ciencia natural filosófica no puede llevar por sí a corroborar el axioma de la perpetuidad del alma individual; sólo podía servir de apoyo una especulación teológica. Los primeros filósofos griegos afirmaron la inmortalidad por contradicción, saliéndose de la filosofía natural y entrando en la teología, asentando un dogma dionisíaco y órfico, no apolíneo. Pero «una inmortalidad del alma humana como tal, en virtud de su propia naturaleza y condición, como imperecedera fuerza divina en el cuerpo mortal, no ha sido jamás objeto de la fe popular helénica» (Rhode, obra citada).

Recordad el *Fedón* platónico y las elucubraciones neo-platónicas. Allí se ve ya el ansia de inmortalidad personal, ansia que, no satisfecha del todo por la razón, produjo el pesimismo helénico. Porque, como hace muy bien notar Pfleiderer (*Religionsphilosophie auf geschichtliche Grundlage,* 3, Berlín, 1896), «ningún pueblo vino a la tierra tan sereno y soleado como el griego en los días juveniles de su existencia histórica...; pero ningún pueblo cambió tan por completo su noción del valor de la vida. La grecidad que acaba en las especulaciones religiosas del neo-pitagorismo y el neo-platonismo, consideraba a este mundo, que tan alegre y luminoso se le apareció en un tiempo, cual morada de tinieblas y de errores, y la existencia terrena como un período de prueba que nunca se pasaba demasiado de prisa». El nirvana es una noción helénica.

Así, cada uno por su lado, judíos y griegos llegaron al verdadero descubrimiento de la muerte, que es el que hace entrar a los pueblos, como a los hombres, en la pubertad espiritual, la del sentimiento trágico de la vida, que es cuando engendra la Humanidad al Dios vivo. El descubrimiento de la muerte es el que nos revela a Dios, y la muerte del hombre perfecto, del Cristo, fué la suprema revelación de la muerte, la del hombre que no debía morir y murió.

Tal descubrimiento, el de la inmortalidad, preparado por los procesos religiosos judaico y helénico, fue lo específicamente cristiano. Y lo llevó a cabo, sobre todo, Pablo de Tarso, aquel judío fariseo helenizado. Pablo no había conocido personalmente a Jesús, y por eso le descubrió como Cristo. «Se puede decir que es, en general, la teología del Apóstol la primera teología cristiana. Es para él una necesidad; sustituíale, en cierto modo, la falta de conocimiento personal de Jesús», dice Weizsaecker (*Das apostoliche Zeitalter der christlichen Kirche,* Freiburg, i. B. 1892). No conoció a Jesús, pero le sintió renacer en sí, y pudo decir aquello de «no vivo en mí, sino en Cristo». Y predicó la cruz, que era escándalo para los judíos y necedad para los griegos (I Cor., I, 23), y el dogma central para el Apóstol convertido fue el de la resurrección del Cristo; lo importante para él era que el Cristo se hubiese hecho hombre y hubiese muerto y resucitado y no lo que hizo en vida; no su obra moral y pedagógica, sino su obra religiosa y eternizadora. Y fue quien escribió aquellas inmortales palabras: «Si se predica que Cristo resucitó de los muertos, ¿cómo dicen algunos entre vosotros que no hay resurrección de muertos? Porque si no hay resurrección de muertos, tampoco Cristo resucitó, y si Cristo no resucitó, vana es nuestra predicación y vuestra fe es vana... Entonces los que durmieron en Cristo, se pierden. Si en esta vida sólo esperamos en Cristo, somos los más miserables de los hombres» (I Cor., XV, 12-14 y 18-19).

Y puede, a partir de esto, afirmarse que quien no crea en esa resurrección carnal de Cristo podrá ser filócristo, pero no específicamente cristiano. Cierto que un Justino mártir pudo decir que «son cristianos cuantos viven conforme a la razón, aunque sean tenidos por ateos, como entre griegos Sócrates y Heráclito y otros tales»; pero este mártir, ¿es mártir, es decir, testigo de cristianismo? No.

Y en torno al dogma, de experiencia íntima pauliniana, de la resurrección e inmortalidad de Cristo, garantía de la resurrección e inmortalidad de cada creyente, se formó la cristología toda. El Dios hombre, el Verbo encarnado, fue para que el hombre, a su modo, se hiciese Dios, esto es, inmortal. Y el Dios cristiano, el Padre del Cristo, un Dios necesariamente antropomórfico, es el que, como dice el Catecismo de la doctrina cristiana que en la escuela nos hicieron aprender de memoria, ha creado el mundo para el hombre, para cada hombre. Y el fin de redención fue, a pesar de las apariencias por desviación ética del dogma propiamente religioso, salvarnos de la muerte más bien que del pecado, o de éste en cuanto implica muerte. Y Cristo murió, o, más bien, resucitó, por *mí,* por cada uno de nosotros. Y estableciose una cierta solidaridad entre Dios y su criatura. Decía Mallebranche que el primer hombre cayó *para* que Cristo nos redimiera, más bien que nos redimió *porque* aquél había caído.

Después de Pablo rodaron los años y las generaciones cristianas, trabajando en torno de aquel dogma central y sus consecuencias para asegurar la fe en la inmortalidad del alma individual, y vino el Niceno, y en él aquel formidable Atanasio, cuyo nombre es ya un emblema, encarnación de la fe popular. Era Atanasio un hombre de pocas letras, pero de mucha fe y, sobre todo, de la fe popular, henchido de hambre de inmortalidad. Y opúsose al arrianismo, que, como el protestantismo unitario y soziniano, amenazaba, aun sin saberlo ni quererlo, la base de esa fe. Para los arrianos, Cristo era, ante todo, un maestro, un maestro de moral, el hombre perfectísimo, y garantía, por tanto, de que podemos los demás llegar a la suma perfección; pero Atanasio sentía que no puede el Cristo hacernos dioses si Él antes no se ha hecho Dios; si su divinidad hubiera sido por participación, no podría habérnosla participado. «No, pues —decía—, siendo hombre se hizo después Dios, sino que, siendo Dios, se hizo después hombre para que mejor nos deificara (θεοποιηση)». (Orat., I, 30.) No era el Logos de los filósofos, el Logos cosmológico, el que Atanasio conocía y adoraba (1). Y así hizo se separasen naturaleza y revelación. El Cristo atanasiano o niceno, que es el Cristo católico, no es el cosmológico, ni siquiera en rigor el ético; es el eternizador, el deificador, el religioso. Dice Harnack de

---

¹ Para todo esto, véase, entre otros, Harnack, *Dogmengeschichte*, II, Theil, I, Buch VII, cap. I.

este Cristo, del Cristo de la cristología nicena o católica, que es en el fondo docético, esto es, aparencial, porque el proceso de la divinización del hombre en Cristo se hizo en interés escatológico; pero ¿cuál es el Cristo real? ¿Acaso ese llamado Cristo histórico de la exégesis racionalista que se nos diluye o en un mito o en un átomo social?

Este mismo Harnack, un racionalista protestante, nos dice que el arrianismo o unitarismo habría sido la muerte del cristianismo, reduciéndolo a cosmología y a moral, y que sólo sirvió de puente para llevar a los doctos al catolicismo, es decir, de la razón a la fe. Parécele a este mismo docto historiador de los dogmas, indicación de perverso estado de cosas, el que el hombre Atanasio, que salvó al cristianismo como religión de la comunión viva con Dios, hubiese borrado al Jesús de Nazaret, al histórico, al que no conocieron personalmente ni Pablo ni Atanasio, ni ha conocido Harnack mismo. Entre los protestantes, este Jesús histórico sufre bajo el escalpelo de la crítica, mientras vive el Cristo católico, el verdaderamente histórico, el que vive en los siglos garantizando la fe en la inmortalidad y la salvación personales.

Y Atanasio tuvo el valor supremo de la fe, el de afirmar cosas contradictorias entre sí; «la perfecta contradicción que hay en el ομουσιος, trajo tras de sí todo un ejército de contradicciones, y más cuanto más avanzó el pensamiento», dice Harnack. Sí, así fue, y así tuvo que ser. «La dogmática se despidió para siempre del pensamiento claro y de los conceptos sostenibles, y se acostumbró a lo contrarracional», añade. Es que se acostó a la vida, que es contrarracional y opuesta al pensamiento claro. Las determinaciones de valor, no sólo no son nunca racionalizables, son antirracionales.

En Nicea vencieron, pues, como más adelante en el Vaticano, los idiotas —tomada esta palabra en su recto sentido primitivo y etimológico—, los ingenuos, los obispos cerriles y voluntariosos, representantes del genuino espíritu

humano, del popular, del que no quiere morirse, diga lo
que quiera la razón, y busca garantía, lo más material posible, a su deseo.

Quid ad aeternitatem? He aquí la pregunta capital. Y
acaba el Credo con aquello de *resurrectionem mortuorum et
vitam venturi saeculi,* la resurrección de los muertos y la
vida venidera. En el cementerio, hoy amortizado, de Ma-
llona, en mi pueblo natal, Bilbao, hay grabada una cuarte-
ta que dice:

> Aunque estamos en polvo convertidos,
> en ti, Señor, nuestra esperanza fía,
> que tornaremos a vivir vestidos
> con la carne y la piel que nos cubría;

o, como el Catecismo dice: con los mismos cuerpos y almas
que tuvieron. A punto tal, que es doctrina católica orto-
doxa la de que la dicha de los bienaventurados no es del
todo perfecta hasta que recobren sus cuerpos. Quéjanse en
el Cielo, y «aquel quejido les nace —dice nuestro fray Pedro Malón de Chaide, de la Orden de San Agustín, español y vasco (1)— de que no están enteros en el Cielo, pues
sólo está allá el alma, y aunque no pueden tener pena, porque ven a Dios, en quien inefablemente se gozan, con todo
eso parece que no están del todo contentos. Estarlo han
cuando se vistieren de sus propios cuerpos».

Y a este dogma central de la resurrección en Cristo y por
Cristo corresponde un sacramento central también, el eje de
la piedad popular católica, y es el sacramento de la Eucaristía. En él se administra el cuerpo de Cristo, que es pan
de inmortalidad.

Es el sacramento genuinamente realista, *dinglich,* que se
diría en alemán, y que no es gran violencia traducir material, el sacramento más genuinamente *ex opere operato,* sus-
tituído entre los protestantes con el sacramento idealista de
la palabra. Trátase, en el fondo, y lo digo con todo el po-

---

¹ *Libro de la conversión de la Magdalena,* parte IV, cap. IX.

sible respeto, pero sin querer sacrificar la expresividad de la frase, de comerse y beberse a Dios, al Eternizador, de alimentarse de Él. ¿Qué mucho, pues, que nos diga Santa Teresa que cuando, estando en la Encarnación el segundo año que tenía el priorato, octava de San Martín, comulgando, partió la Forma el padre fray Juan de la Cruz para otra hermana, pensó que no era falta de forma, sino que le quería mortificar, «porque yo le había dicho que gustaba mucho cuando eran grandes las formas, no porque no entendía no importaba para dejar de estar entero el Señor, aunque fuese muy pequeño el pedacito»? Aquí la razón va por un lado, el sentimiento por otro. ¿Y qué importan para este sentimiento las mil y una dificultades que surgen de reflexionar racionalmente en el misterio de ese sacramento? ¿Qué es un cuerpo divino? El cuerpo, en cuanto cuerpo de Cristo, ¿era divino? ¿Qué es un cuerpo inmortal e inmortalizador? ¿Qué es una sustancia separada de los accidentes? ¿Qué es la sustancia del cuerpo? Hoy hemos afinado mucho en esto de la materialidad y la sustancialidad; pero hasta Padres de la Iglesia hay para los cuales la inmaterialidad de Dios mismo no era cosa tan definida y clara como para nosotros. Y este sacramento de la Eucaristía es el inmortalizador por excelencia y el eje, por tanto, de la piedad popular católica. Y, si cabe decirlo, el más específicamente religioso.

Porque lo específico religioso católico es la inmortalización y no la justificación al modo protestante. Esto es más bien ético. Y es en Kant en quien el protestantismo, mal que pese a los ortodoxos de él, sacó sus penúltimas consecuencias: la religión depende de la moral, y no ésta de aquélla, como en el catolicismo.

No ha sido la preocupación del pecado nunca tan angustiosa entre los católicos o, por lo menos, con tanta aparencialidad de angustia. El sacramento de la confesión ayuda a ello. Y tal vez es que persiste aquí más que entre ellos el fondo de la concepción primitiva judaica y pagana del pecado como de algo material e infeccioso y hereditario, que se cura con el bautismo y la absolución. En Adán pecó toda su descendencia, casi materialmente, y se trasmitió su pe-

cado como una enfermedad material se trasmite. Tenía,
pues, razón Renan, cuya educación era católica, al revolver-
se contra el protestante Amiel, que le acusó de no dar la
debida importancia al pecado. Y, en cambio, el protestantismo, absorto en eso de la justificación, tomada en un sentido más ético que otra cosa, aunque con apariencias religiosas, acaba por neutralizar y casi borrar lo escatológico,
abandona la simbólica nicena, cae en la anarquía confesio-
nal, en puro individualismo religioso y en vaga religiosidad estética, ética o cultural. La que podríamos llamar
«allendidad», *Jenseitigkeit,* se borra poco a poco detrás de
la «aquendidad», *Diesseitigkeit.* Y esto, a pesar del mismo
Kant, que quiso salvarla, pero arruinándola. La vocación
terrenal y la confianza pasiva en Dios dan su ramplonería
religiosa al luteranismo, que estuvo a punto de naufragar
en la edad de la ilustración, de la *Aufklaerung,* y que apenas si el pietismo, imbuyéndole alguna savia religiosa católica, logró galvanizar un poco. Y así resulta muy exacto
lo que Oliveira Martins decía en su espléndida *Historia da
civilisação iberica,* libro 4.°, capítulo III, y es que «el catolicismo dio héroes, y el protestantismo sociedades sensatas,
felices, ricas, libres, en lo que respecta a las instituciones y
a la economía externa, pero incapaces de ninguna acción
grandiosa, porque la religión comenzaba por despedazar en
el corazón del hombre aquello que le hace susceptible de
las audacias y de los nobles sacrificios». Cojed una Dogmática cualquiera de las producidas por la última disolución
protestante, la del ritschleniano Kaftan, por ejemplo, y ved
a lo que allí queda reducida la escatología. Y su maestro
mismo, Albrecht Ritschl, nos dice: «El problema de la necesidad de la justificación o remisión de los pecados sólo
puede derivarse del concepto de la vida eterna como directa relación de fin de aquella acción divina. Pero si se ha de
aplicar ese concepto no más que al estado de la vida de ultratumba, queda su contenido fuera de toda experiencia, y
no puede fundar conocimiento alguno que tenga carácter
científico. No son, por tanto, más claras las esperanzas y
los anhelos de la más fuerte certeza subjetiva, y no contie-

nen en sí garantía alguna de la integridad de lo que se espera y anhela. Claridad e integridad de la representación ideal son, sin embargo, las condiciones para la comprensión, esto es, para el conocimiento de la conexión necesaria de la cosa en sí y con sus dados presupuestos. Así es que la confesión evangélica de que la justificación por la fe fundamental lleva consigo la certeza de la vida eterna, es inaplicable teológicamente mientras no se muestre en la experiencia presente posible esa relación de fin.» (*Rechtfertigung und Versoehnung,* III, cap. VII, 52.) Todo esto es muy racional, pero...

En la primera edición de los *Loci communes,* de Melanchthon, la de 1521, la primera obra teológica luterana, omite su autor las especulaciones trinitaria y cristológica, la base dogmática de la escatología. Y el doctor Hermann, profesor en Marburgo, el autor del libro sobre el comercio del cristiano con Dios (*Der Verkehr des Christen mit Gott*), libro cuyo primer capítulo trata de la oposición entre la mística y la religión cristiana, y que es, en sentir de Harnack, el más perfecto manual luterano, nos dice en otra parte (1), refiriéndose a esa especulación cristológica —o atanasiana—, que «el conocimiento efectivo de Dios y de Cristo en que vive la fe es algo enteramente distinto. No debe hallar lugar en la doctrina cristiana nada que no pueda ayudar al hombre a reconocer sus pecados, lograr la gracia de Dios y servirle en verdad. Hasta entonces (es decir, hasta Lutero) había pasado en la Iglesia como *doctrina sacra* mucho que no puede en absoluto contribuir a dar a un hombre un corazón libre y una conciencia tranquila». Por mi parte, no concibo la libertad de un corazón ni la tranquilidad de una conciencia que no estén seguras de su perdurabilidad después de la muerte. «El deseo de la salvación del alma —prosigue Hermann— debía llevar finalmente a los hombres a conocer y comprender la efectiva doctrina de la salvación.» Y a este eminente doctor en luteranismo, en su libro sobre el comercio del cristiano con Dios, todo se le vuelve hablar-

---

[1] En su exposición de la dogmática protestante en el tomo *Systematische christliche Religion,* Berlín, 1909, de la colección *Die Kultur der Gegenwart,* publicada por R. Hinneberg.

nos de confianza en Dios, de paz en la conciencia y de una seguridad en la salvación que no es precisamente y en rigor la certeza de la vida perdurable, sino más bien de la remisión de los pecados.

Y en un teólogo protestante, en Ernesto Troeltsch, he leído que lo más alto que el protestantismo ha producido en el orden conceptual es en el arte de la música, donde le ha dado Bach su más poderosa expresión artística. ¡En eso se disuelve el protestantismo, en música celestial! Y podemos decir, en cambio, que la más alta expresión artística católica, por lo menos española, es, en el arte más material, tangible y permanente —pues a los sonidos se los lleva el aire—, de la escultura y la pintura, en el Cristo de Velázquez, ¡en ese Cristo que está siempre muriéndose, sin acabar nunca de morirse, para darnos vida!

¡Y no es que el catolicismo abandone lo ético, no! No hay religión moderna que pueda soslayarlo. Pero esta nuestra es en su fondo y en gran parte, aunque sus doctores protesten contra esto, un compromiso entre la escatología y la moral, aquélla puesta al servicio de ésta. ¿Qué otra cosa es si no ese horror de las penas eternas del Infierno que tan mal se compadece con la apocatástasis pauliniana? Atengámonos a aquello que la *Theologia deutsch,* el manual místico que Lutero leía, hace decir a Dios, y es: «Si he de recompensar tu maldad, tengo que hacerlo con bien, pues ni soy ni tengo otra cosa». Y el Cristo dijo: «Padre, perdónalos, pues no saben lo que se hacen», y no hay hombre que sepa lo que se hace. Pero ha sido menester convertir a la religión, a beneficio del orden social, en policía, y de ahí el infierno. El cristianismo oriental o griego es predominantemente escatológico, predominantemente ético el protestantismo, y el catolicismo, un compromiso entre ambas cosas, aunque con predominancia de lo primero. La más genuina moral católica, la ascética monástica, es moral de escatología enderezada a la salvación del alma individual más que al mantenimiento de la sociedad. Y en el culto a la virginidad, ¿no habrá acaso una cierta oscura idea de que el perpetuarse en otros estorba la propia perpetuación? La mo-

ral ascética es una moral negativa. Y, en rigor, lo importante es no morirse, péquese o no. Ni hay que tomar muy
a la letra, sino como una efusión lírica y más bien retórica,
aquello de nuestro célebre soneto:

> No me mueve, mi Dios, para quererte
> el cielo que me tienes prometido

y lo que sigue.

El verdadero pecado, acaso el pecado contra el Espíritu
Santo, que no tiene remisión, es el pecado de herejía, el de
pensar por cuenta propia. Ya se ha oído aquí, en nuestra
España, que ser liberal, esto es, hereje, es peor que ser ase-
sino, ladrón o adúltero. El pecado más grave es no obedecer a la Iglesia, cuya infalibilidad nos defiende de la razón.

¿Y por qué ha de escandalizar la infalibilidad de un hombre, del Papa? ¿Qué más da que sea infalible un libro: la
Biblia; una sociedad de hombres: la Iglesia, o un hombre
solo? ¿Cambia por eso la dificultad racional de esencia? Y
pues no siendo más racional la infalibilidad de un libro o
la de una sociedad que la de un hombre solo, había que
asentar este supremo escándalo para el racionalismo.

Es lo vital que se afirma, y para afirmarse crea, sirvién-
dose de lo racional, su enemigo, toda una construcción dogmática, y la Iglesia la defiende contra racionalismo, contra
protestantismo y contra modernismo. Defiende la vida. Salió al paso a Galileo, e hizo bien, porque su descubrimiento en un principio, y hasta acomodarlo a la economía de
los conocimientos humanos, tendía a quebrantar la creencia antropocéntrica de que el universo ha sido creado para
el hombre; se opuso a Darwin, e hizo bien, porque el dar-
winismo tiende a quebrantar nuestra creencia de que es el
hombre un animal de excepción, creado expreso para ser
eternizado. Y, por último, Pío IX, el primer Pontífice declarado infalible, declaróse irreconciliable con la llamada civilización moderna. E hizo bien.

Loisy, el ex abate católico, dijo: «Digo sencillamente que
la Iglesia y la teología no han favorecido el movimiento

científico, sino que lo han estorbado más bien, en cuanto de ellas dependía, en ciertas ocasiones decisivas; digo, sobre todo, que la enseñanza católica no se ha asociado ni acomodado a ese movimiento. La teología se ha comportado y se comporta todavía como si poseyese en sí misma una ciencia de la Naturaleza y una ciencia de la Historia con la filosofía general de estas cosas que resultan de su conocimiento científico. Diríase que el dominio de la teología y el de la ciencia, distintos en principio y hasta por definición del concilio del Vaticano, no deben serlo en la práctica. Todo pasa poco más o menos como si la teología no tuviese nada que aprender de la ciencia moderna, natural o histórica, y que estuviese en disposición y en derecho de ejercer por sí misma una inspección directa y absoluta sobre todo el trabajo del espíritu humano.» (*Autour d'un petit livre,* páginas 211-212.)

Y así tiene que ser y así es en su lucha con el modernismo de que fue Loisy doctor y caudillo.

La lucha reciente contra el modernismo kantiano y fideísta es una lucha por la vida. ¿Puede acaso la vida, la vida que busca seguridad de la supervivencia, tolerar que un Loisy, sacerdote católico, afirme que la resurrección del Salvador no es un hecho de orden histórico, demostrable y demostrado por el solo testimonio de la Historia? Leed, por otra parte, en la excelente obra de E. Le Roy, *Dogme et Critique,* su exposición del dogma central, el de la resurrección de Jesús, y decidme si queda algo sólido en que apoyar nuestra esperanza. ¿No ven que, más que la vida inmortal del Cristo, reducida acaso a una vida en la conciencia colectiva cristiana, se trata de una garantía de nuestra propia resurrección personal, en alma y también en cuerpo? Esa nueva apologética psicológica apela al milagro moral, y nosotros, como los judíos, queremos señales, algo que se pueda agarrar con todas las potencias del alma y con todos los sentidos del cuerpo. Y con las manos y los pies y la boca, si es posible.

Pero, ¡ay!, que no lo conseguimos; la razón ataca, y la fe, que no se siente sin ella segura, tiene que pactar con ella.

Y de aquí vienen las trágicas contradicciones y las desgarra-
duras de conciencia. Necesitamos seguridad, certeza, señales, y se va a los *motiva credibilitatis*, a los motivos de credibilidad, para fundar el *rationale obsequium*, y aunque la
fe precede a la razón, *fides praecedit rationem*, según San
Agustín, este mismo doctor y obispo quería ir por la fe a
la inteligencia, *per fidem ad intellectum*, y creer para entender, *credo ut intelligam*. ¡Cuán lejos de aquella soberbia expresión de Tertuliano: *et sepultus resurrexit, certum est, quia
impossibile est!*: «y sepultado resucitó: es cierto porque es
imposible», y su excelso *credo quia absurdum!*, escándalo
de racionalistas. ¡Cuán lejos del *il faut s'abâtir*, de Pascal,
y de aquel «la razón humana ama el absurdo», de nuestro
Donoso Cortés, que debió de aprenderlo del gran José de
Maistre!

Y buscóse como primera piedra de cimiento la autoridad de la tradición y la revelación de la palabra de Dios,
y se llegó hasta aquello del consentimiento unánime. *Quod
apud multos unum invenitur non est erratum, sed traditum*,
dijo Tertuliano, y Lamennais añadió, siglos más tarde, que
«la certeza, principio de la vida y de inteligencia..., es, si
se permite la expresión, un producto social» (1). Pero aquí,
como en tantas otras cosas, dio la fórmula suprema aquel
gran católico del catolicismo popular y vital, el conde José
de Maistre, cuando escribió: «No creo que sea posible mostrar una sola opinión universalmente útil que no sea verdadera» (2). Esta es la fija católica: deducir la verdad de un
principio de su bondad o utilidad suprema. ¿Y qué más
útil, más soberanamente útil, que no morírsenos nunca el
alma? «Como todo sea incierto, o hay que creer a todos o
a ninguno», decía Lactancio; pero aquel formidable místico
y asceta que fue el beato Enrique Suso, el dominicano, pi-
dióle a la eterna Sabiduría una sola palabra de qué era el
amor; y al contestarle: «Todas las criaturas invocan que lo
soy», replicó Suso, el servidor: «Ay, Señor, eso no basta para
un alma anhelante.» La fe no se siente segura ni con el con-

---

¹ *Essai sur l'indifférence en matière de Religion*, III partie, chap. II.
² *Les soirées de Saint-Petersbourg*, Xème entretien.

sentimiento de los demás, ni con la tradición, ni bajo la autoridad. Busca el apoyo de su enemiga la razón.

Y así se fraguó la teología escolástica y saliendo de ella su criada, *la ancilla theologiae,* la filosofía escolástica también, y esta criada salió respondona. La escolástica, magnífica catedral con todos los problemas de mecánica arquitectónica resueltos por los siglos, pero catedral de adobes, llevó poco a poco a eso que llaman teología natural, y no es sino cristianismo despotencializado. Buscóse apoyar hasta donde fuese posible racionalmente los dogmas; mostrar por lo menos que, si bien sobre-racionales, no eran contra-racionales, y se les ha puesto un basamento filosófico de filosofía aristotélico-neo-platónica-estoica del siglo XIII que tal es el tomismo, recomendado por León XIII. Y ya no se trata de hacer aceptar el dogma, sino su interpretación filosófica medieval y tomista. No basta creer que al tomar la hostia consagrada se toma el cuerpo y sangre de Nuestro Señor Jesucristo; hay que pasar por todo eso de la transustanciación, y la sustancia separada de los accidentes, rompiendo con toda la concepción racional moderna de la sustancialidad.

Pero para eso está la fe implícita, la fe del carbonero, la de los que, como Santa Teresa (*Vida,* capítulo XXV,2), no quieren aprovecharse de teología. «Eso no me lo preguntéis a mí, que soy ignorante; doctores tiene la Santa Madre Iglesia que os sabrán responder», como se nos hizo aprender en el Catecismo. Que para eso, entre otras cosas, se instituyó el sacerdocio, para que la Iglesia docente fuese la depositaria, depósito más que río, *reservoir instead of river,* como dijo Brooks, de los secretos teológicos. «La labor del Niceno —dice Harnack (*Dogmengeschichte,* II, I, cap. VII, 3)— fue un triunfo del sacerdocio sobre la fe del pueblo cristiano. Ya la doctrina del Logos se había hecho ininteligible para los no teólogos. Con la erección de la fórmula nicenocapadocia, como confesión fundamental de la Iglesia, se hizo completamente imposible a los legos católicos el adquirir un conocimiento íntimo de la fe cristiana según la norma de la doctrina eclesiástica. Y arraigóse cada vez más la idea de que el cristianismo era la revelación de lo ininteligible.» Y así es en verdad.

¿Y por qué fue esto? Porque la fe, esto es, la vida, no se sentía ya segura de sí misma. No le bastaba ni el tradicionalismo ni el positivismo teológico de Duns Escoto; quería racionalizarse. Y buscó a poner su fundamento, no ya contra la razón, que es donde está, sino sobre la razón, es decir, en la razón misma. La posición nominalista o positivista o voluntarista de Escoto, la de que la ley y la verdad dependen, más bien que de la esencia, de la libre e inescudriñable voluntad de Dios, acentuando la irracionalidad suprema de la religión, ponía a ésta en peligro entre los más de los creyentes, dotados de razón adulta y no carboneros. De aquí el triunfo del racionalismo teológico tomista. Y ya no basta creer en la existencia de Dios, sino que cae anatema sobre quien, aun creyendo en ella, no cree que esa su existencia sea por razones demostrable o que hasta hoy nadie con ellas la ha demostrado irrefutablemente. Aunque aquí acaso quepa decir lo de Pohle: «Si la salvación eterna dependiera de los axiomas matemáticos, habría que contar con que la más odiosa sofistería humana habríase vuelto ya contra su validez universal con la misma fuerza con que ahora contra Dios, el alma y Cristo» (1).

Y es que el catolicismo oscila entre la mística, que es experiencia íntima del Dios vivo en Cristo, experiencia intrasmisible, y cuyo peligro es, por otra parte, absorber en Dios la propia personalidad, la cual no salva nuestro anhelo vital, y entre el racionalismo a que combate (véase Wezisäcker, obra citada; oscila entre la ciencia religionizada y religión cientificada. El entusiasmo apocalíptico fue cambiando poco a poco en misticismo neoplatónico, a que la teología hizo arredrar. Temíase los excesos de la fantasía, que suplantaba a la fe, creando extravagancias gnósticas. Pero hubo que firmar un cierto pacto con el gnosticismo,

---

[1] Joseph Pohle, «Christliche Katolische Dogmatik», en la *Systematische christliche Religion,* Berlín, 1909, de la colección *Die Kultur der Gegenwart.*

y con el racionalismo otro; ni la fantasía ni la razón se dejaban vencer del todo. Y así se hizo la dogmática católica un sistema de contradicciones, mejor o peor concordadas. La Trinidad fue un cierto pacto entre el monoteísmo y el politeísmo, y pactaron la humanidad y la divinidad en Cristo, la naturaleza y la gracia, ésta y el libre albedrío, éste con la presciencia divina, etc. Y es que acaso, como dice Hermann *(loco citato)*, «en cuanto se desarrolla un pensamiento religioso en sus consecuencias lógicas, entra en conflicto con otros, que pertenecen igualmente a la vida de la religión». Que es lo que le da al catolicismo su profunda dialéctica vital. Pero ¿a qué costa?

A costa, preciso es decirlo, de oprimir las necesidades mentales de los creyentes en uso de razón adulta. Exígeseles que crean o todo o nada, que acepten la entera totalidad de la dogmática o que se pierda todo mérito si se rechaza la mínima parte de ella. Y así resulta lo que el gran predicador unitario Channing decía (1), y es que tenemos en Francia y España multitudes que han pasado de rechazar el papismo al absoluto ateísmo, porque «el hecho es que las doctrinas falsas y absurdas, cuando son expuestas, tienen natural tendencia a engendrar escepticismo en los que sin reflexión las reciben, y no hay quienes estén más prontos a creer demasiado poco que aquéllos que empezaron por creer demasiado *(believing too much)*» Aquí está, en efecto, el terrible peligro, en creer demasiado. ¡Aunque no!; el terrible peligro está en otra parte, y es en querer creer con la razón y no con la vida.

La solución católica a nuestro problema, de nuestro único problema vital, del problema de la inmortalidad y salvación eterna del alma individual, satisface a la voluntad y, por tanto, a la vida; pero al querer racionalizarla con la teología dogmática, no satisface a la razón. Y ésta tiene sus exigencias, tan imperiosas como las de la vida. No sirve querer forzarse a reconocer sobre-racional lo que claramente se

---

[1] «Objections to unitarian Christianity considered», 1816, en *The complete Works of William Ellery Channing*. D.D.London, 1844.

nos aparece contra-racional, ni sirve querer hacerse carbonero el que no lo es. La infalibilidad, noción de origen helénico, es en el fondo una categoría racionalista.

Veamos ahora, pues, la solución, o mejor, disolución racionalista o científica de nuestro problema.

5. La disolución racional

El gran maestro del fenomenalismo racionalista, David Hume, empieza su ensayo *sobre inmortalidad del alma* con estas definitivas palabras: «Parece difícil probar con la mera luz de la razón la inmortalidad del alma. Los argumentos en favor de ella se derivan comúnmente de tópicos metafísicos, morales o físicos. Pero es en realidad el Evangelio y sólo el Evangelio, el que ha traído a luz la vida y la inmortalidad». Lo que equivale a negar la racionalidad de la creencia de que sea inmortal el alma de cada uno de nosotros.

Kant, que partió de Hume para su crítica, trató de establecer la racionalidad de ese anhelo y de la creencia que éste importa, y tal es el verdadero origen, el origen íntimo, de su crítica de la razón práctica y de su imperativo categórico y de su Dios. Mas, a pesar de todo ello, queda en pie la afirmación escéptica de Hume, y no hay manera alguna de probar racionalmente la inmortalidad del alma. Hay, en cambio, modos de probar racionalmente su mortalidad.

Sería, no ya excusado, sino hasta ridículo, el que nos extendiésemos aquí en exponer hasta qué punto la coincidencia individual humana depende de la organización del cuerpo, cómo va naciendo poco a poco, según el cerebro recibe las impresiones de fuera; cómo se interrumpe temporalmente durante el sueño, los desmayos y otros accidentes, y cómo todo nos lleva a conjeturar racionalmente que la muerte trae consigo la pérdida de la conciencia. Y así como antes de nacer no fuimos ni tenemos recuerdo alguno personal de entonces, así después de morir no seremos. Esto es lo racional.

Lo que llamamos alma no es nada más que un término para designar la conciencia individual en su integridad y su persistencia; y que ella cambia, y que lo mismo que se integra se desintegra, es cosa evidente. Para Aristóteles era la forma sustancial del cuerpo, la entelequia, pero no una sustancia. Y más de un moderno la ha llamado epifenómeno, término absurdo. Basta llamarla fenómeno.

El racionalismo, y por éste entiendo la doctrina que no se atiene sino a la razón, a la verdad objetiva, es forzosamente materialista. Y no se me escandalicen los idealistas.

Es menester ponerlo todo en claro, y la verdad es que eso que llamamos materialismo no quiere decir para nosotros otra cosa que la doctrina que niega la inmortalidad del alma individual, la persistencia de la conciencia personal después de la muerte.

En otro sentido cabe decir que como no sabemos más lo que sea la materia que el espíritu, y como eso de la materia no es para nosotros más que una idea, el materialismo es idealismo. De hecho y para nuestro problema —el más vital, el único de veras vital—, lo mismo da decir que todo es materia, como que todo es idea, o todo fuerza, o lo que se quiera. Todo sistema monístico se nos aparecerá siempre materialista. Sólo salvan la inmortalidad del alma los sistemas dualistas, los que enseñan que la conciencia humana es algo sustancialmente distinto y diferente de las demás manifestaciones fenoménicas. Y la razón es, naturalmente, monista. Porque es obra de la razón comprender y explicar el Universo, y para comprenderlo y explicarlo, para nada hace falta el alma como sustancia imperecedera. Para explicarnos y comprender la vida anímica, para la psicología, no es menester la hipótesis del alma. La que en un tiempo llamaban psicología racional, por oposición a la llamada empírica, ni es psicología, sino metafísica, y muy turbia, y no es racional, sino profundamente irracional, o más bien contrarracional.

La doctrina pretendida racional de la sustancialidad del alma y de su espiritualidad, con todo el aparato que la acompaña, no nació sino de que los hombres sentían la necesidad de apoyar en razón de su incuestionable anhelo de inmortalidad la creencia a éste subsiguiente. Todas las sofisterías que tienden a probar que el alma es sustancia simple e incorruptible, proceden de ese origen. Es más aún, el concepto mismo de sustancia, tal como lo dejó sentado y definido la escolástica, ese concepto que no resiste la crítica, es un concepto teológico enderezado a apoyar la fe en la inmortalidad del alma.

W. James, en la tercera de las conferencias que dedicó al pragmatismo en el Lowel Institute, de Boston, en diciembre de 1906 y enero de 1907 (1), y que es lo más débil de toda la obra del insigne pensador norteamericano —algo excesivamente débil—, dice así: «El escolasticismo ha tomado la noción de sustancia del sentido común, haciéndola técnica y articulada. Pocas cosas parecerían tener menos consecuencias pragmáticas para nosotros que las sustancias, privados como estamos de todo contacto con ellas. Pero hay un caso en que el escolasticismo ha probado la importancia de la sustancia-idea tratándola pragmáticamente. Me refiero a ciertas disputas concernientes al misterio de la Eucaristía. La sustancia aparecerá aquí con un gran valor pragmático. Desde que los accidentes de la hostia no cambian en la consagración y se ha convertido ella, sin embargo, en el cuerpo de Cristo, el cambio no puede ser más que el de la sustancia. La sustancia del pan tiene que haberse retirado, sustituyéndola milagrosamente la divina sustancia sin alterarse las propiedades sensibles inmediatas. Pero aun cuando éstas no se alteran, ha tenido lugar una tremenda

---

[1] *Pragmatism, a New Name for some Old Ways of Thinking*. Popular lectures on philosophy by William James, 1907.

diferencia; no menos sino el que nosotros, los que recibimos el sacramento, nos alimentamos ahora de la sustancia misma de la divinidad. La noción de sustancia irrumpe, pues, en la vida con terrible efecto si admitís que las sustancias pueden separarse de sus accidentes y cambiar estos últimos. Y es ésta la única aplicación pragmática de la idea de sustancia de que tenga yo conocimiento, y es obvio que sólo puede ser tratada en serio por los que creen en la *presencia real* por fundamentos independientes.»

Ahora bien, dejando de lado la cuestión de si en buena teología, y no digo en buena razón porque todo esto cae fuera de ella, se puede confundir la sustancia del cuerpo —del cuerpo, no del alma— de Cristo con la sustancia misma de la divinidad, es decir, con Dios mismo, parece imposible que un tan ardiente anhelador de la inmortalidad del alma, un hombre como W. James, cuya filosofía toda no tiende sino a establecer racionalmente esa esencia, no hubiera echado de ver que la aplicación pragmática del concepto de sustancia a la doctrina de la transustanciación eucarística no es sino una consecuencia de su aplicación anterior a la doctrina de la inmortalidad del alma. Como en el anterior capítulo expuse, el sacramento de la eucaristía no es sino el reflejo de la creencia en la inmortalidad; es para el creyente, la prueba experimental mística de que es inmortal el alma y gozará eternamente de Dios. Y el concepto de sustancia nació, ante todo y sobre todo, del concepto de la sustancialidad del alma, y se afirmó éste para apoyar la fe en su persistencia después de separada del cuerpo. Tal es su primera aplicación pragmática y con ella su origen. Y luego hemos trasladado ese concepto a las cosas de fuera. Por sentirme sustancia, es decir, permanente en medio de mis cambios, es por lo que atribuyo sustancialidad a los agentes que fuera de mí, en medio de sus cambios, permanecen. Del mismo modo que el concepto de fuerza, en cuando distinto del movimiento, nace de mi sensación de esfuerzo personal al poner en movimiento algo.

Léase con cuidado en la primera parte de la *Summa Theologica,* de Santo Tomás de Aquino, los seis artículos primeros de la cuestión LXXV, en que trata de si el alma humana es cuerpo, de si es algo subsistente, de si lo es también el alma de los brutos, de si el hombre es alma, de si ésta se compone de materia y forma, y de si es incorruptible, y dígase luego si todo aquello no está sutilmente enderezado a soportar la creencia de que esa sustancialidad incorruptible le permite recibir de Dios la inmortalidad, pues claro es que como la creó al infundirla en el cuerpo, según Santo Tomás, podía al separarlo de él aniquilarla. Y como se ha hecho cien veces la crítica de esas pruebas, no es cosa de repetirla aquí.

¿Qué razón desprevenida puede concluir el que nuestra alma sea una sustancia del hecho de que la conciencia de nuestra identidad —y esto dentro de muy estrechos y variables límites— persista a través de los cambios de nuestro cuerpo? Tanto valdría hablar del alma sustancial de un barco que sale de un puerto, pierde hoy una tabla que es sustituída por otra de igual forma y tamaño, luego pierde otra pieza y así una a una todas, y vuelve el mismo barco, con igual forma, con iguales condiciones marineras, y todos lo reconocen por el mismo. ¿Qué razón desprevenida puede concluir la simplicidad del alma del hecho de que tengamos que juzgar y unificar pensamientos? Ni el pensamiento es uno, sino vario, ni el alma es para la razón nada más que la sucesión de estados de conciencia coordinados entre sí.

Es lo corriente que en los libros de psicología espiritualista, al tratarse de la existencia del alma como sustancia simple y separable del cuerpo, se empiece con una fórmula por este estilo: Hay en mí un principio que piensa, quiere y siente... Lo cual implica una petición de principio. Porque no es una verdad inmediata, ni mucho menos, el que haya en mí tal principio; la verdad inmediata es que pienso, quiero y siento yo. Y yo, el yo que piensa, quiere y siente, es inmediatamente mi cuerpo vivo con los estados de conciencia que soporta. Es mi cuerpo vivo el que piensa, quiere y siente. ¿Cómo? Como sea.

Y pasan luego a querer fijar la sustancialidad del alma,

hipostasiando los estados de conciencia, y empiezan porque esa sustancia tiene que ser simple, es decir, por oponer, al modo del dualismo cartesiano, el pensamiento a la extensión. Y como ha sido nuestro Balmes uno de los espiritualistas que han dado forma más concisa y clara al argumento de la simplicidad del alma, voy a tomarlo de él tal y como lo expone en el capítulo II de la Psicología de su *Curso de Filosofía elemental*. «El alma humana es simple», dice, y añade, «Es simple lo que carece de partes, y el alma no las tiene. Supóngase que hay en ella las partes A, B, C; pregunto: ¿dónde reside el pensamiento? Si sólo en A, están de más B y C; y, por consiguiente, el sujeto simple A será el alma. Si el pensamiento reside en A, B y C, resulta el pensamiento dividido en partes, lo que es absurdo. ¿Qué será una percepción, una comparación, un juicio, un raciocinio, distribuidos en tres sujetos?» Más evidente petición de principio no cabe. Empieza por darse como evidente que el todo, como todo, no puede juzgar. Prosigue Balmes: «La unidad de conciencia se opone a la división del alma: cuando pensamos, hay un sujeto que sabe todo lo que piensa, y esto es imposible atribuyéndole partes. Del pensamiento que está en A, nada sabrán B ni C, y recíprocamente; luego no habrá *una* conciencia de todo el pensamiento; cada parte tendrá su conciencia especial, y dentro de nosotros habrá tantos seres pensantes cuantas sean las partes.» Sigue la petición de principio; supónese, porque sí, sin prueba alguna, que un todo como todo no puede percibir unitariamente. Y luego Balmes pasa a preguntar si estas partes A, B y C son simples y compuestas, y repite el argumento hasta venir a parar a que el sujeto pensante tiene que ser una parte que no sea todo, esto es, simple. El argumento se basa, como se ve, en la unidad de apercepción y de juicio. Y luego trata de refutar el supuesto de apelar a una comunicación de las partes entre sí.

Balmes, y con él los espiritualistas *a priori* que tratan de racionalizar la fe en la inmortalidad del alma, dejan de lado la única explicación racional: la de que la apercepción y el juicio son una resultante, la de que son las percepciones o las ideas mismas componentes las que se concuerdan. Empiezan por suponer algo fuera y distinto de los estados de conciencia, que no es el cuerpo vivo que los soporta, algo que no soy yo, sino que está en mí.

El alma es simple, dicen otros, porque se vuelve sobre sí toda entera. No, el estado de conciencia. A, en que pienso en mi anterior estado de conciencia B, no es éste mismo. O si pienso en mi alma, pienso en una idea distinta del acto en que pienso en ella. Pensar que se piensa, y nada más, no es pensar.

El alma es el principio de la vida, dicen. Sí; también se ha ideado la categoría de fuerza o de energía como principio del movimiento. Pero eso son conceptos, no fenómenos, no realidades externas. El principio del movimiento ¿se mueve? Y sólo tiene realidad externa lo que se mueve. ¿El principio de la vida, vive? Con razón escribía Hume: «Jamás me encuentro con esta idea de mí mismo; sólo me observo deseando u obrando o sintiendo algo». La idea de algo individual, de este tintero que tengo delante, de ese caballo que está a la puerta de casa, de ellos dos y no de otros cualesquiera individuos de su clase, es el hecho, el fenómeno mismo. La idea de mí mismo soy yo.

Todos los esfuerzos para sustantivar la conciencia, haciéndola independiente de la extensión —recuérdese que Descartes oponía el pensamiento a la extensión—, no son sino sofísticas argucias para asentar la racionalidad de la fe en que el alma es inmortal. Se quiere dar valor de realidad objetiva a lo que no la tiene; aquello cuya realidad no está sino en el pensamiento. Y la inmortalidad que apetecemos es una inmortalidad fenoménica, es una continuación de esta vida.

La unidad de la conciencia no es para la psicología científica —la única racional— sino una unidad fenoménica. Nadie puede decir que sea una unidad sustancial. Es más aún, nadie puede decir que sea una sustancia. Porque la noción de sustancia es una categoría no fenoménica. Es el número y entra, en rigor, en lo inconocible. Es decir, según se le aplique. Pero en su aplicación trascendente es algo en realidad inconcebible, y en rigor, irracional. Es el concepto mismo de sustancia lo que una razón desprevenida reduce a un uso que está muy lejos de aquella su aplicación pragmática a que James se refería.

Y no salva esta aplicación el tomarla idealísticamente, según el principio berkeleyano de que ser es ser percibido, *esse est percipi.* Decir que todo es idea o decir que todo es espíritu, es lo mismo que decir que todo es materia o que todo es fuerza, pues si siendo todo idea o todo espíritu este diamante es idea o espíritu, lo mismo que mi conciencia, no se ve por qué no ha de persistir eternamente el diamante, si mi conciencia, por ser idea o espíritu, persiste siempre.

Jorge Berkeley, obispo anglicano de Cloyne y hermano en espíritu del también obispo anglicano José Butler, quería salvar como éste la fe en la inmortalidad del alma. Desde las primeras palabras del Prefacio de su *Tratado referente a los principios del conocimiento humano (A Treatise concerning the Principles o Human Knowledge),* nos dice que este su tratado le parece útil, especialmente para los tocados de escepticismo o que necesitan una demostración de la existencia e inmaterialidad de Dios y de la inmortalidad natural del alma. En el capítulo CXL establece que tenemos una idea o más bien noción del espíritu, conociendo otros espíritus por medio de los nuestros, de lo cual afirma redondamente, en el párrafo siguiente, que se sigue la natural inmortalidad del alma. Y aquí entra en una serie de conclusiones basadas en la ambigüedad que al término noción da. Y es después de haber establecido casi como *per saltum* la inmortalidad del alma, porque ésta no es pasiva, como los cuerpos, cuando pasa en el capítulo CXLVII a decirnos que la existencia de Dios es más evidente que la del hombre. ¡Y decir que hay quien, a pesar de esto, duda de ella!

Complicábase la cuestión porque se hacía de la conciencia una propiedad del alma, que era algo más que ella, es decir, una forma sustancial del cuerpo, originadora de las funciones orgánicas todas de éste. El alma no sólo piensa, siente y quiere, sino mueve al cuerpo y origina sus funciones vitales; en el alma humana se unen las funciones vegetativa, animal y racional. Tal es la doctrina. Pero el alma separada del cuerpo no puede tener ya funciones vegetativas y animales.

Para la razón, en fin, un conjunto de verdaderas confusiones.

A partir del Renacimiento y la restitución del pensamiento puramente racional y emancipado de toda teología, la doctrina de la mortalidad del alma se estableció con Alejandro Afrodisiense, Pedro Pomponazzi y otros. Y en rigor, poco o nada puede agregarse a cuanto Pomponazzi dejó escrito en su *Tractatus de inmortalitate animae*. Esa es la razón, y es inútil darle vueltas.

No ha faltado, sin embargo, quienes hayan tratado de apoyar empíricamente la fe en la inmortalidad del alma, y ahí está la obra de Frederic W. H. Myers sobre la personalidad humana y su sobrevivencia a la muerte corporal: *Human Personality and its Survivat of Bodily Death*. Nadie se ha acercado con más ansia que yo a los dos gruesos volúmenes de esta obra, en que el que fue alma de la Sociedad de Investigaciones psíquicas —*Society for Psychical Research*— ha resumido el formidable material de datos, sobre todo género de corazonadas, apariciones de muertos, fenómenos de sueño, telepatía, hipnotismo, automatismo sensorial, éxtasis y todo lo que costituye el arsenal espiritista. Entré en su lectura, no sólo sin la prevención de antemano que a tales investigaciones guardan los hombres de ciencia, sino hasta prevenido favorablemente, como quien va a buscar confirmación a sus más íntimos anhelos; pero por esto la decepción fue mayor. A pesar del aparato de crítica, todo eso en nada se diferencia de las milagrerías medievales. Hay en el fondo un error de método, de lógica.

Y si la ciencia en la inmortalidad del alma no ha podido hallar comprobación empírica racional, tampoco le satisface el panteísmo. Decir que todo es Dios, y que al morir volvemos a Dios, mejor dicho, seguimos en El, nada vale a nuestro anhelo; pues si es así, antes de nacer, en Dios estábamos, y si volvemos al morir adonde antes de nacer estábamos, el alma humana, la conciencia individual, es perecedera. Y como sabemos muy bien que Dios, el Dios personal y conciente del monoteísmo cristiano no es sino el productor, y sobre todo el garantizador de nuestra inmortalidad, de aquí que se dice, y se dice muy bien, que el panteísmo no es sino un ateísmo disfrazado. Y yo creo que sin disfrazar. Y tenían razón los que llamaron ateo a Spinoza, cuyo panteísmo es el más lógico, el más racional. Ni salva al anhelo de inmortalidad, sino que lo disuelve y hunde, el agnosticismo o doctrina de lo inconocible, que cuando ha querido dejar a salvo los sentimientos religiosos ha procedido siempre con la más refinada hipocresía. Toda la primera parte, y sobre todo su capítulo V, el titulado «Reconciliación» —entre la razón y la fe, o la religión y la ciencia se entiende—, de los *Primeros Principios,* de Spencer, es un modelo, a la vez que de superficialidad filosófica y de insinceridad religiosa, del más refinado *cant* británico. Lo inconocible, si es algo más que lo meramente desconocido hasta hoy, no es sino un concepto puramente negativo, un concepto de límite. Y sobre eso no se edifica sentimiento ninguno.

La ciencia de la religión, por otra parte, de la religión como fenómeno psíquico individual y social, sin entrar en la validez objetiva trascendente de las afirmaciones religiosas, es una ciencia que, al explicar el origen de la fe en que el alma es algo que puede vivir separado del cuerpo, ha destruído la racionalidad de esta creencia. Por más que el hombre religioso repita con Schleiermacher: «La ciencia no puede enseñarte nada, aprenda ella de ti», por dentro le queda otra.

Por cualquier lado que la cosa se mire, siempre resulta que la razón se pone enfrente de ese nuestro anhelo de inmortalidad personal, y nos le contradice. Y es que, en rigor, la razón es enemiga de la vida.

Es una cosa terrible la inteligencia. Tiende a la muerte, como a la estabilidad la memoria. Lo vivo, lo que es absolutamente inestable, lo absolutamente individual, es, en rigor, ininteligible. La lógica tira a reducirlo todo a identidades y a géneros, a que no tenga cada representación más que un solo y mismo contenido en cualquier lugar, tiempo o relación en que se nos ocurra. Y no hay nada que sea lo mismo en dos momentos sucesivos de su ser. Mi idea de Dios es distinta cada vez que la concibo. La identidad, que es la muerte, es la aspiración del intelecto. La mente busca lo muerto, pues lo vivo se le escapa; quiere cuajar en témpanos la corriente fugitiva, quiere fijarla. Para analizar un cuerpo, hay que menguarlo o destruirlo. Para comprender algo, hay que matarlo, enrigidecerlo en la mente. La ciencia es un cementerio de ideas muertas, aunque de ellas salga vida. También los gusanos se alimentan de cadáveres. Mis propios pensamientos, tumultuosos y agitados en los senos de mi mente, desgajados de su raíz cordial, vertidos a este papel y fijados en él en formas inalterables, son ya cadáveres de pensamientos. ¿Cómo, pues, va abrirse la razón a la revelación de la vida? Es un trágico combate, es el fondo de la tragedia, el combate de la vida con la razón. ¿Y la verdad? ¿Se vive o se comprende?

No hay sino leer el terrible *Parménides,* de Platón, y llegar a su conclusión trágica de que «el uno existe y no existe; y él y todo lo otro existen y no existen, aparecen y no aparecen en relación a sí mismos, y unos a otros». Todo lo vital es irracional y todo lo racional es antivital, porque la razón es esencialmente escéptica.

Lo racional, en efecto, no es sino lo relacional; la razón se limita a relacionar elementos irracionales. Las matemáticas son la única ciencia perfecta en cuanto suman, restan, multiplican y dividen números, pero no cosas reales y de bulto; en cuanto es la más formal de las ciencias. ¿Quién es capaz de extraer la raíz cúbica de este fresno?

Y, sin embargo, necesitamos de la lógica, de este poder terrible, para trasmitir pensamientos y percepciones y hasta para pensar y percibir, porque pensamos con palabras, percibimos con formas. Pensar es hablar uno consigo mismo, y el habla es social, y sociales son el pensamiento y la lógica. Pero ¿no tienen acaso un contenido, una materia individual, intrasmisible e intraductible? ¿Y no está aquí su fuerza?

Lo que hay es que el hombre, prisionero de la lógica, sin la cual no piensa, ha querido siempre ponerla al servicio de sus anhelos, y sobre todo del fundamental anhelo. Se quiso tener siempre a la lógica, y más en la Edad Media, al servicio de la teología y la jurisprudencia, que partían ambas de lo establecido por la autoridad. La lógica no se propuso hasta muy tarde el problema del conocimiento, el de la validez de ella misma, el examen de los fundamentos metalógicos.

«La teología occidental —escribe Stanley— es esencialmente lógica en su forma y se basa en la ley; la oriental es retórica en la forma y se basa en la filosofía. El teólogo latino sucedió al abogado romano; el teólogo oriental, al sofista griego» (1).

Y todas las elucubraciones pretendidas racionales o lógicas en apoyo de nuestra hambre de inmortalidad, no son sino abogacía y sofistería.

Lo propio y característico de la abogacía, en efecto, es poner la lógica al servicio de una tesis que hay que defender, mientras el método, rigurosamente científico, parte de los hechos, de los datos que la realidad nos ofrece para llegar o no llegar a conclusión. Lo importante es plantear bien el problema, y de aquí que el progreso consiste, no pocas veces, en deshacer lo hecho. La abogacía supone siempre una petición de principio, y sus argumentos todos son *ad probandum*. Y la teología supuesta racional no es sino abogacía.

La teología parte del dogma, y el dogma, δογμα, en su sentido primitivo y más directo, significa decreto, algo como el latín *placitum,* lo que ha parecido que debe ser ley a la autoridad legislativa. De este concepto jurídico parte la teología. Para el teólogo, como para el abogado, el dogma, la ley, es algo dado, un punto de partida que no se discute sino en cuanto a su aplicación y a su más recto senti-

---

¹ Arthur Penrhyn Stanley, *Lectures on the History of the Eastern Church* [lecture I, sect. III].

do. Y de aquí que el espíritu teológico o abogadesco sea
en su principio dogmático, mientras el espíritu estrictamente científico, puramente racional, es escéptico, βκεπτικος
esto es, investigativo. Y añado en su principio, porque el
otro sentido del término escepticismo, el que tiene hoy más
corrientemente, el de un sistema de duda, de recelo y de
incertidumbre, ha nacido del empleo teológico o abogadesco de la razón, del abuso del dogmatismo. El querer aplicar la ley de autoridad, el *placitum,* el dogma a distintas y
a las veces contrapuestas necesidades prácticas, es lo que ha
engendrado el escepticismo de duda. Es la abogacía, o lo
que es igual, la teología, la que enseña a desconfiar de la
razón y no la verdadera ciencia, la ciencia investigativa, escéptica en el sentido primitivo y directo de este término,
que no camina a una solución ya prevista ni procede sino
a ensayar una hipótesis.

Tomad la *Summa Theologica,* de Santo Tomás, el clásico
monumento de la teología —esto es, de la abogacía— católica, y abridla por dondequiera. Lo primero, la tesis:
utrum... si tal cosa es así o de otro modo; en seguida las
objeciones: *ad primum sic proceditur;* luego las respuestas a
las objeciones: *sed contra est...* o *respondeo dicendum...* Pura
abogacía. Y en el fondo de una gran parte, acaso de la mayoría, de sus argumentos hallaréis una falacia lógica que puede expresarse *more scholastico* con este silogismo: Yo no
comprendo este hecho sino dándole esta explicación; es así
que tengo que comprenderlo, luego ésta tiene que ser su explicación. O me quedo sin comprenderlo. La verdadera
ciencia enseña, ante todo, a dudar y a ignorar; la abogacía
ni duda ni cree que ignora. Necesita de una solución.

A este estado de ánimo en que se supone, más o menos
a conciencia, que tenemos que conocer una solución, acompaña aquello de las funestas consecuencias. Cojed cualquier
libro apologético, es decir, de teología abogadesca, y veréis
con qué frecuencia os encontráis con epígrafes que dicen:
«Funestas consecuencias de esta doctrina». Y las consecuencias funestas de una doctrina probarán, a lo sumo, que esta

doctrina es funesta, pero no que es falsa, porque falta probar que lo verdadero sea lo que más nos conviene. La identificación de la verdad y el bien no es más que un piadoso deseo. A. Vinet, en sus *Etudes sur Blaise Pascal,* dice: «De las dos necesidades que trabajan sin cesar a la naturaleza humana, la de la felicidad no es sólo la más universalmente sentida y más costantemente experimentada, sino que es también la más imperiosa. Y esta necesidad no es sólo sensitiva; es intelectual. No sólo para el *alma,* sino también para el *espíritu* (1), es una necesidad la dicha. La dicha forma parte de la verdad.» Esta proposición última: *le bonheur fait partie de la vérité,* es una proposición profundamente abogadesca, pero no científica ni de razón pura. Mejor sería decir que la verdad forma parte de la dicha en un sentido tertulianesco, de *credo quia absurdum,* que en rigor quiere decir: *credo quia consolans,* creo porque es cosa que me consuela.

No, para la razón, la verdad es lo que se puede demostrar que es, que existe, consuélenos o no. Y la razón no es ciertamente una facultad consoladora. Aquel terrible poeta latino Lucrecio, bajo cuya aparente serenidad y ataraxia epicúrea tanta desesperación se cela, decía que la piedad consiste en poder contemplarlo todo con alma serena, *pacata posse mente onnia tueri.* Y fue este Lucrecio el mismo que escribió que la religión puede inducirnos a tantos males: *tantum religio potuit suadere malorum.* Y es que la religión, y sobre todo la cristiana más tarde fue, como dice el Apóstol, un escándalo para los judíos y una locura para los intelectuales (I Cor., I, 23). Tácito llamó a la religión cristiana, a la de la inmortalidad del alma, perniciosa superstición, *exitialis superstitio,* afirmando que envolvía un odio al género humano, *odium genesis humani.*

Hablando de la época de estos hombres, de la época más

---

¹ Traduzco aquí por espíritu el francés *esprit,* aunque acaso fuera mejor traducir inteligencia. Así como tampoco nuestra voz felicidad corresponde por entero al *bonheur* francés (tal vez mejor: dicha), ni necesidad a *besoin.*

genuinamente racionalista, escribía Flaubert a madame Roger des Genettes estas preñadas palabras: «Tiene usted razón; hay que hablar con respeto de Lucrecio; no le veo comparable sino a Byron, y Byron no tiene ni su gravedad ni la sinceridad de su tristeza. La melancolía antigua me parece más profunda que la de los modernos, que sobrentienden todos más o menos la inmortalidad de más allá del *agujero negro*. Pero para los antiguos este agujero negro era el infinito mismo; sus ensueños se dibujan y pasan sobre un fondo de ébano inmutable. No existiendo ya los dioses, y no existiendo todavía Cristo, hubo, desde Cicerón a Marco Aurelio, un momento único en que el hombre estuvo solo. En ninguna parte encuentro esta grandeza; pero lo que hace a Lucrecio intolerable es su física, que da como positiva. Si es débil, es por no haber dudado bastante; ha querido explicar ¡concluir!» (1).

Sí, Lucrecio quiso concluir, solucionar y, lo que es peor, quiso hallar en la razón consuelo. Porque hay también una abogacía antiteológica y un *odium antitheologicum.*

Muchos, muchísimos hombres de ciencia, la mayoría de los que se llaman a sí mismos racionalistas, lo padecen.

El racionalista se conduce racionalmente, esto es, está en su papel mientras se limita a negar que la razón satisfaga a nuestra hambre vital de inmortalidad; pero pronto, poseído de la rabia de no poder creer, cae en la irritación del *odium antitheologicum,* y dice con los fariseos: «Estos vulgares que no saben la ley, son malditos». Hay mucho de verdad en aquellas palabras de Soloviev: «Presiento la proximidad de tiempos en que los cristianos se reúnan de nuevo en las catacumbas porque se persiga la fe, acaso de una manera menos brutal que en la época de Nerón, pero con un rigor no menos refinado, por la mentira, la burla y todas las hipocresías.»

El odio anti-teológico, la rabia cientificista —no digo científica— contra la fe en otra vida, es evidente. Tomad

---

¹ Gustave Flaubert, *Correspondance,* Troisième serie (1854-1869), París, MCMX.

no a los más serenos investigadores científicos, los que saben dudar, sino a los fanáticos del racionalismo, y ved con qué grosera brutalidad hablan de la fe. A Vogt le parecía probable que los apóstoles ofreciesen en la estructura del cráneo marcados caracteres simianos; de las groserías de Haeckel, este supremo incomprensivo, no hay que hablar; tampoco de las de Büchner; Virchow mismo no se ve libre de ellos. Y otros lo hacen más sutilmente. Hay gentes que parece como si no se limitasen a no creer que haya otra vida, o mejor dicho, a creer que no la hay, sino que les molesta y duele que otros crean en ella, o hasta que quieran que la haya. Y esta posición es despreciable, así como es digna de respeto la de aquel que, empeñándose en creer que la hay, porque la necesita, no logra creerlo. Pero de este nobilísimo, y el más profundo, y el más humano, y el más fecundo estado de ánimo, el de la desesperación, hablaremos más adelante.

Y los racionalistas que no caen en la rabia anti-teológica se empeñan en convencer al hombre de que hay motivos para vivir y hay consuelo de haber nacido, aunque haya de llegar un tiempo, al cabo de más o menos decenas, centenas o millones de siglos, en que toda conciencia humana haya desaparecido. Y estos motivos de vivir y obrar, esto que algunos llaman humanismo, son la maravilla de la oquedad afectiva y emocional del racionalismo y de su estupenda hipocresía, empeñada en sacrificar la sinceridad a la veracidad, y en no confesar que la razón es una potencia desconsoladora y disolvente.

¿He de volver a repetir lo que ya he dicho sobre todo eso de fraguar cultura, de progresar, de realizar el bien, la verdad y la belleza, de traer la justicia a la tierra, de hacer mejor la vida para los que nos sucedan, de servir a no sé qué destino, sin preocuparnos del fin último de cada uno de nosotros? ¿He de volver a hablaros de la suprema vaciedad de la cultura, de la ciencia, del arte, del bien, de la verdad, de la belleza, de la justicia..., de todas estas hermosas concepciones, si al fin y al cabo, dentro de cuatro días o dentro de cuatro millones de siglos —que para el caso es igual—, no ha de existir conciencia humana que reciba la cultura, la ciencia, el arte, el bien, la verdad, la belleza, la justicia y todo lo demás así?

Muchas y muy variadas son las invenciones racionalistas —más o menos racionales— con que desde los tiempos de epicúreos y estoicos se ha tratado de buscar en la verdad racional consuelo y de convencer a los hombres, aunque los que de ello trataran no estuviesen en sí mismos convencidos, de que hay motivos de obrar y alicientes de vivir, aun estando la conciencia humana destinada a desaparecer un día.

La posición epicúrea, cuya forma extrema y más grosera es la de «comamos y bebamos que mañana moriremos», o el *carpe diem* horaciano, que podría traducirse por «vive al día», no es, en el fondo, distinta de la posición estoica con su «cumple con lo que la conciencia moral te dicte, y que sea después lo que fuere». Ambas posiciones tienen una base común, y lo mismo es el placer por el placer mismo que el deber por el mismo deber.

El más lógico y consecuente de los ateos, quiero decir de los que niegan la persistencia en tiempo futuro indefinido de la conciencia individual, y el más piadoso a la vez de ellos, Spinoza, decidió la quinta y última parte de su *Etica* a dilucidar la vía que conduce a la libertad y a fijar el concepto de la felicidad. ¡El concepto! ¡El concepto y no el sentimiento! Para Spinoza, que era un terrible intelectualista, la felicidad, la *beatitudo,* es un concepto, y el amor a Dios un amor intelectual. Después de establecer en la proposición 21 de esta parte quinta que «la mente no puede imaginarse nada ni acordarse de las cosas pasadas, sino mientras dura el cuerpo», lo que equivale a negar la inmortalidad del alma, pues un alma que separada del cuerpo en que vivió no se acuerda ya de su pasado, ni es inmortal ni es alma, procede a decirnos en la proposición 23 que «la mente humana no puede destruirse en absoluto con el cuerpo, sino que queda algo de ella que *es eterno»,* y esta eternidad de la mente es cierto modo de pensar. Mas no os dejéis engañar; no hay tal eternidad de la mente individual.

Todo es *sub eaternitatis specie,* es decir, un puro engaño. Nada más triste, nada más desolador, nada más antivital que esa felicidad, esa *beatitudo* spinoziana, que consiste en el amor intelectual a Dios, el cual no es sino el amor mismo de Dios, el amor con que Dios se ama a sí mismo (proposición 36). Nuestra felicidad, es decir, nuestra libertad, consiste en el costante y eterno amor de Dios a los hombres. Así dice el escolio a esta proposición 36. Y todo para concluir en la proposición final de toda la *Etica,* en su coronamiento, con aquello de que la felicidad no es el premio de la virtud, sino la virtud misma. ¡Lo de todos! O dicho en plata: que de Dios salimos y a Dios volvemos; lo que, traducido a lenguaje vital, sentimental, concreto, quiere decir que mi conciencia personal brotó de la nada, de mi inconciencia, y a la nada volverá.

Y esa voz tristísima y desoladora de Spinoza es la voz misma de la razón. Y la libertad de que nos habla es una libertad terrible. Y contra Spinoza y su doctrina de la felicidad no cabe sino un argumento incontrastable: el argumento *ad hominem.* ¿Fue feliz él, Baruc Spinoza, mientras para acallar su íntima infelicidad disertaba sobre la felicidad misma? ¿Fué él libre?

En el escolio a la proposición 41 de esta misma última y más trágica parte de esa formidable tragedia de su *Etica,* nos habla el pobre judío desesperado de Amsterdam, de la persuasión común del vulgo sobre la vida eterna. Oigámosle: «Parece que creen en la piedad y la religión y todo lo que se refiere a la fortaleza de ánimo, son cargas que hay que deponer después de la muerte, y esperan recibir el precio de la servidumbre, no de la piedad y la religión. Y no sólo por esta esperanza, sino también, y más principalmente, por el miedo de ser castigados con terribles suplicios después de la muerte, se mueven a vivir conforme a la prescripción de la ley divina en cuanto les lleva su debilidad y su ánimo impotente; y si no fuese por esta esperanza y este miedo, y creyeran, por el contrario, que las almas mueren con los cuerpos, ni les quedara el vivir más tiempo sino miserables bajo el peso *de la piedad,* volverían a su índole, prefiriendo acomodarlo todo a su gusto y entregarse a la fortuna más que a sí mismos. Lo cual no parece menos absurdo que si uno, por no creer poder alimentar a su cuerpo con buenos alimentos para siempre, prefiriese saturarse de venenos mortíferos, o porque ve que el alma no es eterna o inmortal, prefiera ser sin alma (*amens*) y vivir sin razón; todo lo cual es tan absurdo que apenas merece ser refutado (*quae adeo absurda sunt, ut vix recenseri mereantur*)».

Cuando se dice de algo que no merece siquiera refutación, tenedlo por seguro, o es una insigne necedad, y en este caso ni eso hay que decir de ella, o es algo formidable, es la clave misma del problema. Y así es en este caso. Porque sí, pobre judío portugués desterrado en Holanda, sí, que quien se convenza, sin rastro de duda, sin el más leve resquicio de incertidumbre salvadora, de que su alma no es inmortal, prefiera ser sin alma, *amens,* o irracional o idiota, prefiera no haber nacido, no tiene nada, absolutamente nada de absurdo. El, el pobre judío intelectualista definidor del amor intelectual y de la felicidad, ¿fue feliz? Porque este y no otro es el problema. «¿De qué te sirve saber definir la compunción, si no la sientes?», dice el *Kempis*. Y, ¿de qué te sirve meterte a definir la felicidad si no logra uno con ello ser feliz? Aquí encaja aquel terrible cuento de Diderot sobre el eunuco que, para mejor poder escojer esclavas con destino al harén del soldán, su dueño, quiso recibir lecciones de estética de un marsellés. A la primera lección, fisiológica, brutal y carnalmente fisiológica, exclamó el eunuco compungido: «¡Está visto que yo nunca sabré estética!» Y así es; ni los eunucos sabrán nunca estética aplicada a la selección de mujeres hermosas, ni los puros racionalistas sabrán ética nunca, ni llegarán a definir la felicidad, que es una cosa que se vive y se siente, y no una cosa que se razona y se define.

Y ahí tenemos otro racionalista, éste no ya resignado y triste, como Spinoza, sino rebelde, y fingiéndose hipócritamente alegre cuando era no menos desesperado que el otro; ahí tenéis a Nietzsche, que inventó *matemáticamente* (!!!) aquel remedo de la inmortalidad del alma que se llama la vuelta eterna, y que es la más formidable tragicomedia o comitragedia. Siendo el número de átomos o primeros elementos irreducibles finito, en el universo eterno tiene que volver alguna vez a darse una combinación como la actual y, por tanto, tiene que repetirse un número eterno de veces lo que ahora pasa. Claro está, y así como volveré a vivir la vida que estoy viviendo, la he vivido ya infinitas veces, porque hay una eternidad hacia el pasado, *a parte ante,* como la habrá en lo por venir, *a parte post.* Pero se da el triste caso de que yo no me acuerdo de ninguna de mis existencias anteriores, si es posible que me acuerde de ellas, pues dos cosas absoluta y totalmente idénticas no son sino una sola. En vez de suponer que vivimos en un universo finito, de un número finito de primeros elementos componentes irreducibles, suponed que vivamos en un universo infinito, sin límite en el espacio —la cual infinitud concreta, no es menos inconcebible que la eternidad concreta, en el tiempo—, y entonces resultará que este nuestro sistema, el de la vía láctea, se repite infinitas veces en el infinito del espacio, y que estoy yo viviendo infinitas vidas, todas exactamente idénticas. Una broma, como veis, pero no menos cómica, es decir, no menos trágica que la de Nietzsche, la del león que se ríe. ¿Y de qué se ríe el león? Yo creo que de rabia, porque no acaba de consolarle eso de que ha sido ya el mismo león antes y que volverá a serlo.

Pero es que tanto Spinoza como Nietzsche eran, sí, racionalistas, cada uno de ellos a su modo; pero no eran eunucos espirituales; tenían corazón, sentimiento y, sobre todo, hambre, un hambre loca de eternidad, de inmortalidad. El eunuco corporal no siente la necesidad de reproducirse carnalmente, en cuerpo, y el eunuco espiritual tampoco siente el hambre de perpetuarse.

Cierto es que hay quienes aseguran que con la razón les basta, y nos aconsejan desistamos de querer penetrar en lo impenetrable. Mas de estos que dicen no necesitar de fe alguna en vida personal eterna para encontrar alicientes de vida y móviles de acción, no sé qué pensar. También un ciego de nacimiento puede asegurarnos que no siente gran deseo de gozar del mundo de la visión, ni mucha angustia por no haberlo gozado, y hay que creerle, pues de lo totalmente desconocido no cabe anhelo, por aquello de *nihil volitum quin praecognitum;* no cabe querer sino lo de antes conocido; pero el que alguna vez en su vida o en sus mocedades o temporalmente ha llegado a abrigar la fe en la inmortalidad del alma, no puedo persuadirme a creer que se aquiete sin ella. Y en este respecto apenas cabe entre nosotros la ceguera de nacimiento, como no sea por una extraña aberración. Que aberración y no otra cosa es el hombre mera y exclusivamente racional.

Más sinceros, mucho más sinceros, son los que dicen: «De eso no se debe hablar, que es perder el tiempo y enervar la voluntad; cumplamos aquí con nuestro deber, y sea luego lo que fuere»; pero esta sinceridad, oculta una más profunda insinceridad. ¿Es que acaso con decir: «De eso no se debe hablar», se consigue que uno no piense en ello? ¿Que se enerva la voluntad?... ¿Y qué? ¿Que nos incapacita para una acción humana? ¿Y qué? Es muy cómodo decirle al que tiene una enfermedad mortal que le condene a corta vida, y lo sabe, que no piense en ello.

> *Meglio oprando obliar, senza indagarlo,*
> *questo enorme mister de l'universo!*

«¡Mejor obrando olvidar, sin indagarlo, este enorme misterio del universo!», escribió Carducci en su *Idilio maremmano,* el mismo Carducci que al final de su oda *Sobre el monte Mario* nos habló de que la tierra, madre del alma fugitiva, ha de llevar en torno al sol gloria y dolor:

> hasta que bajo el Ecuador rendida
> a las llamadas del calor que huye,
> la ajada prole una mujer tan sólo
>   tenga, y un hombre,
> que erguidos entre trozos de montañas,
> en muertos bosques, lívidos, con ojos
> vítreos te vean, sobre inmenso hielo,
>   ¡oh, sol, ponerte! (1).

---

[1] La traducción es mía, y figura en mi tomo de *Poesías.*

¿Pero es posible trabajar en algo serio y duradero, olvidando el enorme misterio del Universo y sin inquirirlo? ¿Es posible contemplarlo todo con alma serena, según la piedad lucreciana, pensando que un día no se ha de reflejar eso todo en conciencia humana alguna?

«¿Sois felices?», pregunta Caín en el poema byroniano a Lucifer, príncipe de los intelectuales, y éste le responde: «Somos poderosos»; y Caín replica: «¿Sois felices?», y entonces el gran intelectual le dice: «No; ¿lo eres tú?» Y más adelante este mismo Luzbel dice a Adah, hermana y mujer de Caín: «Escoje entre el Amor y la Ciencia, pues no hay otra elección.» Y en este mismo estupendo poema, al decir Caín que el árbol de la ciencia del bien y del mal era un árbol mentiroso, porque «no sabemos nada, y su prometida ciencia fue al precio de la muerte», Luzbel le replica: «Puede ser que la muerte conduzca al más alto conocimiento.» Es decir, a la nada.

En todos estos pasajes donde he traducido ciencia, dice lord Byron *Knowledge,* conocimiento; el francés *science* y el alemán *Wissenschaft,* al que muchos enfrentan la *wisdom* —*sagesse* francesa y *Weisheit* alemana— la sabiduría. «La ciencia llega, pero la sabiduría se retarda. Y trae un pecho cargado, lleno de triste experiencia, avanzando hacia la quietud de su descanso.»

> *Knowledge comes, but Wisdom lingers, and he beards a laden,*
> *breast, Full of sad experience, moving toward the stillness of his rest.*

dice otro lord, Tennyson, en su *Locksley Hall.* ¿Y qué es esta sabiduría, que hay que ir a buscarla principalmente en los poetas, dejando la ciencia? Está bien que se diga, con Matthew Arnold —en su prólogo a los poemas de Wordsworth—, que la poesía es la realidad y la filosofía la ilusión; la razón es siempre la razón, y la realidad, la realidad, lo que se puede probar que existe fuera de nosotros, consuélenos o desespérenos.

No sé por qué tanta gente se escandalizó o hizo que se escandalizaba cuando Brunetière volvió a proclamar la bancarrota de la ciencia. Porque la ciencia, en cuanto sustitutiva de la religión, y la razón en cuanto sustitutiva de la fe, han fracasado siempre. La ciencia podrá satisfacer, y de hecho satisface en una medida creciente, nuestras crecientes necesidades lógicas o mentales, nuestro anhelo de saber y conocer la verdad; pero la ciencia no satisface nuestras necesidades afectivas y volitivas, nuestra hambre de inmortalidad, y lejos de satisfacerla, contradícela. La verdad racional y la vida están en contraposición. ¿Y hay acaso otra verdad que la verdad racional?

Debe quedar, pues, sentado, que la razón, la razón humana, dentro de sus límites, no sólo no prueba racionalmente que el alma sea inmortal y que la conciencia humana haya de ser en la serie de los tiempos venideros indestructible, sino que prueba más bien, dentro de sus límites, repito, que la conciencia individual no puede persistir después de la muerte del organismo corporal de que depende. Y esos límites, dentro de los cuales digo que la razón humana prueba esto, son los límites de la racionalidad, de lo que conocemos comprobadamente. Fuera de ellos está lo irracional, que es lo mismo que se le llame sobre-racional que infra-racional o contra-racional; fuera de ellos está el absurdo de Tertuliano, el imposible del *certum est, quia impossibile est.* Y este absurdo no puede apoyarse sino en la más absoluta incertidumbre.

La disolución racional termina en disolver la razón misma en el más absoluto escepticismo, en el fenomenalismo de Hume o en el contingencialismo absoluto de los Stuart Mill, éste el más consecuente y lógico de los positivistas. El triunfo supremo de la razón, también analítica, esto es, destructiva y disolvente, es poner en duda su propia validez. Cuando hay una úlcera en el estómago, acaba éste por digerirse a sí mismo. Y la razón acaba por destruir la validez inmediata y absoluta del concepto de verdad y del concepto de necesidad. Ambos conceptos son relativos; ni hay verdad ni hay necesidad absolutas. Llamamos verdadero a un concepto que concuerda con el sistema general de nuestros conceptos todos, verdadera a una percepción que no contradice al sistema de nuestras percepciones; verdad es coherencia. Y en cuanto al sistema todo, al conjunto, como no hay fuera de él nada para nosotros conocido, no cabe decir que sea o no verdadero. El universo es imaginable que sea en sí fuera de nosotros, muy de otro modo que como a nosotros se nos aparece, aunque ésta sea una suposición que carezca de todo sentido racional. Y en cuanto a la necesidad, ¿la hay absoluta? Necesario no es sino lo que es y en cuanto es, pues en otro sentido más trascendente, ¿qué necesidad absoluta, lógica, independiente del hecho de que el universo existe, hay de que haya universo ni cosa alguna?

El absoluto relativismo, que no es ni más ni menos que el escepticismo, en el sentido más moderno de esta denominación, es el triunfo supremo de la razón raciocinante.

Ni el sentimiento logra hacer del consuelo verdad, ni la razón logra hacer de la verdad consuelo; pero esta segunda, la razón, procediendo sobre la verdad misma, sobre el concepto mismo de la realidad, logra hundirse en un profundo escepticismo. Y en este abismo encuéntrase el escepticismo racional con la desesperación sentimental, y de este encuentro es de donde sale una base —¡terrible base!— de consuelo. Vamos a verlo.

6. En el fondo del abismo

Parce unicae spei totius orbis.

Tertuliano Adversus Marcionem, 5.

Ni, pues, el anhelo vital de inmortalidad humana halla confirmación racional, ni tampoco la razón nos da aliciente y consuelo de vida y verdadera finalidad a ésta. Mas he aquí que en el fondo del abismo se encuentran la desesperación sentimental y volitiva y el escepticismo racional frente a frente, y se abrazan como hermanos. Y va a ser de este abrazo, un abrazo trágico, es decir, entrañadamente amoroso, de donde va a brotar manantial de vida, de una vida seria y terrible. El escepticismo, la incertidumbre, última posición a que llega la razón ejerciendo su análisis sobre sí misma, sobre su propia validez, es el fundamento sobre que la desesperación del sentimiento vital ha de fundar su esperanza.

Tuvimos que abandonar, desengañados, la posición de los que quieren hacer verdad racional y lógica del consuelo, pretendiendo probar su racionalidad, o por lo menos su no irracionalidad, y tuvimos también que abandonar la posición de los que querían hacer de la verdad racional consuelo y motivo de vida. Ni una ni otra de ambas posiciones nos satisfacía. La una riñe con nuestra razón; la otra, con nuestro sentimiento. La paz entre estas dos potencias se hace imposible, y hay que vivir de su guerra. Y hacer de ésta, de la guerra misma, condición de nuestra vida espiritual.

Ni cabe aquí tampoco ese expediente repugnante y grosero que han inventado los políticos, más o menos parlamentarios, y a que llaman una fórmula de concordia, de que no resulten ni vencedores ni vencidos. No hay aquí lugar para el pasteleo. Tal vez una razón degenerada y cobarde llegase a proponer tal fórmula de arreglo, porque en rigor la razón vive de fórmulas; pero la vida, que es informulable, la vida, que vive y quiere vivir siempre, no acepta fórmulas. Su única fórmula es: o todo o nada. El sentimiento no transige con términos medios.

Initium sapientiae timor Domini, se dijo, queriendo acaso decir *timor mortis,* o tal ver *timor vitae,* que es lo mismo. Siempre resulta que el principio de la sabiduría es un temor.

Y este escepticismo salvador de que ahora voy a hablaros, ¿puede decirse que sea la duda? Es la duda, sí, pero es mucho más que la duda. La duda es con frecuencia una cosa muy fría, muy poco vitalizadora, y, sobre todo, una cosa algo artificiosa, especialmente desde que Descartes la rebajó al papel de método. El conflicto entre la razón y la vida es algo más que una duda. Porque la duda con facilidad se reduce a ser un elemento cómico.

La duda metódica de Descartes es una duda cómica, una duda puramente teórica, provisoria; es decir, la duda de uno que hace como que duda sin dudar. Y porque era una duda de estufa, el hombre que concluyó que existía de que pensaba, no aprobaba «esos humores turbulentos (*brouillonnes*) e inquietos que, no siendo llamados ni por su nacimiento ni por su fortuna al manejo de los negocios públicos, no dejan de hacer siempre en idea alguna nueva reforma», y se dolía de que pudiera haber algo de esto en su escrito. No; él, Descartes, no se propuso sino «reformar sus propios pensamientos y edificar sobre un cimiento suyo propio». Y se propuso no recibir por verdadero nada que

no conociese evidentemente ser tal, y destruir todos los pre-
juicios e ideas recibidas para costruirse de nuevo su morada intelectual. Pero «como no basta, antes de comenzar a
recostruir la casa en que se mora, abatirla y hacer provisión
de materiales y arquitectos o ejercitarse uno mismo en la ar-
quitectura..., sino que es menester haberse provisto de otra
en que pueda uno alojarse cómodamente mientras trabaja»,
se formó una moral provisional —*une morale de provi-
sion*—, cuya primera ley era obedecer a las costumbres de
su país y retener costantemente la religión en que Dios le
hizo la gracia de que se hubiese instruído desde su infancia, gobernándose en todo según las opiniones más moderadas. Vamos, sí, una religión provisional, y hasta un Dios
provisional. Y escojía las opiniones más moderadas, por ser
«las más cómodas para la práctica». Pero más vale no seguir.
     Esta duda cartesiana, metódica o teórica, esta duda filo-
sófica de estufa, no es la duda, no es el escepticismo, no es
la incertidumbre de que aquí os hablo, ¡no! Esta otra duda
es una duda de pasión, es el eterno conflicto entre la razón
y el sentimiento, la ciencia y la vida, la lógica y la biótica.
Porque la ciencia destruye el concepto de personalidad, reduciéndolo a un complejo en continuo flujo de momento,
es decir, destruye la base misma sentimental de la vida del
espíritu, que, sin rendirse, se revuelve contra la razón.
     Y esta duda no puede valerse de moral alguna de pro-
visión, sino que tiene que fundar su moral, como veremos,
sobre el conflicto mismo, una moral de batalla, y tiene que
fundar sobre sí misma la religión. Y habita una casa que
se está destruyendo de continuo y a la que de continuo hay
que restablecer. De continuo la voluntad, quiero decir, la
voluntad de no morirse nunca, la irresignación a la muerte,
fragua la morada de la vida, y de continuo la razón la está
batiendo con vendavales y chaparrones.
     Aún hay más, y es que en el problema concreto vital que
nos interesa, la razón no toma posición alguna. En rigor,
hace algo peor aún que negar la inmortalidad del alma, la
cual sería una solución, y es que desconoce el problema
como el deseo vital nos lo presenta. En el sentido racional
y lógico del término problema no hay tal problema. Esto

de la inmortalidad del alma, de la persistencia de la conciencia individual, no es racional, cae fuera de la razón. Es como problema, y aparte de la solución que se le dé, irracional. Racionalmente carece de sentido hasta el plantearlo. Tan inconcebible es la inmortalidad del alma, como es, en rigor, su mortalidad absoluta. Para explicarnos el mundo y la existencia —y tal es la obra de la razón—, no es menester supongamos ni que es mortal ni inmortal nuestra alma. Es, pues, una irracionalidad el solo planteamiento del supuesto problema.

Oigamos al hermano Kierkegaard, que nos dice: «Donde precisamente se muestra el riesgo de la abstracción, es respecto al problema de la existencia, cuya dificultad resuelve soslayándola, jactándose luego de haberlo explicado todo. Explica la inmortalidad en general, y lo hace egregiamente, identificándola con la eternidad; con la eternidad, que es esencialmente el medio del pensamiento. Pero que cada hombre singularmente existente sea inmortal —que es precisamente la dificultad—, de esto no se preocupa la abstracción, no le interesa; pero la dificultad de la existencia es el interés de lo existente; al que existe le interesa infinitamente existir. El pensamiento abstracto no le sirve a mi inmortalidad sino para matarme en cuanto individuo singularmente existente, y así hacerme inmortal, poco más o menos que a la manera de aquel doctor de Holberg, que con su medicina quitaba la vida al paciente, pero le quitaba también la fiebre. Cuando se considera un pensador abstracto que no quiere poner en claro y confesar la relación que hay entre su pensamiento abstracto y el hecho de que él sea existente, nos produce, por excelente y distinguido que sea, una impresión cómica, porque corre el riesgo de dejar de ser hombre. Mientras un hombre efectivo, compuesto de infinitud y de finitud, tiene su efectividad precisamente en mantener juntas esas dos y se interesa infinitamente en existir, un semejante pensador abstracto es un ser doble, un ser fantástico que vive en el puro ser de la abstracción, y a las veces la triste figura de un profesor que deja a un lado aquella esencia abstracta como deja el bastón. Cuando se lee la vida de un pensador así —cuyos es-

critos pueden ser excelentes—, tiembla uno ante la idea de
lo que es ser hombre. Y cuando se lee en sus escritos que
el pensar y el ser son una misma cosa, se piensa, pensando
en su vida, que ese ser que es idéntico al pensar, no es precisamente ser hombre.» (*Afsluttende uvidenskbelig Efterskrift,* capítulo III).

¡Qué intensa pasión, es decir, qué verdad encierra esta
amarga invectiva contra Hegel, prototipo del racionalista,
que nos quita la fiebre quitándonos la vida, y nos promete,
en vez de una inmortalidad concreta, una inmortalidad abstracta, como si fuese abstracta, y no concreta, el hambre de
ella, que nos consume!

Podrá decirse, sí, que muerto el perro se acabó la rabia,
y que después que me muera no me atormentará ya esta
hambre de no morir, y que el miedo a la muerte, o mejor
dicho, a la nada, es un miedo irracional, pero... Sí, pero...
E pur si muove! Y seguirá moviéndose. ¡Como que es la
fuente de todo movimiento!

Mas no creo esté del todo en lo cierto el hermano Kierkegaard, porque el mismo pensador abstracto, o pensador
de abstracciones, piensa *para* existir, para no dejar de existir, o tal vez piensa para olvidar que tendrá que dejar de
existir. Tal es el fondo de la pasión del pensamiento abstracto. Y acaso Hegel se interesaba tan infinitamente como
Kierkegaard en su propia, concreta y singular existencia,
aunque para mantener el decoro profesional del filósofo del
Estado lo ocultase. Exigencias del cargo.

La fe en la inmortalidad es irracional. Y, sin embargo,
fe, vida y razón se necesitan mutuamente. Ese anhelo vital
no es propiamente problema, no puede tomar estado lógico, no puede formularse en proposiciones racionalmente
discutibles, pero se nos plantea, como se nos plantea el hambre. Tampoco un lobo que se echa sobre su presa para de-
vorarla o sobre la loba para fecundarla puede plantearse racionalmente y como problema lógico su empuje. Razón y
fe son dos enemigos que no pueden sostenerse el uno sin
el otro. Lo irracional pide ser racionalizado, y la razón sólo
puede operar sobre lo irracional. Tienen que apoyarse uno
en otro y asociarse. Pero asociarse en lucha, ya que la lucha
es un modo de asociación.

En el mundo de los vivientes, la lucha por la vida, *the struggle for life,* establece una asociación, y estrechísima, no ya entre los que se unen para combatir a otro, sino entre los que se combaten mutuamente. ¿Y hay, acaso, asociación más íntima que la que se traba entre el animal que se come a otro y éste que es por él comido, entre el devorador y el devorado? Y si esto se ve claro en la lucha de los individuos entre sí, más claro aún se ve en la de los pueblos. La guerra ha sido siempre el más completo factor de progreso, más aún que el comercio. Por la guerra es como aprenden a conocerse y, como consecuencia de ello a quererse, vencedores y vencidos.

Al cristianismo, a la locura de la cruz, a la fe irracional en que el Cristo había resucitado para resucitarnos, le salvó la cultura helénica racionalista, y a ésta el cristianismo. Sin éste, sin el cristianismo, habría sido imposible el Renacimiento; sin el Evangelio, sin San Pablo, los pueblos que habían atravesado la Edad Media no habrían comprendido ni a Platón ni a Aristóteles. Una tradición puramente racionalista es tan imposible como una tradición puramente religiosa. Suele discutirse si la Reforma nació como hija del Renacimiento o en protesta a éste, y cabe decir que las dos cosas, porque el hijo nace siempre en protesta contra el padre. Dícese también que fueron los clásicos griegos redivivos los que volvieron a hombres como Erasmo, a San Pablo y al cristianismo primitivo, el más irracional; pero cabe retrucar diciendo que fue San Pablo, que fue la irracionalidad cristiana que sustentaba su teología católica, lo que les volvió a los clásicos. «El cristianismo es lo que ha llegado a ser —se dice—, sólo por su alianza con la antigüedad, mientras entre los coptos y etíopes no es sino una bufonada. El Islam se desenvolvió bajo el influjo de cultura persa y griega, y bajo el de los turcos se ha convertido en destructora incultura» (1).

[1] Vide Troeltsch, en *Systematische Christliche Religion,* en *Die Kultur der Gegenwart.*

Salimos de la Edad Media y de su fe tan ardiente como en el fondo desesperada, y no sin íntimas y hondas incertidumbres, y entramos en la edad del racionalismo, no tampoco sin sus incertidumbres. La fe en la razón está expuesta a la misma insostenibilidad racional que toda otra fe. Y cabe decir con Roberto Browning, que «todo lo que hemos ganado con nuestra incredulidad es una vida de duda diversificada por la fe, en vez de una fe diversificada por la duda».

> *All we have gained, then, by our unbelief*
> *Is a life of doubt diversified by faith,*
> *l'or one of faith diversified by doubt.*

>   (Bishop Blougram's Apology.)

Y es que, como digo, si la fe, la vida, no se puede sostener sino sobre razón que la haga trasmisible —y ante todo trasmisible de mí a mí mismo, es decir, refleja y conciente—, la razón a su vez no puede sostenerse sino sobre fe, sobre vida, siquiera fe en la razón, fe en que ésta sirve para algo más que para conocer, sirve para vivir. Y, sin embargo, ni la fe es trasmisible o racional, ni la razón es vital.

La voluntad y la inteligencia se necesitan, y aquel viejo aforismo de *nihil volitum quin praecognitum,* no se quiere nada que no se haya conocido antes, no es tan paradójico como a primera vista parece retrucarlo diciendo *nihil cogititum quin praevolitum,* no se conoce nada que no se haya antes querido. «El conocimiento mismo del espíritu como tal —escribe Vinet en su estudio sobre el libro de Cousin acerca de los *Pensamientos,* de Pascal—, necesita del corazón. Sin el deseo de ver, no se ve; en una gran materialización de la vida y del pensamiento, no se cree en las cosas del espíritu.» Ya veremos que creer es, en primera istancia, querer creer.

La voluntad y la inteligencia buscan cosas opuestas: aquélla, absorber al mundo en nosotros, apropiárnoslo, y ésta, que seamos absorbidos en el mundo. ¿Opuestas? ¿No son más bien una misma cosa? No, no lo son, aunque lo parezca. La inteligencia es monista o panteísta, la voluntad es monoteísta o egoísta. La inteligencia no necesita algo fuera de ella en que ejercerse; se funde con las ideas mismas, mientras que la voluntad necesita materia. Conocer algo es hacerme aquello que conozco; pero para servirme de ello, para dominarlo, ha de permanecer distinto de mí.

Filosofía y religión son enemigas entre sí, y por ser enemigas se necesitan una a otra. Ni hay religión sin alguna base filosófica, ni filosofía sin raíces religiosas; cada una vive de su contraria. La historia de la filosofía es, en rigor, una historia de la religión. Y los ataques que a la religión se dirigen desde un punto de vista presunto científico o filosófico, no son sino ataques desde otro adverso punto de vista religioso. «La colisión que ocurre entre la ciencia natural y la religión cristiana no lo es, en realidad, sino entre el instinto de la religión natural, fundido en la observación natural científica, y el valor de la concepción cristiana del universo, que asegura al espíritu su preeminencia en el mundo natural todo», dice Ritschl (*Rechtfertigung und Versoehnung,* III, capítulo IV, párrafo 28). Ahora, que este instinto es el instinto mismo de racionalidad. Y el idealismo crítico de Kant es de origen religioso, y para salvar a la religión es para lo que franqueó Kant los límites de la razón después de haberla en cierto modo disuelto en escepticismo. El sistema de antítesis, contradicciones y antinomias sobre que construyó Hegel su idealismo absoluto, tiene su raíz y germen en Kant mismo, y esa raíz es una raíz irracional.

Ya veremos más adelante, al tratar de la fe, cómo ésta no es en su esencia, sino cosa de voluntad, no de razón, como creer es querer creer, y creer en Dios ante todo y sobre todo es querer que le haya. Y así, creer en la inmortalidad del alma es querer que el alma sea inmortal, pero quererlo con tanta fuerza que esta querencia, atropellando a la razón, pase sobre ella. Mas no sin represalia.

El instinto de conocer y el de vivir, o más bien de sobrevivir, entran en lucha. El doctor E. Mach, en su obra *El análisis de las sensaciones y la relación de lo físico a lo psíquico* (*Die Analyse der Empfindungen und das Verhältniss des Physischen zum Psychischen*), nos dice en una nota (I, L, párr. 12) que también el investigador, el sabio (*der Fors-*

cher), lucha en la batalla por la existencia; que también los caminos de la ciencia llevan a la boca, y que no es todavía sino un ideal en nuestras actuales condiciones sociales el puro instinto de conocer, *der reine Erkenntnisstrieb.* Y así será siempre. *Primus vivere, deinde philosophari:* o mejor acaso *primum supervivere,* o *superesse.*

Toda posición de acuerdo y armonía persistentes entre la razón y la vida, entre la filosofía y la religión, se hace imposible. Y la trágica historia del pensamiento humano no es sino la de una lucha entre la razón y la vida, aquélla empeñada en racionalizar a ésta haciéndola que se resigne a lo inevitable, a la mortalidad; y ésta, la vida, empeñada en vitalizar a la razón obligándola a que sirva de apoyo a sus anhelos vitales. Y ésta es la historia de la filosofía, inseparable de la historia de la religión.

El sentimiento del mundo, de la realidad objetiva, es necesariamente subjetivo, humano, antropomórfico. Y siempre se levantará frente al racionalismo el vitalismo, siempre la voluntad se erguirá frente a la razón. De donde el ritmo de la historia de la filosofía y la sucesión de períodos en que se impone la vida produciendo formas espiritualistas, y otros en que la razón se impone produciendo formas materialistas, aunque a una y a otro clase de formas de creer se las disfrace con otros nombres. Ni la razón ni la vida se dan por vencidas nunca. Mas sobre esto volveremos en el próximo capítulo.

La consecuencia vital del racionalismo sería el suicidio. Lo dice muy bien Kierkegaard: «El suicidio es la consecuencia de existencia (1) del pensamiento puro... No elogiamos el suicidio, pero sí la pasión. El pensador, por el contrario, es un curioso animal, que es muy inteligente a ciertos ratos del día, pero que, por lo demás, nada tiene de común con el hombre.» *(Afsluttende unidenskabeligt Efterskrift,* cap. III, párrafo 1).

Como el pensador no deja, a pesar de todo, de ser hombre, pone la razón al servicio de la vida, sépalo o no. La vida engaña a la razón, y ésta a aquélla. La filosofía esco-

---

¹ Dejo así, casi sin traducir, su expresión original *Existents-Conse quents. Quiere decir la consecuencia existencial o práctica, no de razón pura o lógica.*

lástico-aristotélica, al servicio de la vida, fraguó un sistema teleológico-evolucionista de metafísica, al parecer racional, que sirviese de apoyo a nuestro anhelo vital. Esa filosofía, base del sobrenaturalismo ortodoxo cristiano, sea católico o sea protestante, no era, en el fondo, sino una astucia de la vida para obligar a la razón a que la apoyase. Pero tanto la apoyó que acabó por pulverizarla.

He leído que el ex carmelita Jacinto Loyson decía poder presentarse a Dios tranquilo, pues estaba en paz con su conciencia y con su razón. ¿Con qué conciencia? ¿Con la religiosa? Entonces no lo comprendo. Y es que no cabe servir a dos señores, y menos cuando estos dos señores, aunque firmen treguas y armisticios y componendas, son enemigos por ser opuestos sus intereses.

No faltará a todo esto quien diga que la vida debe someterse a la razón, a lo que contestaremos que nadie debe lo que no puede, y la vida no puede someterse a la razón. «Debe, luego puede», replicará algún kantiano. Y le contrarreplicaremos:; «No puede, luego no debe». Y no lo puede porque el fin de la vida es vivir y no lo es comprender.

Ni ha faltado quien haya hablado del deber religioso de resignarse a la mortalidad. Es ya el colmo de la aberración y de la insinceridad. Y a esto de la sinceridad vendrá alguien oponiéndonos la veracidad. Sea; mas ambas cosas pueden muy bien conciliarse. La veracidad, el respeto a lo que creo ser lo racional, lo que lógicamente llamamos verdad, me mueve a afirmar una cosa en este caso: que la inmortalidad del alma individual es un contrasentido lógico; es algo, no sólo irracional, sino contra-racional; pero la sinceridad me lleva a afirmar también que no me resigno a esa otra afirmación y que protesto contra su validez. Lo que siento es una verdad, tan verdad por lo menos como lo que veo, toco, oigo y se me demuestra —yo creo que más verdad aún—, y la sinceridad me obliga a no ocultar mis sentimientos.

Y la vida, que se defiende, busca el flaco de la razón y lo encuentra en el escepticismo, y se agarra de él y trata de salvarse asida a tal agarradero. Necesita de la debilidad de su adversaria.

Nada es seguro; todo está al aire. Y exclama, henchido de pasión, Lamennais *(Essai sur l'indifférence en matière de religion,* III parte, cap. 67): «¡Y qué! ¿Iremos a hundirnos, perdida toda esperanza y a ojos ciegas, en las mudas honduras de un escepticismo universal? ¿Dudaremos si pensamos, si sentimos, si somos? No nos lo deja la Naturaleza; obligados a creer hasta cuando nuestra razón no está convencida. La certeza absoluta y la duda absoluta nos están igualmente vedadas. Flotamos en un medio vago entre estos dos extremos, como entre el ser y la nada, porque el escepticismo completo sería la extinción de la inteligencia y la muerte total del hombre. Pero no le es dado anonadarse; hay en él algo que resiste invenciblemente a la destrucción, yo no sé qué fe vital, indomable hasta para su voluntad misma. Quiéralo o no, tiene que conservarse. Su razón, si no escuchase más que a ella, enseñándole a dudar de todo y de sí misma, le reduciría a un estado de in acción absoluta; perecería aun antes de haberse podido probar a sí mismo que existe.»

No es, en rigor, que la razón nos lleve al escepticismo absoluto, ¡no! La razón no me lleva ni puede llevarme a dudar de que exista; adonde la razón me lleva es al escepticismo vital; mejor aún, a la negación vital; no ya a dudar, sino a negar que mi conciencia sobreviva a mi muerte. El escepticismo vital viene del choque entre la razón y el deseo. Y de este choque, de este abrazo entre la desesperación y el escepticismo, nace la santa, la dulce, la salvadora incertidumbre, nuestro supremo consuelo.

La certeza absoluta, completa, de que la muerte es un completo y definitivo e irrevocable anonadamiento de la conciencia personal, una certeza de ello como estamos ciertos de que los tres ángulos de un triángulo valen dos rectos, o la certeza absoluta, completa, de que nuestra conciencia personal se prolonga más allá de la muerte en estas o las otras condiciones, haciendo sobre todo entrar en ello la extraña y adventicia añadidura del premio o del castigo eternos, ambas certezas nos harían igualmente imposible la vida. En un escondrijo, el más recóndito del espíritu, sin saberlo acaso el mismo que cree estar convencido de que con

la muerte acaba siempre su conciencia personal, su memoria, en aquel escondrijo le queda una sombra, una vaga
sombra, una sombra de sombra de incertidumbre, y mientras él se dice: «¡Ea!, ¡a vivir esta vida pasajera, que no hay
otra!», el silencio de aquel escondrijo le dice: «¡Quién
sabe!...» Cree acaso no oírlo, pero lo oye. Y en un repliegue
también del alma del creyente que guarde más fe en la vida
futura hay una voz tapada, voz de incertidumbre, que le
cuchichea al oído espiritual: «¡Quién sabe!...» Son estas voces acaso como el zumbar de un mosquito cuando el ven-
daval brama entre los árboles del bosque; no nos damos
cuenta de ese zumbido y, sin embargo, junto con el fragor
de la tormenta, nos llega al oído. ¿Cómo podríamos vivir,
si no, sin esa incertidumbre?

El «¿y si hay?» y el «¿y si no hay?» son las bases de nuestra vida íntima. Acaso haya racionalista que nunca haya vacilado en su convicción de la mortalidad del alma, y vitalista que no haya vacilado en su fe en la inmortalidad; pero
eso sólo querrá decir a lo sumo que, así como hay mons-
truos, hay también estúpidos afectivos o de sentimiento,
por mucha inteligencia que tengan, y estúpidos intelectuales, por mucha que su virtud sea. Mas en lo normal no puedo creer a los que me aseguren que nunca, ni en un par-
padeo el más fugaz, ni en las horas de mayor soledad y tribulación, se les ha aflorado a la conciencia ese rumor de la
incertidumbre. No comprendo a los hombres que me dicen que nunca les atormentó la perspectiva del allende la
muerte, ni el anonadamiento propio les inquieta; y por mi
parte no quiero poner paz entre mi corazón y mi cabeza,
entre mi fe y mi razón; quiero más bien que se peleen entre sí.

En el capítulo IX del Evangelio, según Marcos, se nos
cuenta cómo llevó uno a Jesús a ver a su hijo preso de un
espíritu mudo, que dondequiera le cojiese le despedazaba,
haciéndole echar espumarajos, crujir de dientes e irse secan-
do, por lo cual quería presentárselo para que le curara. Y
el Maestro, impaciente de aquellos hombres que no querían sino milagros y señales, exclamó; «¡Oh, generación in-

fiel! ¿Hasta cuándo estaré con vosotros? ¿Hasta cuándo os
tengo de sufrir? ¡Traédmele!» (versículo 19), y se lo trajeron; le vió el Maestro revolcándose por tierra, preguntó a
su padre cuánto tiempo hacía de aquello, contestóle éste
que desde que era su hijo niño, y Jesús le dijo: «Si puedes
creer, al que cree todo es posible» (v. 23). Y entonces el padre del epiléptico o endemoniado contestó con estas preñadas y eternas palabras: «¡Creo, Señor; ayuda mi incredulidad!» Πιστεύω, κυριε, ςοηδει, τή απιστια (v. 23).

¡Creo, Señor; socorre a mi incredulidad! Esto podrá parecer una contradicción, pues si cree, si confía, ¿cómo es
que pide al Señor que venga en socorro de su falta de confianza? Y, sin embargo, esa contradicción es lo que da todo
su más hondo valor humano a ese grito de las entrañas del
padre del endemoniado. Su fe es una fe a base de incertidumbre. Porque cree, es decir, porque quiere creer, porque
necesita que su hijo se cure, pide al Señor que venga en ayuda de su incredulidad, de su duda de que tal curación pueda hacerse. Tal es la fe humana; tal fue la heroica fe que
Sancho Panza tuvo en su amo el caballero Don Quijote de
la Mancha, según creo haberlo mostrado en mi *Vida de
Don Quijote y Sancho;* una fe a base de incertidumbre, de
duda. Y es que Sancho Panza era hombre, hombre entero
y verdadero, y no era estúpido, pues sólo siéndolo hubiese
creído, sin sombra de duda, en las locuras de su amo. Que
a su vez tampoco creía en ellas de ese modo, pues tampoco, aunque loco, era estúpido. Era en el fondo, un desesperado, como en esa mi susomentada obra creo haber mostrado. Y por ser un heroico desesperado, el héroe de la desesperación íntima y resignada, por eso es el eterno decha-
do de todo hombre cuya alma es un campo de batalla entre la razón y el deseo inmortal. Nuestro Señor Don Quijote es el ejemplar vitalista cuya fe se basa en incertidumbre, y Sancho lo es del racionalista que duda de su razón.

Atormentado Augusto Hermann Francke por torturado-
ras dudas, decidió invocar a Dios, a un Dios en que no
creía ya, o en quien más bien creía no creer, para que tuviese piedad de él, del pobre pietista Francke, si es que existía (1). Y un estado análogo de ánimo es el que me inspiró

---

[1] A. Albrecht Ritschl, *Geschichte des Pietismis,* II, Abt. 1, Bonn,
1884, página 251.

aquel soneto titulado «La oración del ateo», que en mi *Rosario de Sonetos líricos* figuran y termina así:

> Sufro yo a tu costa,
> Dios no existente, pues si tú existieras
> existiría yo también de veras.

Sí, si existiera el Dios garantizador de nuestra inmortalidad personal, entonces existiríamos nosotros de veras. ¡Y si no, no!

Aquel terrible secreto, aquella voluntad oculta de Dios que se traduce en la predestinación, aquella idea que dictó a Lutero su *servum arbitrium* y da su trágico sentido al calvinismo, aquella duda en la propia salvación, no es en el fondo sino la incertidumbre que aliada a la desesperación, forma la base de la fe. «La fe —dicen algunos— es no pensar en ello; entregarse confiadamente a los brazos de Dios, los secretos de cuya providencia son inescudriñables.» Sí; pero también la infidelidad es no pensar en ello. Esa fe absurda, esa fe sin sombra de incertidumbre, esa fe de estúpidos carboneros, se une a la incredulidad absurda, a la incredulidad sin sombra de incertidumbre, a la incredulidad de los intelectuales atacados de estupidez afectiva, para no pensar en ello.

¿Y qué sino la incertidumbre, la duda, la voz de la razón, era el abismo, el *gouffre* terrible ante que temblaba Pascal? Y ello fué lo que le llevó a formular su terrible sentencia: *il faut s'abêtir,* ¡hay que entontecerse!

Todo el jansenismo, adaptación católica del calvinismo, lleva este mismo sello. Aquel Port Royal que se debía a un vasco, al abate de Saint-Cyran, vasco como Iñigo de Loyola, y como el que estas líneas traza, lleva siempre en su fondo un sedimento de desesperación religiosa, de suicidio de la razón. También Iñigo la mató en la obediencia.

Por desesperación se afirma, por desesperación se niega, y por ella se abstiene uno de afirmar y de negar. Observad a los más de nuestros ateos, y veréis que lo son por rabia, por rabia de no poder creer que haya Dios. Son enemigos personales de Dios. Han sustantivado y personalizado la Nada, y su no-Dios es un Anti-Dios.

Y nada hemos de decir de aquella frase abyecta e innoble de «si no hubiera Dios habría que inventarlo». Esta es la expresión del inmundo escepticismo de los conservadores, de los que estiman que la religión es un resorte de gobierno, y cuyo interés es que haya en la otra vida infierno para los que aquí se oponen a sus intereses mundanos. Esa repugnante frase de saduceo es digna del incrédulo adulador de poderosos a quien se atribuye.

No, no es ése el hondo sentido vital. No se trata de una policía trascendente, no de asegurar el orden —¡vaya un orden!— en la tierra con amenazas de castigos y halagos de premios eternos después de la muerte. Todo esto es muy bajo, es decir, no más que política, o si se quiere, ética. Se trata de vivir.

Y la más fuerte base de la incertidumbre, lo que más hace vacilar nuestro deseo vital, lo que más eficacia da a la obra disolvente de la razón, es el ponerse a considerar lo que podría ser una vida del alma después de la muerte. Porque, aun venciendo, por un poderoso esfuerzo de fe, a la razón que nos dice y enseña que el alma no es una función del cuerpo organizado, queda luego el imaginarnos que pueda ser una vida inmortal y eterna del alma. En esta imaginación las contradicciones y los absurdos se multiplican y se llega, acaso, a la conclusión de Kierkegaard, y es que si es terrible la mortalidad del alma, no menos terrible es su inmortalidad.

Pero vencida la primera dificultad, la única verdadera, vencido el obstáculo de la razón, ganada la fe, por dolorosa y envuelta en incertidumbre que ésta sea, de que ha de persistir nuestra conciencia personal después de la muerte, ¿qué dificultad, qué obstáculo hay en que nos imaginemos esa persistencia a medida de nuestro deseo? Sí podemos imaginárnosla como un eterno rejuvenecimiento, como un eterno acrecentarnos e ir hacia Dios, hacia la Conciencia Universal, sin alcanzarle nunca, podemos imaginárnosla... ¿Quién pone trabas a la imaginación, una vez que ha roto la cadena de lo racional?

Ya sé que me pongo pesado, molesto, tal vez tedioso,

pero todo es menester. Y he de repetir una vez más que
no se trata ni de policía trascendente, ni de hacer de Dios
un gran Juez o Guardia civil, es decir, no se trata de cielo
y de infierno para apuntalar nuestra pobre moral mundana, ni se trata de nada egoísta y personal. No soy yo, es el
linaje humano todo el que entra en juego, es la finalidad
última de nuestra cultura toda. Yo soy uno; pero todos son
yos.

¿Recordáis el fin de aquel «Cántico del gallo salvaje», que
en prosa escribiera el desesperado Leopardi, el víctima de
la razón, que no logró llegar a creer? «Tiempo llegará
—dice— en que este Universo y la Naturaleza misma se
habrán extinguido. Y al modo que de grandísimos reinos
e imperios humanos, no queda hoy ni señal ni fama alguna, así igualmente del mundo entero y de las infinitas vi-
cisitudes y calamidades de las cosas creadas no quedará ni
un solo vestigio, sino un silencio desnudo y una quietud
profundísima llenarán el espacio inmenso. Así este arcano
admirable y espantoso de la existencia universal, antes de
haberse declarado o dado a entender se extinguirá y perde-
ráse.» A lo cual llaman ahora, con un término científico y
muy racionalista, la *entropía*. Muy bonito, ¿no? Spencer inventó aquello del homogéneo primitivo, del cual no se sabe
cómo pudo brotar heterogeneidad alguna. Pues bien; esto
de la entropía es una especie de homogéneo último, de estado de perfecto equilibrio. Para un alma ansiosa de vida,
lo más parecido a la nada que puede darse.

*   *   *

He traído hasta aquí al lector que ha tenido la paciencia
de leerme a través de una serie de dolorosas reflexiones, y
procurando siempre dar a la razón su parte y dar también
su parte al sentimiento. No he querido callar lo que callan
otros; he querido poner al desnudo, no ya mi alma, sino el
alma humana, sea ella lo que fuere y esté o no destinada a
desaparecer. Y hemos llegado al fondo del abismo, al irreconciliable conflicto entre la razón y el sentimiento vital. Y
llegando aquí, os he dicho que hay que aceptar el conflicto

como tal y vivir de él. Ahora me queda el exponeros cómo
a mi sentir y hasta a mi pensar, esa desesperación puede
ser base de una vida vigorosa, de una acción eficaz, de una
ética, de una estética, de una religión y hasta de una lógica. Pero en lo que va a seguir habrá tanto de fantasía como
de raciocinio; es decir, mucho más.

No quiero engañar a nadie ni dar por filosofía lo que acaso no sea sino poesía o fantasmagoría, mitología en todo
caso. El divino Platón, después que en su diálogo *Fedón* dis-
cutió la inmortalidad del alma —una inmortalidad ideal,
es decir, mentirosa—, lanzóse a exponer los mitos sobre la
otra vida, diciendo que se debe también mitologizar. Vamos, pues, a mitologizar.

El que busque razones, lo que estrictamente llamamos tales, argumentos científicos, consideraciones técnicamente lógicas, puede renunciar a seguirme. En lo que de estas reflexiones sobre el sentimiento trágico resta, voy a pescar la
atención del lector a anzuelo desnudo, sin cebo; el que quiera picar que pique, mas yo a nadie engaño. Sólo al final
pienso recojerlo todo y sostener que esta desesperación religiosa que os decía, y que no es sino el sentimiento mismo
trágico de la vida es, más o menos velada, el fondo mismo
de la conciencia de los individuos y de los pueblos cultos
de hoy en día; es decir, de aquellos individuos y de aquellos pueblos que no padecen ni de estupidez intelectual ni
de estupidez sentimental.

Y es ese sentimiento la fuente de las hazañas heroicas.

Si en lo que va a seguir os encontráis con apotegmas ar-
bitrarios, con transiciones bruscas, con soluciones de continuidad, con verdaderos saltos mortales del pensamiento, no
os llaméis a engaño. Vamos a entrar, si es que queréis acom-
pañarme, en un campo de contradicciones entre el sentimiento y el raciocinio, y teniendo que servirnos del uno y
del otro.

Lo que va a seguir no me ha salido de la razón, sino de
la vida, aunque para trasmitíroslo tengo en cierto modo que
racionalizarlo. Lo más de ello no puede reducirse a teoría o
sistema lógico; pero como Walt Whitman, el enorme poeta yanqui, os encargo que no se funde escuela o teoría sobre mí.

I charge that there be no theory or school foundet out of me.

(Myself and Mine.)

Ni son las fantasías que han de seguir mías, ¡no! Son también de otros hombres, no precisamente de otros pensadores, que me han precedido en este valle de lágrimas y han sacado fuera su vida y la han expresado. Su vida, digo y no su pensamiento sino en cuanto era pensamiento de vida; pensamiento a base irracional.

¿Quiere esto decir que cuanto vamos a ver, los esfuerzos de lo irracional por expresarse, carece de toda racionalidad, de todo valor objetivo? No; lo absoluta, lo irrevocablemente irracional, es inexpresable, es intransmisible. Pero lo contra-racional, nò. Acaso no haya modo de racionalizar lo irracional; pero le hay de racionalizar lo contra-racional, y es tratando de exponerlo. Como sólo es inteligible, de veras inteligible, lo racional, como lo absurdo está condenado, careciendo como carece de sentido, a ser intransmisible, veréis que cuando algo que parece irracional o absurdo logra uno expresarlo y que se lo entiendan, se resuelve con algo racional siempre, aunque sea en la negación de lo que se afirma.

Los más locos ensueños de la fantasía tienen algún fondo de razón, y quién sabe si todo cuanto puede imaginar un hombre no ha sucedido, sucede o sucederá alguna vez en uno en otro mundo. Las combinaciones posibles son acaso infinitas. Sólo falta saber si todo lo imaginable es posible.

Se podrá también decir, y con justicia, que mucho de lo que voy a exponer es repetición de ideas cien veces expuestas antes y otras cien refutadas; pero cuando una idea vuelve a repetirse es que, en rigor, no fué de veras refutada. No pretendo la novedad de las más de estas fantasías, como no pretendo tampoco, ¡claro está!, el que no hayan resonado antes que la mía voces dando al viento las mismas quejas. Pero el que pueda volver la misma eterna queja, saliendo de otra boca, sólo quiere decir que el dolor persiste.

Y conviene repetir una vez más las mismas eternas lamentaciones, las que eran ya viejas en tiempos de Job y del

Eclesiastés, y aunque sea repetirlas con las mismas palabras, para que vean los progresistas que eso es algo que nunca muere. El que, haciéndose propio el vanidad de vanidades del Eclesiastés, o las quejas de Job, las repite, aun al pie de la letra, cumple una obra de advertencia. Hay que estar repitiendo de continuo el *memento mori*.

«¿Para qué?» —diréis—. Aunque sólo sea para que se irriten algunos y vean que eso no ha muerto, que eso, mientras haya hombres, no puede morir; para que se convenzan de que subsisten hoy, en el siglo XX, todos los siglos pasados y todos ellos vivos. Cuando hasta un supuesto error vuelve, es, creédmelo, que no ha dejado de ser verdad en parte, como cuando uno reaparece es que no murió del todo.

Sí, ya sé que otros han sentido antes que yo lo que yo siento y expreso; que otros muchos lo sienten hoy, aunque se lo callan. ¿Por qué no lo callo también? Pues porque lo callan los más de los que lo sienten; pero, aun callándolo, obedecen en silencio a esa voz de las entrañas. Y no lo callo porque es para muchos lo que no debe decirse, lo infando —*infandum*—, y creo que es menester decir una y otra vez lo que no debe decirse. ¿Que a nada conduce? Aunque sólo condujese a irritar a los progresistas, a los que creen que la verdad es consuelo, conduciría a no poco. A irritarles y a que digan: «¡Lástima de hombre!; ¡si emplease mejor su inteligencia!...» A lo que alguien acaso añada que no sé lo que me digo, y yo lo responderé que acaso tenga razón —¡y tener razón es tan poco!—; pero que siento lo que digo y sé lo que siento, y me basta. Y que es mejor que le falte a uno razón que no el que le sobre.

Y el que me siga leyendo verá también cómo de este abismo de desesperación puede surgir esperanza, y cómo puede ser fuente de acción y de labor humana, hondamente humana, y de solidaridad y hasta de progreso, esta posición crítica. El lector que siga leyéndome verá su justificación pragmática. Y verá cómo para obrar, y obrar eficaz y moralmente, no hace falta ninguna de las dos opuestas certezas, ni la de la fe ni la de la razón, ni menos aún —esto en ningún caso— esquivar el problema de la inmortalidad

del alma o deformarlo idealísticamente, es decir, hipócritamente. El lector verá cómo esa incertidumbre, y el dolor de
ella y la lucha infructuosa por salir de la misma, puede ser
y es base de acción y cimiento de moral.

Y con esto de ser base de acción y cimiento de moral el
sentimiento de la incertidumbre y la lucha íntima entre la
razón y la fe y el apasionado anhelo de vida eterna, quedaría, según un pragmatista, justificado tal sentimiento.
Mas debe constar que no le busco esta consecuencia práctica para justificarlo, sino porque la encuentro por experiencia íntima. Ni quiero ni debo buscar justificación alguna a
ese estado de lucha interior y de incertidumbre y de anhelo; es un hecho, y basta. Y si alguien encontrándose en él,
en el fondo del abismo, no encuentra allí mismo móviles e
incentivos de acción y de vida, y por ende se suicida corporal ò espiritualmente, o bien matándose, o bien renunciando a toda labor de solidaridad humana, no seré yo
quien se lo censure. Y aparte de que las malas consecuencias de una doctrina, es decir, lo que llamamos malas, sólo
prueban, repito, que la doctrina es para nuestros deseos
mala, pero no que sea falsa, las consecuencias dependen,
más aún que de la doctrina, de quien las saca. Un mismo
principio sirve a uno para obrar y a otro para abstenerse de
obrar; a éste para obrar en tal sentido, y a aquél para obrar
en sentido contrario. Y es que nuestras doctrinas no suelen
ser sino la justificación a *posteriori* de nuestra conducta, o
el modo como tratamos de explicárnosla para nosotros
mismos.

El hombre, en efecto, no se aviene a ignorar los móviles
de su conducta propia, y así como uno a quien habiéndose
hipnotizado y sugerido tal o cual acto, inventa luego razones que lo justifiquen y hagan lógico a sus propios ojos y
a los de los demás, ignorando, en realidad, la verdadera causa de su acto, así todo otro hombre, que es un hipnotizado
también, pues que la vida es sueño, busca razones de su
conducta. Y si las piezas del ajedrez tuviesen conciencia, es
fácil que se atribuyeran albedrío en sus movimientos, es decir, la racionalidad finalista de ellos. Y así resulta que toda
teoría filosófica sirve para explicar y justificar una ética, una

doctrina de conducta, que surge en realidad del íntimo sentimiento moral del autor de ella. Pero de la verdadera razón o causa de este sentimiento, acaso no tiene clara conciencia el mismo que lo abriga.

Consiguientemente a esto creo poder suponer que si mi razón, que es en cierto modo parte de la razón de mis hermanos en humanidad, en tiempo y en espacio, me enseña ese absoluto escepticismo por lo que al anhelo de vida inacabable se refiere, mi sentimiento de la vida, que es la esencia de la vida misma, mi vitalidad, mi apetito desenfrenado de vivir y mi repugnancia a morirme, esta mi irresignación a la muerte es lo que me sugiere las doctrinas con que trato de contrarrestar la obra de la razón. «¿Estas doctrinas tienen un valor objetivo?», me preguntará alguien. Y yo responderé que no entiendo qué es eso del valor objetivo de una doctrina. Yo no diré que sean las doctrinas más o menos poéticas o infilosóficas que voy a exponer las que me hacen vivir; pero me atrevo a decir que es mi anhelo de vivir y de vivir por siempre el que me inspira esas doctrinas. Y si con ellas logro corroborar y sostener en otro ese mismo anhelo, acaso desfalleciente, habré hecho obra humana y, sobre todo, habré vivido. En una palabra: que con razón, sin razón o contra ella, no me da la gana de morirme. Y cuando al fin me muera, si es del todo, no me habré muerto yo, esto es, no me habré dejado morir, sino que me habrá matado el destino humano. Como no llegue a perder la cabeza, o mejor aún que la cabeza, el corazón, yo no dimito de la vida; se me destituirá de ella.

Y nada tampoco se adelanta con sacar a relucir las ambiguas palabras de pesimismo y optimismo, que con frecuencia nos dicen lo contrario que quien las emplea quiso decirnos. Poner a una doctrina el mote de pesimista no es condenar su validez, ni los llamados optimistas son más eficaces en la acción. Creo, por el contrario, que muchos de los más grandes héroes, acaso los mayores, han sido desesperados, y que por desesperación acabaron sus hazañas. Y que aparte esto y aceptando, ambiguas y todo como son, esas denominaciones de optimismo y pesimismo, cabe un cierto pesimismo trascendente engendrador de un optimis-

mo temporal y terrenal, es cosa que me propongo desarrollar en lo sucesivo de este tratado.

Muy otra es, bien sé, la posición de nuestros progresistas, los de la *corriente central del pensamiento europeo con-
temporáneo;* pero no puedo hacerme a la idea de que estos
sujetos no cierran voluntariamente los ojos al gran problema y viven, en el fondo, de una mentira, tratando de aho-
gar el sentimiento trágico de la vida.

Y hechas estas consideraciones, que son a modo de re-
sumen práctico de la crítica desarrollada en los seis primeros capítulos de este tratado, una manera de dejar asentada
la posición práctica a que la tal crítica puede llevar al que
no quiere renunciar a la vida y no quiere tampoco renunciar a la razón, y tiene que vivir y obrar entre esas dos muelas contrarias que nos trituran el alma, ya sabe el lector que
en adelante me siga, que voy a llevarle a un campo de fantasías no desprovistas de razón, pues sin ella nada subsiste,
pero fundadas en sentimiento. Y en cuanto a la verdad, la
verdad verdadera, lo que es independiente de nosotros, fuera de nuestra lógica y nuestra cardíaca, de eso ¿quién sabe?

7. Amor, dolor, compasión y personalidad

... ...

CAÍN.   *Let me, or happy or unhappy, learn.*
        To anticipate my inmortality.
LUCIFER. *Thou didst before I came upon thee.*
CAÍN.   *How?*
LUCIFER. *By suffering.*

(LORD BYRON: *Caín,* act. II, scene 1.)

Es el amor, lectores y hermanos míos, lo más trágico que en el mundo y en la vida hay; es el amor hijo del engaño y padre del desengaño; es el amor consuelo en el desconsuelo, es la única medicina contra la muerte, siendo como es de ella hermana.

Fratelli, a un tempo stesso, Amore e Morte
Ingeneró la sorte,

como cantó Leopardi.

El amor busca con furia, a través del amado, algo que está allende éste, y como no lo halla, se desespera.

Siempre que hablamos de amor tenemos presente a la memoria el amor sexual, el amor entre hombre y mujer para perpetuar el linaje humano sobre la tierra. Y esto es lo que hace que no se consiga reducir el amor, ni a lo puramente intelectivo, ni a lo puramente volitivo, dejando lo sentimental o, si se quiere, sensitivo de él. Porque el amor no es en el fondo ni idea ni volición; es más bien deseo, sentimiento; es algo carnal hasta en el espíritu. Gracias al amor sentimos todo lo que de carne tiene el espíritu.

El amor sexual es el tipo generador de todo otro amor, y por él buscamos perpetuarnos y sólo nos perpetuamos sobre la tierra a condición de morir, de entregar a otros nuestra vida. Los más humildes animalitos, los vivientes ínfimos, se multiplican dividiéndose, partiéndose, dejando de ser el uno que antes eran.

Pero agotada al fin la vitalidad del ser que así se multiplica dividiéndose de la especie, tiene de vez en cuando que renovar el manantial de la vida mediante uniones de dos individuos decadentes, mediante lo que se llama conjugación en los protozoarios. Unense para volver con más brío a dividirse. Y todo acto de engendramiento es un dejar de ser, total o parcialmente, lo que se era, un partirse, una muerte parcial. Vivir es darse, perpetuarse, y perpetuarse y darse es morir. Acaso el supremo deleite del engendrar no es sino un anticipado gustar la muerte, el desgarramiento de la propia esencia vital. Nos unimos a otro, pero es para partirnos; ese más íntimo abrazo no es sino un más íntimo desgarramiento. En su fondo el deleite amoroso sexual, el espasmo genésico, es una sensación de resurrección, de resucitar en otro, porque sólo en otros podemos resucitar para perpetuarnos.

Hay, sin duda, algo de trágicamente destructivo en el fondo del amor, tal como en su forma primitiva animal se nos presenta, en el invencible instinto que empuja a un macho y una hembra a confundir sus entrañas en un apretón de furia. Lo mismo que les confunde los cuerpos, les separa, en cierto respecto, las almas; al abrazarse se odian tanto como se aman, y sobre todo luchan, luchan por un tercero, aún sin vida. El amor es una lucha, y especies animales hay en que al unirse el macho a la hembra la maltrata, y otras en que la hembra devora al macho luego que éste la hubo fecundado.

Hase dicho del amor que es un egoísmo mutuo. Y de hecho cada uno de los amantes busca poseer al otro, y buscando mediante él, sin entonces pensarlo ni proponérselo, su propia perpetuación, busca consiguientemente su goce. Cada uno de los amantes es un instrumento de goce inmediatamente y de perpetuación mediatamente para el otro. Y así son tiranos y esclavos, cada uno de ellos tirano y esclavo a la vez del otro.

¿Tiene algo de extraño acaso que el más hondo sentido religioso haya condenado el amor carnal, exaltando la virginidad? La avaricia es la fuente de los pecados todos, decía el Apóstol, y es porque la avaricia toma riqueza, que no es sino un medio, como fin, y la entraña del pecado es ésa, tomar los medios como fines, desconocer o despreciar el fin. Y el amor carnal que toma por fin el goce, que no es sino medio, y no la perpetuación, que es el fin, ¿qué es sino avaricia? Y es posible que haya quien para mejor perpetuarse guarde su virginidad. Y para perpetuar algo más humano que la carne.

Porque lo que perpetúan los amantes sobre la tierra es la carne del dolor, es el dolor, es la muerte. El amor es hermano, hijo y a la vez padre de la muerte, que es su hermana, su madre y su hija. Y así es que hay en la hondura del amor una hondura de eterno desesperarse, de la cual brotan la esperanza y el consuelo. Porque de este amor carnal y primitivo de que vengo hablando, de este amor de todo el cuerpo con sus sentidos, que es origen animal de la sociedad humana, de este enamoramiento surge el amor espiritual y doloroso.

Esta otra forma del amor, este amor espiritual, nace del dolor, nace de la muerte del amor carnal; nace también del compasivo sentimiento de protección que los padres experimentan ante los hijos desvalidos. Los amantes no llegan a amarse con dejación de sí mismos, con verdadera fusión de sus almas, y no ya de sus cuerpos, sino luego que el mazo poderoso del dolor ha triturado sus corazones remejiéndolos en un mismo almirez de pena. El amor sensual confundía sus cuerpos, pero separaba sus almas; manteníalas extraña una a otra; mas de ese amor tuvieron un fruto de carne, un hijo. Y este hijo engendrado en muerte, enfermó acaso y se murió. Y sucedió que sobre el fruto de fusión carnal y separación o mutuo extrañamiento espiritual, separados y fríos de dolor sus cuerpos, pero confundidas en el dolor sus almas, se dieron los amantes, los padres, un abrazo de desesperación, y nació entonces, de la muerte del hijo de la carne, el verdadero amor espiritual. O bien, roto el lazo de carne que les unía, respiraron con suspiro de liberación. Porque los hombres sólo se aman con amor espiritual cuando han sufrido juntos un mismo dolor, cuando araron durante algún tiempo la tierra pedregosa uncidos al mismo yugo de un dolor común. Entonces se conocieron y se sintieron, y se con-sintieron en su común miseria, se compadecieron y se amaron. Porque amar es compadecer, y si a los cuerpos les une el goce, úneles a las almas la pena.

Todo lo cual se siente más clara y más fuertementes aún cuando brota, arraiga y crece uno de esos amores trágicos que tienen que luchar contra las diamantinas leyes del Destino, uno de esos amores que nacen a destiempo o desazón, antes o después del momento o fuera de la norma en que el mundo, que es costumbre, los hubiera recibido. Cuantas más murallas pongan el Destino y el mundo y su ley entre los amantes, con tanta más fuerza se sienten empujados el uno al otro y la dicha de quererse se les amarga y se les acrecienta el dolor de no poder quererse a las claras y libremente, y se compadecen desde las raíces del corazón el uno del otro, y esta común compasión, que es su común miseria y su felicidad común, da fuego y pábulo a la vez a su amor. Y sufren su gozo gozando su sufrimiento. Y ponen su amor fuera del mundo, y la fuerza de ese pobre amor sufriente bajo el yugo del Destino les hace intuir otro mundo en que no hay más ley que la libertad del amor, otro mundo en que no hay barreras porque no hay carne. Porque nada os penetra más de la esperanza y la fe en otro mundo que la imposibilidad de que un amor nuestro fructifique de veras en este mundo de carne y de apariencias.

Y el amor maternal, ¿qué es sino compasión al débil, al desvalido, al pobre niño inerme que necesita de la leche y del regazo de la madre? Y en la mujer todo amor es maternal.

Amar en espíritu es compadecer, y quien más compadece más ama. Los hombres encendidos en ardiente caridad
hacia sus prójimos, es porque llegaron al fondo de su propia miseria, de su propia aparencialidad, de su nadería, y
volviendo luego sus ojos, así abiertos, hacia sus semejantes,
los vieron también miserables, aparenciales, anonadables, y
los compadecieron y los amaron.

El hombre ansía ser amado, o, lo que es igual, ansía ser
compadecido. El hombre quiere que se sientan y se com-
partan sus penas y sus dolores. Hay algo más que una ar-
timaña para obtener limosna en eso de los mendigos que
a la vera del camino muestran al viandante su llaga o su
gangrenoso muñón. La limosna más bien que socorro para
sobrellevar los trabajos de la vida, es compasión. No agra-
dece el pordiosero la limosna al que se la da volviéndole la
cara por no verle y para quitárselo de al lado, sino que agra-
dece mejor el que se le compadezca no socorriéndole a no
que socorriéndole no se le compadezca, aunque por otra
parte prefiera esto. Ved, si no, con qué complacencia cuenta sus cuitas al que se conmueve oyéndolas. Quiere ser compadecido, amado.

El amor de la mujer, sobre todo, decía que es siempre en
su fondo compasivo, es maternal. La mujer se rinde al
amante porque le siente sufrir con el deseo. Isabel compa-
deció a Lorenzo, Julieta a Romeo, Francisca a Pablo. La mujer parece decir: «¡Ven, pobrecito, y no sufras tanto por mi
causa!» Y por eso es su amor más amoroso y más puro que
el del hombre, y más valiente y más largo.

La compasión es, pues, la esencia del amor espiritual humano, del amor que tiene conciencia de serlo, del amor que
no es puramente animal, del amor, en fin, de una persona
racional. El amor compadece, y compadece más cuanto más
ama.

Invirtiendo el *nihil volitum quin praecognitum,* os dije que
nihil cognitum quin praevolitum, que no se conoce nada que
de un modo o de otro no se haya antes querido, y hasta
cabe añadir que no se puede conocer bien nada que no se
ame, que no se compadezca.

Creciendo el amor, esta ansia ardorosa de más allá y más

adentro, va extendiéndose a todo cuanto ve, lo va compadeciendo todo. Según te adentras en ti mismo ahondas, vas descubriendo tu propia inanidad, que no eres todo lo que eres, que no eres lo que quisieras ser, que no eres, en fin, más que nonada. Y al tocar tu propia nadería, al no sentir tu fondo permanente, al no llegar ni a tu propia infinitud, ni menos a tu propia eternidad, te compadeces de todo corazón de ti propio, y te enciendes en doloroso amor a ti mismo, matando lo que se llama amor propio, y no es sino una especie de delectación sensual de ti mismo, algo como un gozarse a sí misma la carne de tu alma.

El amor espiritual a sí mismo, la compasión que uno cobra para consigo, podrá acaso llamarse egotismo; pero es lo más opuesto que hay al egoísmo vulgar. Porque de este amor o compasión a ti mismo, de esta intensa desesperación, porque así como antes de nacer no fuiste, así tampoco después de morir serás, pasas a compadecer, esto es, a amar a todos tus semejantes y hermanos en aparencialidad, miserables sombras que desfilan de su nada a su nada, chispas de conciencia que brillan un momento en las infinitas y eternas tinieblas. Y de los demás hombres, tus semejantes, pasando por los que más semejantes te son, por tus convivientes, vas a compadecer a todos los que viven, y hasta a lo que acaso no vive, pero existe. Aquella lejana estrella que brilla allí arriba durante la noche, se apagará algún día y se hará polvo, y dejará de brillar y de existir. Y como ella, el cielo todo estrellado. ¡Pobre cielo!

Y si doloroso es tener que dejar de ser un día, más doloroso sería acaso seguir siendo siempre uno mismo, y no más que uno mismo, sin poder ser a la vez otro, sin poder ser a la vez todo lo demás, sin poder serlo todo.

Si miras al universo lo más cerca y lo más dentro que puedes mirarlo, que es en ti mismo; si sientes y no ya sólo contemplas las cosas todas en tu conciencia, donde todas ellas han dejado su dolorosa huella, llegarás al hondón del tedio, no ya de la vida, sino de algo más: al tedio de la existencia, al pozo del vanidad de vanidades. Y así como llegarás a compadecerlo todo, al amor universal.

Para amarlo todo, para compadecerlo todo, humano y

extrahumano, viviente y no viviente, es menester que lo
sientas todo dentro de ti mismo, que lo personalices todo.
Porque el amor personaliza todo cuanto ama, todo cuanto
compadece. Sólo compadecemos, es decir, amamos, lo que
nos es semejante, y en cuanto nos lo es, y tanto más cuanto
más se nos asemeja, y así crece nuestra compasión, y con
ella nuestro amor a las cosas a medida que descubrimos las
semejanzas que con nosotros tienen. O más bien es el amor
mismo, que de suyo tiende a crecer, el que nos revela las
semejanzas esas. Si llego a compadecer y amar a la pobre
estrella que desaparecerá del cielo un día, es porque el amor,
la compasión, me hace sentir en ella una conciencia, más o
menos oscura, que hace sufrir por no ser más que estrella,
y por tener que dejarlo de ser un día. Pues toda conciencia
lo es de muerte y de dolor.

Conciencia, *conscientcia,* es conocimiento participado, es
consentimiento, y con-sentir es com-padecer.

El amor personaliza cuanto ama. Sólo cabe enamorarse
de una idea personalizándola. Y cuando el amor es tan grande y tan vivo, y tan fuerte y desbordante que lo ama todo,
entonces lo personaliza todo y descubre que el total Todo,
que el Universo es Persona también que tiene una Conciencia, Conciencia que a su vez sufre, compadece y ama, es decir, es conciencia. Y a esta Conciencia del Universo, que el
amor descubre personalizando cuanto ama, es a lo que llamamos Dios. Y así el alma compadece a Dios y se siente
por Él compadecida, le ama y se siente por Él amada, abri-
gando su miseria en el sino de la miseria eterna e infinita,
que es al eternizarse e infinitarse la felicidad suprema
misma.

Dios es, pues, la personalización del Todo, es la Conciencia eterna e infinita del Universo, Conciencia presa de
la materia, y luchando por libertarse de ella. Personaliza-
mos al Todo para salvarnos de la nada, y el único misterio
verdaderamente misterioso es el misterio del dolor.

El dolor es el camino de la conciencia, y es por él cómo
los seres vivos llegan a tener conciencia de sí. Porque tener
conciencia de sí mismo, tener personalidad, es saberse y sentirse distinto de los demás seres, y a sentir esta distinción

sólo se llega por el choque, por el dolor más o menos grande, por la sensación del propio límite. La conciencia de sí mismo no es sino la conciencia de la propia limitación. Me siento yo mismo al sentirme que no soy los demás; saber y sentir hasta dónde soy, es saber dónde acabo de ser, desde dónde no soy.

¿Y cómo saber que se existe no sufriendo poco o mucho? ¿Cómo volver sobre sí, lograr conciencia refleja, no siendo por el dolor? Cuando se goza olvídase uno de sí mismo, de que existe, pasa a otro, a lo ajeno, se en-ajena. Y sólo se ensimisma, se vuelve a sí mismo, a ser él en el dolor.

> *Nessun maggior dolore*
> *che ricordarsi del tempo felice*
> *nella miseria,*

hace decir el Dante a Francesca de Rimini (*Inferno,* V, 121-123); pero si no hay dolor más grande que el de acordarse del tiempo feliz en la desgracia, no hay placer, en cambio, en acordarse de la desgracia en el tiempo de la prosperidad.

«El más acerbo dolor entre los hombres es el de aspirar mucho y no poder nada (πολλα φρουοέυτα μηδευος κρατεεθύ)», como según Herodoto (lib. IX, cap. 16), dijo un persa a un tebano en un banquete. Y así es. Podemos abarcarlo todo o casi todo con el conocimiento y el deseo; nada o casi nada con la voluntad. Y no es la felicidad contemplación, ¡no!, si es contemplación significa impotencia. Y de este choque entre nuestro conocer y nuestro poder surge la compasión.

Compadecemos a lo semejante a nosotros, y tanto más lo compadecemos cuanto más y mejor sentimos su semejanza con nosotros. Y si esta semejanza podemos decir que provoca nuestra compasión, cabe sostener también que nuestro repuesto de compasión, pronto a derramarse sobre todo, es lo que nos hace descubrir la semejanza de las cosas con nosotros, el lazo común que nos une con ellas en el dolor.

Nuestra propia lucha por cobrar, conservar y acrecentar la propia conciencia, nos hace descubrir en los forcejeos y

movimientos y revoluciones de las cosas todas una lucha
por cobrar, conservar o acrecentar conciencia, a la que todo
tiende. Bajo los actos de mis más próximos semejantes, los
demás hombres, siento —o consiento más bien— un estado de conciencia como es el mío bajo mis propios actos.
Al oírle un grito de dolor a mi hermano, mi propio dolor
se despierta y grita en el fondo de mi conciencia. Y de la
misma manera siento el dolor de los animales y el de un
árbol al que le arrancan una rama, sobre todo cuando tengo viva la fantasía, que es la facultad de intuimiento, de
visión interior.

Descendiendo desde nosotros mismos, desde la propia
conciencia humana, que es lo único que sentimos por dentro y en que el sentirse se identifica con el serse, suponemos que tienen alguna conciencia, más o menos oscura, todos lo vivientes y las rocas mismas, que también viven. Y
la evolución de los seres orgánicos no es sino una lucha por
la plenitud de conciencia a través del dolor, una constante aspiración a ser otros sin dejar de ser lo que son, a romper
sus límites limitándose.

Y este proceso de personalización o de subjetivación de
todo lo externo fenoménico, u objetivo, constituye el proceso mismo vital de la filosofía en la lucha de la vida contra la razón y de ésta contra aquélla. Ya lo indicamos en
nuestro anterior capítulo, y aquí lo hemos de confirmar, de-
sarrollándolo más.

Juan Bautista Vico, con su profunda penetración estética en el alma de la antigüedad, vio que la filosofía espon-
tánea del hombre era hacerse regla del universo guiado por
istinto d'animazione. El lenguaje, necesariamente antropomórfico, mitopeico, engendra el pensamiento. «La sabiduría poética, que fue la primera sabiduría de la gentilidad
—nos dice en su *Scienza Nuova*—, debió de comenzar por
una metafísica no razonada y abstracta, cual es la de los
hoy adoctrinados, sino sentida e imaginada, cual debió ser
la de los primeros hombres... Esta fue su propia poesía, que
les era una facultad connatural, porque estaban naturalmente provistos de tales sentidos y tales fantasías, nacida de ignorancia de las causas, que fue para ellos madre de mara-

villas en todo pues ignorantes de todo, admiraban fuertemente. Tal poesía comenzó divina en ellos, porque al mismo tiempo que imaginaban las causas de las cosas, que sentían y admiraban ser dioses... De tal manera, los primeros hombres de las naciones gentiles, como niños del naciente género humano, creaban de sus ideas las cosas... De esta naturaleza de cosas humanas quedó la eterna propiedad, explicada con noble expresión por Tácito al decir, no vanamente, que los hombres aterrados *fingunt simul creduntque*.» (1).

Y luego Vico pasa a mostrarnos la era de la razón, no ya de la fantasía, esta edad nuestra en que nuestra mente está demasiado retirada de los sentidos, hasta en el vulgo, «con tantas abstracciones como están llenas las lenguas», y nos está «naturalmente negado poder formar la vasta imagen de una tal dama a que se llama Naturaleza simpatética, pues mientras con la boca se la llama así, no hay nada de eso en la mente, porque la mente está en lo falso, en la nada». «Ahora —añade Vico— nos está naturalmente negado poder entrar en la vasta imaginación de aquellos primeros hombres.» Mas ¿es esto cierto? ¿No seguimos viviendo de las creaciones de su fantasía, encarnadas para siempre en el lenguaje, con el que pensamos, o más bien el que en nosotros piensa?

En vano Comte declaró que el pensamiento humano salió ya de la edad teológica y está saliendo de la metafísica para entrar en la positiva; las tres edades coexisten y se apoyan, aun oponiéndose, unas en otras. El flamante positivismo no es sino metafísica cuando deja de negar para afirmar algo, cuando se hace realmente positivo, y la metafísica es siempre, en su fondo, teología, y la teología nace de la fantasía puesta al servicio de la vida, que se quiere inmortal.

El sentimiento del mundo, sobre el que se funda la comprensión de él, es necesariamente antropomórfico y mitopeico. Cuando alboreó con Tales de Mileto el racionalismo, dejó este filósofo al Océano y Tetis, dioses y padres de dio-

---

1 [*Della metafísica poetica*, libro II de *Scienza Nuova*.]

ses, para poner el agua como principio de las cosas, pero
este agua era un dios disfrazado. Debajo de la Naturaleza,
φυσις y del mundo, ςοσμοκ, palpitaban creaciones mí-
ticas, antropomórficas. La lengua misma lo llevaba consigo. Sócrates distinguía en los fenómenos, según Jenofonte
nos cuenta (*Memorabilia,* i. I, 6-9), aquellos alcances del estudio humano y aquellos otros que se han reservado los dioses y execraba de que Anaxágoras quisiera explicarlo todo
racionalmente. Hipócrates, su coetáneo estimaba ser divinas las enfermedades todas, y Platón creía que el Sol y las
estrellas son dioses animados, con sus almas (*Phileb,* c. 16.
Leyes, X), y sólo permitía la investigación astronómica hasta que no se blasfemara contra esos dioeses. Y Aristóleles,
en su *Física,* nos dice que llueve Zeus, no para que el trigo
crezca, sino por necesidad, εξ αναξγης. Intentaron meca-
nizar o racionalizar a Dios, pero Dios se les rebelaba.

Y el concepto de Dios, siempre redivivo, pues brota del
eterno sentimiento de Dios en el hombre, ¿qué es sino la
eterna protesta de la vida contra la razón, el nunca vencido
instinto de personalización? ¿Y qué es la noción misma de sustancia sino objetivación de lo más subjetivo, que es la voluntad o la conciencia? Porque la conciencia, aun antes de conocerse como razón, se siente, se toca, se es más bien como
voluntad, y como voluntad de no morir. De aquí ese ritmo
de que hablábamos en la historia del pensamiento. El positivismo nos trajo una época de racionalismo, es decir, de
materialismo, mecanicismo o mortalismo; y he aquí que el
vitalismo, el espiritualismo vuelve. ¿Qué han sido los esfuerzos del pragmatismo sino esfuerzos por restaurar la fe
en la finalidad humana del universo? ¿Qué son los esfuerzos de un Bergson, verbigracia, sobre todo en su obra sobre la evolución creadora, sino forcejeos por restaurar al Dios
personal y la conciencia eterna? Y es que la vida no se rinde.

Y de nada sirve querer suprimir ese proceso mitopeico
o antropomórfico y racionalizar nuestro pensamiento, como
si se pensara sólo para pensar y conocer, y no para vivir. La
lengua misma, con la que pensamos, nos lo impide. La lengua, sustancia del pensamiento, es un sistema de metáforas
a base mítica y antropomórfica. Y para hacer una filosofía

puramente racional habría que hacerla por fórmulas alge-
braicas o crear una lengua —una lengua inhumana, es decir, inapta para las necesidades de la vida— para ella, como
lo intentó el doctor Ricardo Avenarius, profesor de Filosofía en Zürich, en su *Crítica de la experiencia pura (Kritik
der reinen Erfahrung),* para evitar los preconceptos. Y este
vigoroso esfuerzo de Avenarius, el caudillo de los empirio-
criticistas, termina en rigor en puro escepticismo. El mismo nos lo dice al final del prólogo de la susomentada obra:
«Ha tiempo que desapareció la infantil confianza de que
nos sea dado hallar la verdad; mientras avanzamos, nos damos
cuenta de sus dificultades, y con ello del límite de nuestras
fuerzas. ¿Y el fin?... ¡Con tal de que lleguemos a ver claro
en nosotros mismos!»

¡Ver claro!... ¡Ver claro! Sólo vería claro un puro pensador, que en vez de lenguaje usara álgebra, y que pudiese
libertarse de su propia humanidad; es decir, un ser insus-
tancial, meramente objetivo, un no ser, en fin. Mal que
pese a la razón, hay que pensar con la vida, y mal que pese
a la vida, hay que racionalizar el pensamiento.

Esa animación, esa personificación va entrañada en nuestro mismo conocer. «¿Quién llueve? ¿Quién truena?», pregunta el viejo Estrepsíades a Sócrates en *Las Nubes,* de Aris-
tófanes, y el filósofo le contesta: «No Zeus, sino las nubes».
Y Estrepsíades: «Pero ¿quién sino Zeus las obliga a mar-
char?», a lo que Sócrates: «Nada de eso, sino el torbellino
etéreo». «¿El torbellino? —agrega Estrepsíades—; no lo sabía... No es, pues, Zeus, sino el Torbellino el que en vez
de él rige ahora.» Y sigue el pobre viejo personificando y
animando al Torbellino (1); que reina ahora como un rey
no sin conciencia de su realeza. Y todos, al pasar de un
Zeus cualquiera a un cualquier torbellino, de Dios a la materia, verbigracia, hacemos lo mismo. Y es porque la filosofía no trabaja sobre la realidad objetiva que tenemos delante de los sentidos, sino sobre el complejo de ideas, imágenes, nociones, percepciones, etc., incorporadas en el lenguaje, y que nuestros antepasados nos trasmitieron con él.
Lo que llamamos el mundo, el mundo objetivo, es una tradición social. Nos lo dan hecho.

---

¹ *Nubes,* 367-389.

El hombre no se resigna a estar, como conciencia, solo
en el Universo, ni a ser un fenómeno objetivo más. Quiere
salvar su subjetividad vital o pasional haciendo vivo, personal, animado al universo todo. Y por eso y para eso ha
descubierto a Dios y la sustancia, Dios y sustancia, que
vuelven siempre en su pensamiento de uno o de otro modo
disfrazados. Por ser concientes nos sentimos existir, que es
muy otra cosa que saberse existentes, y queremos sentir la
existencia de todo lo demás, que cada una de las demás cosas individuales sea también un yo.

El más consecuente, aunque más incongruente y vacilante idealismo, el de Berkeley, que negaba la existencia de la
materia, de algo inerte y extenso y pasivo, que sea la causa
de nuestras sensaciones y el substrato de los fenómenos ex-
ternos, no es, en el fondo, más que un absoluto espirítua-
lismo o dinamismo, la suposición de que toda sensación
nos viene, como de causa, de otro espíritu, esto es, de otra
conciencia. Y se da su doctrina en cierto modo la mano con
las de Schopenhauer y Hartmann. La doctrina de la Voluntad del primero de estos dos y la de lo Inconciente del
otro, están ya en potencia en la doctrina berkeleyana, de
que ser es ser percibido. A lo que hay que añadir: y hacer
que otro perciba al que es. Y así el viejo adagio de que *ope-
rari sequitur esse,* el obrar se sigue al ser, hay que modifi-
carlo diciendo que ser es obrar y sólo existe lo que obra, lo
activo, y en cuanto obra.

Y por lo que a Schopenhauer hace, no es menester es-
forzarse en mostrar cómo la voluntad que pone como esencia de las cosas procede de la conciencia. Y basta leer su libro sobre la voluntad de la Naturaleza, para ver cómo atri-
buía un cierto espíritu y hasta una cierta personalidad a las
plantas mismas. Y esa su doctrina le llevó lógicamente al
pesimismo, porque lo más propio y más íntimo de la voluntad es sufrir. La voluntad es una fuerza que se siente,
esto es, que sufre. «Y que goza», añadirá alguien. Pero es
que no cabe poder gozar sin poder sufrir, y la facultad del
goce es la misma que la del dolor. El que no sufre tampoco
goza, como no siente calor el que no siente frío.

Y es muy lógico también que Schopenhauer, el que de

la doctrina voluntarista o de personalización de todo sacó
el pesimismo sacara de ambas que el fundamento de la moral es la compasión. Sólo que su falta de sentido social e histórico, el no sentir a la Humanidad como una persona también, aunque colectiva, su egoísmo, en fin, le impidió sentir a Dios, le impidió individualizar y personalizar la Voluntad total y colectiva: la Voluntad del Universo.

Compréndese, por otra parte, su aversión a las doctrinas
evolucionistas o trasformistas puramente empíricas y tal
como alcanzó a ver expuestas por Lamark y Darwin, cuya
teoría, juzgándola sólo por un extenso extracto del *Times,*
calificó de «ramplón empirismo» *(platter Empirismus),* en
una de sus cartas a Adán Luis von Doss (de 1.° marzo,
1860). Para un voluntarista como Schopenhauer, en efecto, en teoría tan sana y cautelosamente empírica y racional
como la de Darwin, quedaba fuera de cuenta el íntimo resorte, el motivo esencial de la evolución. Porque ¿cuál es,
en efecto, la fuerza oculta, el último agente del perpetuarse
los organismos y pugnar por persistir y propagarse? La selección, la adaptación, la herencia, no son sino condiciones
externas. A esa fuerza íntima, esencial, se le ha llamado voluntad, por suponer nosotros que sea en los demás seres lo
que en nosotros mismos sentimos como sentimiento de voluntad, el impulso a serlo todo, a ser también los demás
sin dejar de ser los que somos. Y esa fuerza cabe decir que
es lo divino en nosotros, que es Dios mismo, que en nosotros obra porque en nosotros sufre.

Y esa fuerza, esa aspiración a la conciencia, la simpatía
nos la hace descubrir en todo. Mueve y agita a los más me-
nudos seres vivientes; mueve y agita acaso a las células mismas de nuestro propio organismo corporal, que es una federación más o menos unitaria de vivientes; mueve a los
glóbulos mismos de nuestra sangre. De vidas se compone
nuestra vida, de aspiraciones, acaso en el limbo de la subconciencia, nuestra aspiración vital. No es un sueño más absurdo que tantos sueños que pasan por teorías valederas el
de creer que nuestras células, nuestros glóbulos, tengan algo
así como una conciencia o base de ella rudimentaria, celu-
lar, globular. O que puedan llegar a tenerla. Y ya puestos

en la vía de las fantasías, podemos fantasear el que estas células se comunicaran entre sí, y expresara alguna de ellas su creencia de que formaban parte de un organismo superior dotado de conciencia colectiva personal. Fantasía que se ha producido más de una vez en la historia del sentimiento humano, al suponer alguien, filósofo o poeta, que somos los hombres a modo de glóbulos de la sangre de un Ser Supremo, que tiene su conciencia colectiva personal, la conciencia del universo.

Tal vez la inmensa vía láctea que contemplamos durante las noches claras en el cielo, ese enorme anillo de que nuestro sistema planetario no es sino una molécula, es a su vez una célula del universo, Cuerpo de Dios. Las células todas de nuestro cuerpo conspiran y concurren con su actividad a mantener y encender nuestra conciencia, nuestra alma; y si las conciencias o las almas de todas ellas entrasen enteramente en la nuestra, en la componente, si tuviese yo conciencia de todo lo que en mi organismo corporal pasa, sentiría pasar por mí al universo, y se borraría tal vez el doloroso sentimiento de mis límites. Y si todas las conciencias de todos los seres concurren por entero a la conciencia universal, ésta, es decir, Dios, es todo.

En nosotros nacen y mueren a cada instante oscuras conciencias, almas elementales, y este nacer y morir de ellas costituye nuestra vida. Y cuando mueren bruscamente, en choque, hacen nuestro dolor. Así en el seno de Dios nacen y mueren —¿mueren?— conciencias, constituyendo sus nacimientos y sus muertes su vida.

Si hay una Conciencia Universal y Suprema, yo soy una idea de ella, ¿y puede en ella apagarse del todo idea alguna? Después que yo haya muerto, Dios seguirá recordándome, y el ser yo por Dios recordado, el ser mi conciencia mantenida por la Conciencia Suprema, ¿no es acaso ser?

Y si alguien dijese que Dios ha hecho el universo, se le puede retrucar que también nuestra alma ha hecho nuestro cuerpo tanto o más que ha sido por él hecha. Si es que hay alma.

Cuando la compasión, el amor, nos revela al universo todo luchando por cobrar, conservar y acrecentar su conciencia, por concientizarse más y más cada vez, sintiendo el dolor de las discordancias que dentro de él se producen, la compasión nos revela la semejanza del universo todo con nosotros, que es humano, y nos hace descubrir en él a nuestro Padre, de cuya carne somos carne; el amor nos hace personalizar al todo de que formamos parte.

En el fondo, lo mismo da decir que Dios está produciendo eternamente las cosas, como que las cosas están produciendo eternamente a Dios. Y la creencia en un Dios personal y espiritual se basa en la creencia en nuestra propia personalidad y espiritualidad. Porque nos sentimos conciencia, sentimos a Dios conciencia, es decir, persona, y porque anhelamos que nuestra conciencia pueda vivir y ser independiente del cuerpo, creemos que la persona divina vive y es independientemente del universo, que es su estado de conciencia *ad extra*.

Claro es que vendrán los lógicos y nos pondrán todas las evidentes dificultades racionales que de esto nacen; pero ya dijimos que, aunque bajo formas racionales, el contenido de todo esto no es, en rigor, racional. Toda concepción racional de Dios es en sí misma contradictoria. La fe en Dios nace del amor a Dios, creemos que existe por querer que exista, y nace acaso también del amor de Dios a nosotros. La razón no nos prueba que Dios exista, pero tampoco que no pueda existir.

Pero más adelante, más sobre esto de que la fe en Dios sea la personalización del universo.

Y recordando lo que en otra parte de esta obra dijimos, podemos decir que las cosas materiales, en cuanto conocidas, brotan al conocimiento desde el hambre, y del hambre brota el universo sensible y material en que las conglobamos, y las cosas ideales brotan del amor y del amor brota Dios, en quien esas cosas ideales conglobamos, como en Conciencia del Universo. Es la conciencia social, hija del amor, del instinto de perpetuación la que nos lleva a socializarlo todo, a ver en todo sociedad, y nos muestra, por último, cuán de veras es una sociedad infinita la Naturaleza toda. Y por lo que a mí hace, he sentido que la Naturaleza es sociedad, cientos de veces al pasearme en un bosque y tener el sentimiento de solidaridad con las encinas, que de alguna oscura manera se daban sentido de mi presencia.

La fantasía, que es el sentido social, anima lo inanimado y lo antropomorfiza todo; todo lo humaniza, y aun lo humana. Y la labor del hombre es sobrenaturalizar a la Naturaleza, esto es: divinizarla humanizándola, hacerla humana, ayudarla a que se concientice, en fin. La razón, por su parte, mecaniza o materializa.

Y así como se dan unidos y fecundándose mutuamente el individuo —que es, en cierto modo, sociedad— y la sociedad —que es también un individuo—, inseparables el uno del otro, y sin que nos quepa decir dónde empieza el uno para acabar el otro, siendo más bien aspectos de una misma esencia, así se dan en uno el espíritu, el elemento social, que al relacionarnos con los demás nos hace concientes, y la materia o elemento individual individuante, y dan en uno, fecundándose mutuamente, la razón, la inteligencia y la fantasía, y en uno se dan el Universo y Dios.

*   *   *

¿Es todo esto verdad? «¿Y qué es verdad?», preguntaré a mi vez como preguntó Pilato. Pero no para volver a lavarme las manos sin esperar respuesta.

¿Está la verdad en la razón, o sobre la razón, o bajo la razón, o fuera de ella, de un modo cualquiera? ¿Es sólo verdadero lo racional? ¿No habrá realidad inasequible, por su naturaleza misma, a la razón, y acaso, por su misma naturaleza, opuesta a ella? ¿Y cómo conocer esa realidad si es que sólo por la razón conocemos?

Nuestro deseo de vivir, nuestra necesidad de vida, quisiera que fuese verdadero lo que nos hace conservarnos y perpetuarnos, lo que mantiene al hombre y a la sociedad; que fuese verdadera agua el líquido que bebido apaga la sed y porque la apaga, y pan verdadero lo que nos quita el hambre, porque nos la quita.

Los sentidos están al servicio del instinto de conservación, y cuanto nos satisfaga a esta necesidad de conservarnos, aun sin pasar por los sentidos, es a modo de una penetración íntima de la realidad en nosotros. ¿Es acaso menos real el proceso de asimilación del alimento que el proceso de conocimiento de la cosa alimenticia? Se dirá que comerse un pan no es lo mismo que verlo, tocarlo o gustarlo; que del un modo entra en nuestro cuerpo, mas no por eso en nuestra conciencia. ¿Es verdad esto? ¿El pan que he hecho carne y sangre mía no entra más en mi conciencia de aquel otro al que, viendo y tocando, digo: «¿Esto es mío?» Y a ese pan, así convertido en mi carne y sangre y hecho mío, ¿he de negarle la realidad objetiva cuando sólo lo toco?

Hay quien vive del aire sin conocerlo. Y así vivimos de Dios y en Dios acaso, en Dios espíritu y conciencia de la sociedad y del Universo todo, en cuanto éste también es sociedad.

«Dios no es sentido sino en cuanto es vivido, y no sólo de pan vive el hombre, sino de toda palabra que sale de la boca de El.» (Mat., IV, 4; Deut., VIII, 3.)

Y esta personalización del todo, del Universo, a que nos lleva el amor, la compasión, es la de una persona que abarca y encierra en sí a las demás personas que la componen.

Es el único modo de dar al Universo finalidad, dándole conciencia. Porque donde no hay conciencia no hay tampoco finalidad que supone un propósito. Y la fe en Dios no estriba, como veremos, sino en la necesidad vital de dar finalidad a la existencia, de hacer que responda a un propósito. No para comprender el *porqué,* sino para sentir y sustentar el *para qué* último, necesitamos a Dios, para dar sentido al Universo.

Y tampoco debe extrañar que se diga que esa conciencia del Universo esté compuesta e integrada por las conciencias de los seres que el Universo forman, por las conciencias de los seres todos, y sea, sin embargo, una conciencia personal distinta de las que la componen. Sólo así se comprende lo de que en Dios seamos, nos movamos y vivamos. Aquel gran visionario que fue Manuel Swedenborg vio o entrevió esto cuando en su libro sobre el cielo y el infierno (*De Coelo et Inferno,* 52) nos dice que: «Una entera sociedad angélica aparece a las veces en forma de un solo ángel, como el Se-

ñor me ha permitido ver. Cuando el Señor mismo aparece
en medio de los ángeles, no lo hace acompañado de una
multitud, sino como un solo ser en forma angélica. De aquí
que en la Palabra se le llama al Señor un ángel, y que así
es llamada una sociedad entera. Miguel, Gabriel y Rafael
no son sino sociedades angélicas así llamadas por las funciones que llenan.»

¿No es que acaso vivimos y amamos, esto es, sufrimos
y compadecemos en esa Gran Persona envolvente a todos,
las personas todas que sufrimos y compadecemos y los seres todos que luchan por personalizarse, por adquirir conciencia de su dolor y de su limitación? ¿Y no somos acaso
ideas de esa Gran Conciencia total que al pensarnos existentes nos da la existencia? ¿No es nuestro existir ser por
Dios percibidos y sentidos? Y más adelante nos dice este
mismo visionario, a su manera imaginativa, que cada ángel, cada sociedad de ángeles y el cielo todo contemplado
de consuno, se presentan en forma humana, y que por virtud de esta su humana forma, lo rige el Señor como a un
solo hombre.

«Dios no piensa, crea; no existe, es eterno», escribió Kierkegaard (*Afslutende uvidenskabelige Efterskrift*); pero es acaso más exacto decir con Mazzini, el místico de la unidad
italiana, que «Dios es grande porque piensa obrando» (*Ai
giovani d'Italia*), porque en El pensar es crear y hacer existir a aquello que piensa existente con sólo pensarlo, y es lo
imposible lo impensable por Dios. ¿No se dice en la Escritura que Dios crea con su palabra, es decir, con su pensamiento, y que por éste, por su Verbo, se hizo cuanto existe? ¿Y olvida Dios lo que una vez hubo pensado? ¿No subsisten acaso en la Suprema Conciencia los pensamientos todos que por ella pasan de una vez? En El, que es eterno,
¿no se eterniza toda existencia?

Es tal nuestro anhelo de salvar a la conciencia, de dar finalidad personal y humana al universo y a la existencia,
que hasta en un supremo, dolorosísimo y desgarrador sacrificio llegaríamos a oír que se nos dijese que si nuestra
conciencia se desvanece es para ir a enriquecer la Conciencia infinita y eterna, que nuestras almas sirven de alimento

al Alma Universal. Enriquezco, sí, a Dios, porque antes de yo existir no me pensaba como existente, porque soy uno más, uno más aunque sea entre infinitos, que como habiendo vivido y sufrido y amado realmente, quedo en su seno. Es el furioso anhelo de dar finalidad al Universo, de hacerle conciente y personal, lo que nos ha llevado a creer en Dios, a querer que haya Dios, a crear a Dios, en una palabra. ¡A crearle, sí! Lo que no debe escandalizar se diga ni al más piadoso teísta. Porque creer en Dios es, en cierto modo, crearle, aunque Él nos cree antes. Es Él quien en nosotros se crea de continuo a sí mismo.

Hemos creado a Dios para salvar al Universo de la nada, pues lo que no es conciencia y conciencia eterna, conciente de su eternidad y eternamente conciente, no es nada más que apariencia. Lo único de veras real es lo que siente, sufre, compadece, ama y anhela, es la conciencia; lo único sustancial es la conciencia. Y necesitamos a Dios para salvar la conciencia; no para pensar la existencia, sino para vivirla; no para saber por qué y cómo es, sino para sentir para qué es. El amor es un contrasentido si no hay Dios.

Veamos ahora eso de Dios, lo del Dios lógico o Razón Suprema, y lo del Dios biótico o cordial, esto es, el Amor Supremo.

8. De Dios a Dios

No creo que sea violentar la verdad el decir que el sentimiento religioso es sentimiento de divinidad, y que sólo con violencia del corriente lenguaje humano puede hablarse de religión atea. Aunque es claro que todo dependerá del concepto que de Dios nos formemos. Concepto que depende, a su vez, del de divinidad.

Conviénenos, en efecto, comenzar por el sentimiento de divinidad, antes de mayusculizar el concepto de esta cualidad, y, articulándola, convertirla en la Divinidad, esto es, en Dios. Porque el hombre ha ido a Dios por lo divino más bien que ha deducido lo divino de Dios.

Ya antes, en el curso de estas algo errabundas y a la par insistentes reflexiones sobre el sentimiento trágico de la vida, recordé el *timor fecit deos* de Estacio para correjirlo y limitarlo. Ni es cosa de trazar una vez más el proceso histórico por el que los pueblos han llegado al sentimiento y al concepto de un Dios personal como el del cristianismo. Y digo los pueblos y no los individuos aislados, porque si hay sentimiento y concepto colectivo, social es el de Dios, aunque el individuo lo individualice luego. La filosofía pue-

de tener, y de hecho tiene, un origen individual; la teología
es necesariamente colectiva.

La doctrina de Schleiermacher que pone el origen, o más
bien la esencia del sentimiento religioso, en el inmediato y
sencillo sentimiento de dependencia, parece ser la explicación más profunda y exacta. El hombre primitivo, viviendo en sociedad, se siente depender de misteriosas potencias
que invisiblemente le rodean; se siente en comunión social,
no sólo con sus semejantes, los demás hombres, sino con la
Naturaleza toda animada e inanimada, lo que no quiere decir otra cosa sino que lo personaliza todo. No sólo tiene él
conciencia del mundo, sino que se imagina que el mundo
tiene también conciencia como él. Lo mismo que un niño
habla a su perro o a su muñeco, cual si le entendiesen, cree
el salvaje que le oye su fetiche o que la nube tormentosa se
acuerda de él y le persigue. Y es que el espíritu del hombre natural, primitivo, no se ha desplacentado todavía de
la naturaleza, ni ha marcado el lindero entre el sueño y la
vigilia, entre la realidad y la imaginación.

No fue, pues, lo divino, algo objetivo, sino la subjetividad de la conciencia proyectada hacia fuera, la personalización del mundo. El concepto de divinidad surgió del sentimiento de ella, y el sentimiento de divinidad no es sino
el mismo oscuro y naciente sentimiento de personalidad
vertido a lo de fuera. Ni cabe en rigor decir fuera y dentro,
objetivo y subjetivo, cuando tal distinción no era sentida,
y siendo, como es, de esa indistinción de donde el sentimiento y el concepto de divinidad proceden. Cuanto más
clara la conciencia de la distinción entre lo objetivo y lo subjetivo, tanto más oscuro el sentimiento de divinidad en
nosotros.

Hase dicho, y al parecer con entera razón, que el paganismo helénico es, más bien que politeísta, panteísta. La
creencia en muchos dioses, tomando el concepto de Dios
como hoy le tomamos, no sé que haya existido en cabeza
humana. Y si por panteísmo se entiende la doctrina, no de
que todo y cada cosa es Dios —proposisición, para mí, impensable—, sino de que todo es divino, sin gran violencia
cabe decir que el paganismo era panteísta. Los dioses no

sólo se mezclaban entre los hombres, sino que se mezclaban con ellos; engendraban los dioses en las mujeres mortales, y los hombres mortales engendraban en las diosas a
semidioses. Y si hay semidioses, esto es, semihombres, es
tan sólo porque lo divino y lo humano eran caras de una
misma realidad. La divinización de todo no era sino su hu-
manización. Y decir que el Sol era un dios equivalía a decir que era un hombre, una conciencia humana más o menos agrandada y sublimada. Y esto vale desde el fetichis-
mo hasta el paganismo helénico.

En lo que propiamente se distinguían los dioses de los
hombres era en que aquéllos eran inmortales. Un dios ve-
nía a ser un hombre inmortal, y divinizar a un hombre, con-
siderarle como a un dios, era estimar que, en rigor, al morirse no había muerto. De ciertos héroes se creía que fueron vivos al reino de los muertos. Y éste es un punto im-
portantísimo para estimar el valor de lo divino.

En aquellas repúblicas de dioses había siempre algún dios
máximo, algún verdadero monarca. La monarquía divina
fue la que, por el monocultismo, llevó a los pueblos al monoteísmo. Monarquía y monoteísmo son, pues, cosas gene-
rales. Zeus, Júpiter, iba en camino de convertirse en dios
único, como en dios único, primero del pueblo de Israel,
después de la humanidad y, por último, del universo todo,
se convirtió Jahvé, que empezó siendo uno de entre tantos
dioses.

Como la monarquía, tuvo el monoteísmo un origen
guerrero. «Es en la marcha y en tiempo de guerra —dice
Robertson Smith, *The Prophets of Israel*, lect. I— cuando un pueblo nómada siente la instante necesidad de una
autoridad central, y así ocurrió que, en los primeros comienzos de la organización nacional en torno al santuario
del arca, Israel se creyó la hueste de Jehová. El nombre mismo de Israel es marcial y significa *Dios pelea,* y Jehová es
en el Viejo Testamento *Iahwé Zebahôth,* el Jehová de los
ejércitos de Israel. Era en el campo de batalla donde se sentía más claramente la presencia de Jehová; pero en las naciones primitivas, el caudillo de tiempo de guerra es también el juez nacional en tiempo de paz.»

Dios, el Dios único, surgió pues, del sentimiento de divinidad en el hombre como Dios guerrero, monárquico y social. Se reveló al pueblo, no a cada individuo. Fue el Dios de un pueblo y exigía celoso se le rindiese culto a él solo, y de este monocultismo se pasó al monoteísmo, en gran parte por la acción individual, más filosófica acaso que teológica, de los profetas. Fue, en efecto, la actividad individual de los profetas lo que individualizó la divinidad. Sobre todo, al hacerla ética.

Y de este Dios surgido así en la conciencia humana a partir del sentimiento de divinidad, apoderóse luego la razón, esto es, la filosofía, y tendió a definirlo, a convertirlo en idea. Porque definir algo es idealizarlo, para lo cual hay que prescindir de su elemento inconmensurable o irracional, de su fondo vital. Y el Dios sentido, la divinidad sentida como persona y conciencia única fuera de nosotros, aunque envolviéndonos y sometiéndonos, se convirtió en la idea de Dios.

El Dios lógico, racional, el *ens summum,* el *primum movens,* el Ser Supremo de la filosofía teológica, aquel a que se llega por los tres famosos caminos de negación, eminencia y causalidad, *viae negationis, eminentiae, causalitatis,* no es más que una idea de Dios, algo muerto. Las tradicionales y tantas veces debatidas pruebas de su existencia no son, en el fondo, sino un intento vano de determinar su esencia; porque, como hacía muy bien notar Vinet, la existencia se saca de la esencia; y decir que Dios existe, sin decir qué es Dios y cómo es, equivale a no decir nada.

Y este Dios, por eminencia y negación o remoción de cualidades finitas, acaba por ser un Dios impensable, una pura idea, un Dios de quien, a causa de su excelencia misma ideal, podemos decir que no es nada, como ya definió Escoto Eríugena: *Deus propter excellentiam non inmerito nihil vocatur.* O con frase del falso Dionisio Areopagita, en su epístola 5: «La divina tiniebla es la luz inaccesible en la que se dice habita Dios.» El Dios antropomórfico y sentido, al ir purificándose de atributos humanos, y como tales, finitos y relativos y temporales, se evapora en el Dios del deísmo o del panteísmo.

Las supuestas pruebas clásicas de la existencia de Dios refiérense todas a este Dios-Idea, a este Dios lógico, al Dios por remoción y de aquí que en rigor no prueben nada, es decir, no prueban más que la existencia de esa idea de Dios.

Era yo un mozo que empezaba a inquietarme de estos eternos problemas, cuando en cierto libro, de cuyo autor no quiero acordarme, leí esto: «Dios es una gran equis sobre la barrera última de los conocimientos humanos; a medida que la ciencia avanza, la barrera se retira.» Y escribí al margen: «De la barrera acá todo se explica sin El; de la barrera allá, ni con El; ni sin El; Dios, por lo tanto, sobra.» Y con respecto al Dios-Idea, al de las pruebas, sigo en la misma sentencia. Atribúyese a Laplace la frase de que no había necesitado de la hipótesis de Dios para construir un sistema del origen del Universo, y así es muy cierto. La idea de Dios en nada nos ayuda para comprender mejor la existencia, la esencia y la finalidad del Universo.

No es más concebible el que haya un Ser Supremo infinito, absoluto y eterno, cuya esencia desconocemos, y que haya creado el Universo, que el que la base material del Universo mismo, su materia, sea eterna e infinita y absoluta. En nada comprendemos mejor la existencia del mundo con decirnos que lo creó Dios. Es una petición de principio o una solución meramente verbal para encubrir nuestra ignorancia. En rigor, deducimos la existencia del Creador del hecho de que lo creado existe, y no se justifica racionalmente la existencia de Aquél; de un hecho no se saca una necesidad, o es necesario todo.

Y si del modo de ser del Universo, pasamos a lo que llama el orden y que se supone necesita un ordenador, cabe decir que orden es lo que hay y no concebimos otro. La prueba esa del orden del Universo implica un paso del orden ideal al real, un proyectar nuestra mente afuera, un suponer que la explicación racional de una cosa produce la cosa misma. El arte humano, aleccionado por la Naturaleza, tiene un hacer conciente con que comprende el modo de hacer, y luego trasladamos este hacer artístico y conciente a una conciencia de un artista, que no se sabe de qué naturaleza aprendió su arte.

La comparación ya clásica con el reló y el relojero es inaplicable a un Ser absoluto, infinito y eterno. Es, además, otro modo de no explicar nada. Porque decir que el mundo es como es y no de otro modo porque Dios así lo hizo, mientras no sepamos por qué razón lo hizo así, no es decir nada. Y si sabemos la razón de haberlo así hecho Dios, éste sobra, y la razón basta. Si todo fuera matemáticas, si no hubiese elemento irracional, no se habría acudido a esa explicación de un Sumo Ordenador, que no es sino la razón de lo irracional y otra tapadera de nuestra ignorancia. Y no hablemos de aquella ridícula ocurrencia de que, echando al azar caracteres de imprenta, no puede salir compuesto el *Quijote*. Saldría compuesta cualquier otra cosa que llegaría a ser un *Quijote* para los que a ella tuviesen que atenerse y en ella se formasen y formaran parte de ella.

Esa ya clásica supuesta prueba redúcese, en el fondo, a hipostatizar o sustantivar la explicación o razón de un fenómeno, a decir que la Mecánica hace el movimiento; la Biología, la vida; la Filología, el lenguaje; la Química, los cuerpos, sin más que mayusculizar la ciencia y convertirla en una potencia distinta de los fenómenos de que la extraemos y distinta de nuestra mente que la extrae. Pero a ese Dios así obtenido, y que no es sino la razón hipostatizada y proyectada al infinito, no hay manera de sentirlo como algo vivo y real y ni aun de concebirlo sino como una mera idea que con nosotros morirá.

Pregúntase, por otra parte, si una cosa cualquiera imaginada, pero no existente, no existe porque Dios no lo quiere, o no lo quiere Dios porque no existe, y respecto a lo imposible, si es que no puede ser porque Dios así lo quiere, o no lo quiere Dios porque ello en sí y por su absurdo mismo no puede ser. Dios tiene que someterse a la ley lógica de contradicción, y no puede hacer, según los teólogos, que dos más dos hagan más o menos que cuatro. La ley de la necesidad está sobre Él o es Él mismo. Y en el orden moral se pregunta si la mentira, o el homicidio, o el adulterio, son malos porque así lo estableció o si lo estableció así porque ello es malo. Si lo primero, Dios es un Dios caprichoso y absurdo que establece una ley, pudiendo haber establecido otra, u obedece a una naturaleza y esencia intrínseca de las cosas mismas independiente de El, es decir, de su voluntad soberana; y si es así, si obedece a una razón de ser de las cosas, esta razón, si la conociésemos, nos bastaría sin necesidad alguna de más Dios, y no conociéndola, ni Dios tampoco nos aclara nada. Esa razón estaría sobre Dios. Ni vale decir que esa razón es Dios mismo, razón suprema de las cosas. Una razón así, necesaria, no es algo personal. La personalidad la da la voluntad. Y este problema de las relaciones entre la razón, necesariamente necesaria, de Dios y su voluntad, necesariamente libre, lo que hará siempre del Dios lógico o aristotélico un Dios contradictorio.

Los teólogos escolásticos no han sabido nunca desenredarse de las dificultades en que se veían metidos al tratar de conciliar la libertad humana con la presencia divina y el conocimiento que Dios tiene de lo futuro contingente y libre; y es porque, en rigor, el Dios racional es completamente inaplicable a lo contingente, pues que la noción de contingencia no es, en el fondo, sino la noción de irracionalidad. El Dios racional es forzosamente necesario en su ser y en su obrar, no puede hacer en cada caso sino lo mejor, y no cabe que haya varias cosas igualmente mejores, pues entre infinitas posibilidades sólo hay una que sea la más acomodada a su fin, como entre las infinitas líneas que pueden trazarse de un punto a otro sólo hay una recta. Y el Dios racional, el Dios de la razón, no puede menos sino seguir en cada caso la línea recta, la más conducente al fin que se propone, fin necesario como es necesaria la única recta dirección que a El conduce. Y así la divinidad de Dios es sustituída por su necesidad. Y en la necesidad de Dios perece su voluntad libre, es decir, su personalidad conciente. El Dios que anhelamos, el Dios que ha de salvar nuestra alma de la nada, el Dios inmortalizador, tiene que ser un Dios arbitrario.

Y es que Dios no puede ser Dios porque piensa, sino porque obra, porque crea; no es un Dios contemplativo, sino activo. Un Dios Razón, un Dios teórico o contemplativo, como es el Dios éste del racionalismo teológico, es un Dios que se diluye en su propia contemplación. A este Dios corresponde, como veremos, la visión beatífica como expresión suprema de la felicidad eterna. Un Dios quietista, en fin, como es quietista, por su esencia misma, la razón.

Queda la otra famosa prueba, la del consentimiento, supuesto unánime, de los pueblos todos en creer en un Dios. Pero esta prueba no es, en rigor, racional ni a favor del Dios racional que explica el Universo, sino del Dios cordial que nos hace vivir. Sólo podríamos llamarla racional en el caso de que creyésemos que la razón es el consentimiento, más o menos unánime, de los pueblos, el sufragio universal, en el caso de que hiciésemos razón a la *vox populi* que se dice ser *vox Dei*.

Así lo creía aquel trágico y ardiente Lamennais, el que dijo que la vida y la verdad no son sino una sola y misma cosa —¡ojalá!—, y que declaró a la razón una, universal, perpetua y santa. (*Essai sur l'indifference,* IV.ª part., cap. VIII.) Y glosó el «o hay que creer a todos o a ninguno» —*aut omnibus credendum est aut nemini*—, de Lactancio, y aquello de Heráclito de que toda opinión individual es falible, y lo de Aristóteles, de que la más fuerte prueba es el consentimiento de los hombres todos, y sobre todo lo de Plinio (en *Paneg. Trajani,* LXII), de que ni engaña uno a todos ni todos a uno —*nemo omnes, neminem ommes fefellerunt*—. ¡Ojalá! Y así se acaba en lo de Cicerón (*De natura deorum,* lib. III, capítulo II, 5 y 6), de que hay que creer a nuestros mayores, aun sin que nos den razones, *maioribus autem nostris, etiam nulla ratione reddita, credere.*

Sí, supongamos que es universal y constante esa opinión de los antiguos que nos dice que lo divino penetra a la Naturaleza toda, y que sea un dogma paternal, πατριος δόξα como dice Aristóteles (*Metaphysica,* libro VII, cap. VII); eso probaría sólo que hay un motivo que lleva a los pueblos y a los individuos —sean todos o casi todos o muchos— a creer en un Dios. Pero ¿no es que hay acaso ilusiones y falacias que se fundan en la naturaleza misma humana? ¿No empiezan los pueblos todos por creer que el Sol gira en torno de ellos? ¿Y no es natural que propendamos todos a creer lo que satisface nuestro anhelo? ¿Diremos con W. Her-

mann (1) «que si hay un Dios, no se ha dejado sin indi-
cársenos de algún modo, y quiere ser hallado por nosotros»?

Piadoso deseo, sin duda, pero no razón en su estricto sentido, como no le apliquemos la sentencia agustiniana, que
tampoco es razón, de «pues me buscas, es que me encon-
traste», creyendo que es Dios quien hace que le busquemos.

Ese famoso argumento del consentimiento supuesto unánime de los pueblos, que es el que con un seguro instinto
más emplearon los antiguos, no es, en el fondo y trasladado de la colectividad al individuo, sino la llamada prueba
moral, la que Kant, en su *Crítica de la razón práctica,* empleó, la que se saca de nuestra conciencia —o más bien de
nuestro sentimiento de la divinidad—, y que no es una
prueba estricta y específicamente racional, sino vital, y que
no puede ser aplicada al Dios lógico, al *ens summum,* al Ser
simplicísimo y abstractísimo, al primer motor inmóvil e
impasible, al Dios Razón, en fin, que ni sufre ni anhela,
sino al Dios biótico, al Ser complejísimo y concretísimo, al
Dios paciente que sufre y anhela en nosotros y con nosotros, al Padre de Cristo, al que no se puede ir sino por el
Hombre, por su Hijo (v. Juan, XIV, 6), y cuya revelación
es histórica, o si se quiere, anecdótica, pero no filosófica,
no categórica.

El consentimiento unánime —¡supongámoslo así!— de
los pueblos, o sea, el universal anhelo de las almas todas humanas que llegaron a la conciencia de su humanidad que
quiere ser fin y sentido del Universo, ese anhelo, que no es
sino aquella esencia misma del alma, que consiste en su conato por persistir eternamente y porque no se rompa la continuidad de la conciencia, nos lleva al Dios humano, antropomórfico, proyección de nuestra conciencia a la Conciencia del Universo, al Dios que da finalidad y sentido humanos al Universo y que no es el *ens summum,* el *primum
movens* ni el creador del Universo, no es la Idea-Dios. Es

¹ *Chistlich systematische Religion,* en el tomo *Systematische Christliche
Religion,* de la colección *Die Kultur der Gegenwart,* editada por el
P. Hinneberg.

un Dios vivo, subjetivo —pues que no es sino la subjetividad objetivada o la personalidad universalizada—, que es más que mera idea, y antes que razón es voluntad. Dios es Amor, esto es, Voluntad. La razón, el Verbo, deriva de El; pero El, el Padre, es, ante todo, Voluntad.

«No cabe duda alguna —escribe Ritschl (*Rechtfertigung und Versoehnug,* III, cap. V)— que la personalidad espiritual de Dios se estimaba muy imperfectamente en la antigua teología al limitarla a las funciones de conocer y querer. La concepción religiosa no puede menos de aplicar a Dios también el atributo del sentimiento espiritual. Pero la antigua teología ateníase a la impresión de que el sentimiento y el afecto son notas de una personalidad limitada y creada, y trasformaba la concepción religiosa de la felicidad de Dios, verbigracia, en el eterno conocerse a sí mismo, y la del odio en el habitual propósito de castigar el pecado.» Sí, aquel Dios lógico, obtenido *via negationis,* era un Dios que, en rigor, ni amaba ni odiaba, porque ni gozaba ni sufría, un Dios sin pena ni gloria, inhumano, y en justicia una justicia racional o matemática, esto es, una injusticia.

Los atributos del Dios vivo, del Padre de Cristo, hay que deducirlos de su revelación histórica en el Evangelio y en la conciencia de cada uno de los creyentes cristianos, y no de razonamientos metafísicos que sólo llevan al Dios-Nada, de Escoto Eríugena, al Dios racional o panteístico, al Dios ateo, en fin, a la Divinidad despersonalizada.

Y es que al Dios vivo, al Dios humano, no se llega por camino de razón, sino por camino de amor y de sufrimiento. La razón nos aparta más bien de El. No es posible conocerle para luego amarle; hay que empezar por amarle, por anhelarle, por tener hambre de El, antes de conocerle. El conocimiento de Dios procede del amor a Dios, y es un conocimiento que poco o nada tiene de racional. Porque Dios es indefinible. Querer definir a Dios es pretender limitarlo en nuestra mente, es decir, matarlo. En cuanto tratamos de definirlo, nos surge la nada.

La idea de Dios de la pretendida teodicea racional no es más que una hipótesis, como, por ejemplo, la idea del éter.

Este, el éter, en efecto, no es sino una entidad supuesta, y que no tiene valor sino en cuanto explica lo que por ella tratamos de explicarnos: la luz, o la electricidad, o la gravitación universal, y sólo en cuanto no se pueda explicar estos hechos de otro modo. Y así, la idea de Dios es una hipótesis también que sólo tiene valor en cuanto con ella nos explicamos lo que tratamos con ella de explicarnos: la existencia y esencia del Universo, y mientras no se expliquen mejor de otro modo. Y como en realidad no nos la explicamos ni mejor ni peor con esa idea que sin ella, la idea de Dios, suprema petición de principio, marra.

Pero si el éter no es sino hipótesis para explicar la luz, el aire, en cambio, es una cosa inmediatamente sentida; y aunque con él no nos explicásemos el sonido, tendríamos siempre su sensación directa, sobre todo la de su falta, en momento de ahogo, de hambre de aire. Y de la misma manera, Dios mismo, no ya la idea de Dios, puede llegar a ser una realidad inmediatamente sentida; y aunque no nos expliquemos con su idea ni la existencia ni la esencia del Universo, tenemos a las veces el sentimiento directo de Dios, sobre todo en los momentos de ahogo espiritual. Y este sentimiento, obsérvese bien, porque en esto estriba todo lo trágico de él y el sentimiento trágico todo de la vida, es un sentimiento de hambre de Dios, de carencia de Dios. Creer en Dios es, en primera istancia, y como veremos, querer que haya Dios, no poder vivir sin El.

Mientras peregriné por los campos de la razón a busca de Dios, no pude encontrarle porque la idea de Dios no me engañaba, ni pude tomar por Dios a una idea, y fue entonces, cuando erraba por los páramos del racionalismo, cuando me dije que no debemos buscar más consuelo que la verdad, llamando así a la razón, sin que por eso me consolara. Pero al ir hundiéndome en el escepticismo racional de una parte y en la desesperación sentimental de otra, se me encendió el hambre de Dios y el ahogo de espíritu me hizo sentir con su falta, su realidad. Y quise que haya Dios, que exista Dios. Y Dios no existe, sino que más bien sobre-existe y está sustentando nuestra existencia, existiéndonos.

Dios, que es el Amor, el Padre del Amor, es hijo del amor en nosotros. Hay hombres lijeros y exteriores, esclavos de la razón que nos exterioriza, que creen haber dicho algo con decir que lejos de haber hecho Dios al hombre a su imagen y semejanza, es el hombre el que a su imagen y semejanza se hace sus dioses o su Dios, sin reparar, los muy livianos, que si esto segundo es, como realmente es, así, se debe a que no es menos verdad lo primero. Dios y el hombre se hacen mutuamente, en efecto; Dios se hace o se revela en el hombre, y el hombre se hace en Dios, Dios se hizo a sí mismo, *Deus ipse se fecit,* dijo Lactancio (*Divinarum institutionum,* II, 8), y podemos decir que está haciendo, y en el hombre y por el hombre. Y si cada cual de nosotros, en el empuje de su amor, en su hambre de divinidad, se imagina a Dios a su medida, y a su medida se hace Dios para él, hay un Dios colectivo, social, humano, resultante de las imaginaciones todas humanas que le imaginan. Porque Dios es y se revela en la colectividad. Y es Dios la más rica y más personal concepción humana.

Nos dijo el Maestro de divinidad que seamos perfectos como es perfecto nuestro Padre que está en los cielos (Mat., V, 48), y en el orden del sentir y el pensar, nuestra perfección consiste en ahincarnos porque nuestra imaginación llegue a la total imaginación de la humanidad de que formamos, en Dios, parte.

Conocida es la doctrina lógica de la contraposición entre la extensión y la comprensión de un concepto, y cómo a medida que la una crece la otra mengua. El concepto más extenso y a la par menos comprensivo es el de ente o cosa que abarca todo lo existente y no tiene más nota que la de ser, y el concepto más comprensivo y el menos extenso es el del universo, que sólo a sí mismo se aplica y comprende todas las notas existentes. Y el Dios lógico o racional, el Dios obtenido por vía de negación, el ente sumo, se sume, como realidad, en la nada, pues el ser puro y la pura nada, según enseñaba Hegel, se identifican. Y el Dios cordial o sentido, el Dios de los vivos, es el Universo mismo personalizado, es la Conciencia del Universo.

Un Dios universal y personal, muy otro que el Dios individual del rígido monoteísmo metafísico.

Debo aquí advertir una vez más cómo opongo la individualidad a la personalidad, aunque se necesiten una a otra. La individualidad es, si puedo así expresarme, el continente, y la personalidad, el contenido; o podría también decir en un cierto sentido que mi personalidad es mi compresión, lo que comprendo y encierro en mí —y que es de una cierta manera todo el Universo—, y mi individualidad es mi extensión; lo uno, lo infinito mío, y lo otro, mi finito. Cien tinajas de fuerte casco de barro están vigorosamente individualizadas, pero pueden ser iguales y vacías, o a lo sumo llenas del mismo líquido homogéneo, mientras que dos vejigas de membrana sutilísima, a través de la cual se verifica activa ósmosis y exósmosis, pueden diferenciarse fuertemente y estar llenas de líquidos muy complejos. Y así puede uno destacarse fuertemente de otros, en cuanto individuo, siendo como un crustáceo espiritual, y ser pobrísimo de contenido diferencial. Y sucede más aún, y es que cuanta más personalidad tiene uno, cuanto mayor riqueza interior, cuanto más sociedad en sí mismo, menos rudamente se divide de los demás. Y de la misma manera, el rígido Dios del deísmo, del monoteísmo aristotélico, el *ens summum*, es un ser en quien la individualidad, o más bien la simplicidad, ahoga a la personalidad. La definición le mata, porque definir es poner fines, es limitar, y no cabe definir lo absolutamente indefinible. Carece ese Dios de riqueza interior; no es sociedad en sí mismo. Y a esto obvió la revelación vital con la creencia en la Trinidad que hace de Dios una sociedad, y hasta una familia en sí, y no ya un puro individuo. El Dios de la fe es personal; es persona, porque incluye tres personas, puesto que la personalidad no se siente aislada. Una persona aislada deja de serlo. ¿A quién, en efecto, amaría? Y si no ama, no es persona. Ni cabe amarse a sí mismo siendo simple y sin desdoblarse por el amor.

Fue el sentir a Dios como Padre lo que trajo consigo la fe en la Trinidad. Porque un Dios Padre no puede ser un Dios soltero, esto es, solitario. Un padre es siempre padre de familia. Y el sentir a Dios como Padre, ha sido una perenne sugestión a concebirlo, no ya antropomórficamente, es decir, como a hombre —*ánthropos*—, sino andropomórficamente, como a varón —*aner*—. A Dios Padre, en efecto, concíbelo la imaginación popular cristiana como a un varón. Y es porque el hombre, *homo*, ανθρωπος, no se nos presenta como varón, *vir,* ανηρ, o como *muller,* γυνη. A lo que puede añadirse el niño, que es neutro. Y de aquí, para completar con la imaginación la necesidad sentimental de un Dios hombre perfecto, esto es, familia, el culto al Dios Madre, a la Virgen María, y el culto al niño Jesús.

El culto a la Virgen, en efecto, la mariolatría, que ha ido poco a poco elevando en dignidad lo divino de la Virgen, hasta casi deificarla, no responde sino a la necesidad sentimental de que Dios sea hombre perfecto, de que entre la feminidad en Dios. Desde la expresión de Madre de Dios, θεοτόχος, deípara ha ido la piedad católica exaltando a la Virgen María hasta declararla corredentora y proclamar dogmática su concepción sin mancha de pecado original, lo que la pone ya entre la Humanidad y la Divinidad y más cerca de ésta que de aquélla. Y alguien ha manifestado su sospecha de que, con el tiempo, acaso se llegue a hacer de ella algo así como una persona divina más.

Y tal vez no por esto la Trinidad se convirtiese en Cuaternidad. Si πνευμα, espíritu en griego, en vez de ser neutro fuese femenino, ¿quién sabe si no se hubiese hecho ya de la Virgen María una encarnación o humanación del Espíritu Santo? El texto del Evangelio, según Lucas, en el versillo 35 del capítulo I, donde se narra la Anunciación por el ángel Gabriel que le dice: «El Espíritu Santo vendrá sobre ti», πνευμα άγιον επελύεσεται επι σε, habría bastado para una encendida piedad que sabe siempre plegar a sus deseos la especulación teológica. Y habríase hecho un trabajo dogmático paralelo al de la divinización de Jesús, el Hijo, y su identificación con el Verbo.

De todos modos, el culto a la Virgen, a lo eterno femenino, o más bien a lo divino femenino, a la maternidad divina, acude a completar la personalización de Dios haciéndole familia.

En uno de mis libros (*Vida de Don Quijote y Sancho,* segunda parte, cap. LXVII), he dicho que «Dios era y es en nuestras mentes masculino. Su modo de juzgar y condenar a los hombres, modo de varón, no de persona humana por encima de sexo; modo de Padre. Y para compensarlo hacía falta la Madre, la Madre que perdona siempre, la Madre que abre siempre los brazos al hijo cuando huye éste de la mano levantada o del ceño fruncido del irritado padre; la madre en cuyo regazo se busca como consuelo una oscura remembranza de aquella tibia paz de la inconciencia que dentro de él fue el alba que precedió a nuestro nacimiento y un dejo de aquella dulce leche que embalsamó nuestros sueños de inocencia; la madre que no conoce más justicia que el perdón, ni más ley que el amor. Nuestra pobre e imperfecta concepción de un Dios con largas barbas y voz de trueno, de un Dios que impone preceptos y pronuncia sentencias, de un Dios Amo de casa, *Pater familias* a la romana, necesitaba compensarse y completarse; y como en el fondo no podemos concebir al Dios personal y vivo, no ya por encima de rasgos humanos, mas ni aún por encima de rasgos varoniles, y menos un Dios neutro o hermafrodita, acudimos a darle un Dios femenino, y junto al Dios Padre hemos puesto a la Diosa Madre, a la que perdona siempre, porque como mira con amor ciego, ve siempre el fondo de la culpa y en ese fondo la justicia única del perdón...»

A lo que debo ahora añadir que no sólo no podemos concebir al Dios vivo y entero como solamente varón, sino que no le podemos concebir como solamente individuo, como proyección de un yo solitario, fuera de sociedad, de un yo en realidad abstracto. Mi yo vivo es un yo que es en realidad un nosotros; mi yo vivo, personal, no vive sino en los demás, de los demás y por los demás yos; procedo de una muchedumbre de abuelos y en mí los llevo en extracto, y llevo a la vez en mí en potencia una muchedumbre de nietos, y Dios, proyección de mi yo al infinito —o más bien yo proyección de Dios a lo finito— es también muchedumbre. Y de aquí, para salvar la personalidad de Dios, es decir, para salvar al Dios vivo, la necesidad de fe —esto es sentimental e imaginativa— de concebirle y sentirle con una cierta multiplicidad interna.

El sentimiento pagano de divinidad viva obvió a esto con el politeísmo. Es el conjunto de sus dioses, la república de éstos, lo que costituye realmente su Divinidad. El verdadero Dios del paganismo helénico es más bien que Zeus Padre (*Júpiter*), la sociedad toda de los dioses y semi-dioses. Y de aquí la solemnidad de la invocación de Demóstenes cuando invocaba a los dioses todos y a todas las diosas: τοις θεοις εὔχομαι παοι και πασαις. Y cuando los razonadores sustantivaron el término dios, θεός, que es propiamente un adjetivo, una cualidad predicada de cada uno de los dioses, y le añadieron un artículo, forjaron el *dios* —ὸ θεος— abstracto o muerto del racionalismo filosófico, una cualidad sustantivada y falta de personalidad por lo tanto. Porque *el* dios no es más que *lo* divino. Y es que de sentir la divinidad en todo no puede pasarse, sin riesgo para el sentimiento a sustantivarla y hacer de la Divinidad Dios. Y el Dios aristotélico, el de las pruebas lógicas, no es más que la Divinidad, un concepto y no una persona viva o que se pueda sentir y con la que pueda por el amor comunicarse el hombre. Ese Dios que no es sino un adjetivo sustantivo es un dios constitucional que reina; pero no gobierna; la Ciencia es su carta constitucional.

Y en el propio paganismo greco-latino, la tendencia al monoteísmo vivo se ve en concebir y sentir a Zeus como padre, Ζευς πατηρ que le llama Homero, *Iu-piter*, o sea *Iu-pater* entre los latinos, y padre de toda una dilatada familia de dioses y diosas que con él costituyen la Divinidad.

De la conjunción del politeísmo pagano con el monoteísmo judaico, que había tratado por otros medios de salvar la personalidad de Dios, resultó el sentimiento del Dios católico, que es sociedad, como era sociedad ese Dios pagano de que dije, y es uno como el Dios de Israel acabó siéndolo. Y tal es la Trinidad, cuyo más hondo sentido rara vez ha logrado comprender el deísmo racionalista, más o menos impregnado de cristianismo, pero siempre unitario o sociniano.

Y es que sentimos a Dios, más bien que como una conciencia sobrehumana, como la conciencia misma del linaje humano todo, pasado, presente y futuro, como la con-

ciencia colectiva de todo el linaje, y aún más, como la conciencia total e infinita que abarca y sostiene las conciencias
todas, infra-humanas, humanas y acaso sobre-humanas. La
divinidad que hay en todo, desde la más baja, es decir, desde la menos conciente forma viva hasta la más alta, pasando por nuestra conciencia humana, la sentimos personali-
zada, conciente de sí misma, en Dios. Y a esa gradación de
conciencias, sintiendo el salto de la nuestra humana a la plenamente divina, a la universal, responde la creencia en los
ángeles, con sus diversas jerarquías, como intermedios entre nuestras conciencia humana y la de Dios. Gradaciones
que una fe coherente consigo misma ha de creer infinitas,
pues sólo por infinito número de grados puede pasarse de
lo finito a lo infinito.

El racionalismo deísta concibe a Dios como Razón del
Universo, pero su lógica le lleva a concebirlo como una razón impersonal, es decir, como una idea, mientras el vitalismo deísta siente e imagina a Dios como Conciencia y,
por tanto, como persona o más bien como sociedad de personas. La conciencia de cada uno de nosotros, en efecto, es
una sociedad de personas; en mí viven varios yos, y hasta
los yos de aquellos con quienes vivo.

El Dios del racionalismo deísta, en efecto, el Dios de las
pruebas lógicas de su existencia, el *ens realissimum* y primer motor inmóvil, no es más que una Razón suprema,
pero en el mismo sentido en que podemos llamar razón de
la caída de los cuerpos a la ley de la gravitación universal,
que es su explicación. Pero dirá alguien que esa que llamamos ley de la gravitación universal, u otra cualquiera ley o
un principio matemático, es una realidad propia e independiente, es un ángel, es algo que tiene conciencia de sí y de
los demás, ¿que es persona? No, no es más que una idea
sin realidad fuera de la mente del que la concibe. Y así ese
Dios Razón, o tiene conciencia de sí o carece de realidad
fuera de la mente de quien lo concibe. Y si tiene conciencia de sí, es ya una razón personal, y entonces todo el valor
de aquellas pruebas se desvanece, porque las tales pruebas
sólo probaban una razón, pero no una conciencia suprema.
Las matemáticas prueban un orden, una constancia, una ra-

zón en la serie de los fenómenos mecánicos, pero no prueban que esa razón sea conciente de sí. Es una necesidad lógica, pero la necesidad lógica no prueba la necesidad teológica o finalista. Y donde no hay finalidad no hay personalidad tampoco, no hay conciencia.

El Dios, pues, racional, es decir, el Dios que no es sino Razón del Universo, se destruye a sí mismo en nuestra mente en cuanto tal Dios, y sólo renace en nosotros cuando en el corazón lo sentimos como persona viva, como Conciencia, y no ya sólo como Razón impersonal y objetiva del Universo. Para explicarnos racionalmente la costrucción de una máquina nos basta conocer la ciencia mecánica del que la construyó; pero para comprender que la tal máquina exista, pues que la Naturaleza no las hace y sí los hombres, tenemos que suponer un ser conciente constructor. Pero esta segunda parte del razonamiento no es aplicable a Dios, aunque se diga que en El la ciencia mecánica y el mecanismo constructores de la máquina son una sola y misma cosa. Esta identificación no es racionalmente sino una petición de principio. Y así es como la razón destruye a esa Razón suprema en cuanto persona.

No es la razón humana, en efecto, razón que a su vez tampoco se sustenta sino sobre lo irracional, sobre la conciencia vital toda, sobre la voluntad y el sentimiento; no es esa nuestra razón la que puede probarnos la existencia de una Razón Suprema, que tendría a su vez que sustentarse sobre lo Supremo Irracional, sobre la Conciencia Universal. Y la revelación sentimental e imaginativa, por amor, por fe, por obra de personalización de esa Conciencia Suprema, es la que nos lleva a creer en el Dios vivo.

Y este Dios, el Dios vivo, tu Dios, nuestro Dios, está en mí, está en ti, vive en nosotros, y nosotros vivimos, nos movemos y somos en El. Y está en nosotros por el hambre que de El tenemos, por el anhelo, haciéndose apetecer. Y es el Dios de los humildes, porque Dios escojió lo necio del mundo para avergonzar a los sabios, y lo flaco para avergonzar a lo fuerte, según el Apóstol (I Cor., I, 27). Y es Dios en cada uno según cada uno lo siente y según le ama. «Si de dos hombres —dice Kierkegaard— reza el uno al verdadero Dios con insinceridad personal, y el otro con la pasión toda de la infinitud reza a un ídolo, es el primero el que en realidad ora a un ídolo, mientras que el segundo ora en verdad a Dios.» Mejor es decir que es Dios verdadero Aquel a quien se reza y se anhela de verdad. Y hasta la superstición misma puede ser más reveladora que la teología. El viejo Padre de luengas barbas y melenas blancas, que aparece entre nubes llevando la bola del mundo en la mano, es más vivo y más verdadero que el *ens realissimum* de la teodicea.

La razón es una fuerza analítica, esto es, disolvente, cuando dejando de obrar sobre la forma de las intuiciones, ya sean del instinto individual de conservación, ya sean del instinto social de perpetuación, obra sobre el fondo, sobre la materia misma de ellas. La razón ordena las percepciones sensibles que nos dan el mundo material; pero cuando su análisis se ejerce sobre la realidad de las percepciones mismas, nos las disuelve y nos sume en un mundo aparencial, de sombras sin consistencia, porque la razón fuera de lo formal es nihilista, aniquiladora. Y el mismo terrible oficio cumple cuando sacándola del suyo propio, la llevamos a escudriñar las intuiciones imaginativas que nos dan el mundo espiritual. Porque la razón aniquila y la imaginación *entera,* integra o totaliza; la razón por sí sola mata y la imaginación es la que da vida. Si bien es cierto que la imaginación por sí sola, al darnos vida sin límite, nos lleva a confundirnos con todo, y en cuanto individuos, nos mata también, nos mata por exceso de vida. La razón, la cabeza, nos dice: «¡Nada!»; la imaginación, el corazón, nos dice: «¡Todo!», y entre nada y todo, fundiéndose el todo y la nada en nosotros, vivimos en Dios, que es todo, y vive Dios en nosotros, que sin El, somos nada. La razón repite: «¡Vanidad de vanidades, y todo vanidad!». Y la imaginación replica: «¡Plenitud de plenitudes, y todo plenitud!». Y así vivimos la vanidad de la plenitud, o la plenitud de la vanidad.

Y tan de las entrañas del hombre arranca esta vanidad vital de vivir un mundo ilógico, irracional, personal o divino, que cuantos no creen en Dios o creen no creer en El, creen en cualquier diosecillo, o siquiera en un demoniejo, o en un agüero, o en una herradura que encontraron por acaso al azar de los caminos, y que guardan sobre su corazón para que les traiga buena suerte y les defienda de esa misma razón de que se imaginan ser fieles servidores y devotos.

El Dios de que tenemos hambre es el Dios a que oramos, el Dios del *Pater noster,* de la oración dominical; el Dios a quien pedimos, ante todo y sobre todo; démonos o no de esto cuenta, que nos infunda fe, fe en El mismo, que haga que creamos con El, que se haga El en nosotros, El Dios a quien pedimos que sea santificado su nombre y que haga su voluntad —su voluntad, no su razón—, así en la tierra como en el cielo, mas sintiendo que su voluntad no puede ser sino la esencia de nuestra voluntad, el deseo de persistir eternamente.

Y tal es el Dios del amor, sin que sirva el que nos pregunten cómo sea, sino que cada cual consulte a su corazón y deje a su fantasía que se lo pinte en las lontananzas del Universo, mirándole por sus millones de ojos, que son los luceros del cielo de la noche. Ese en que crees, lector, ése es tu Dios, el que ha vivido contigo en ti, y nació contigo y fue niño cuando eras tú niño, y fue haciéndose hombre según tú te hacías hombre y que se te disipa cuando te disipas, y que es tu principio de continuidad en la vida espiritual, porque es el principio de solidaridad entre los hombres todos y en cada hombre, y de los hombres con el Universo y que es como tú, persona. Y si crees en Dios, Dios cree en ti, y creyendo en ti te crea de continuo. Porque tú no eres en el fondo sino la idea que de ti tiene Dios; pero una idea viva, como de Dios vivo y conciente de sí, como de Dios Conciencia, y fuera de lo que eres en la sociedad no eres nada.

¿Definir a Dios? Sí, ése es nuestro anhelo; ése era el anhelo del hombre Jacob, cuando luchando la noche toda, hasta el rayar del alba, con aquella fuerza divina decía: «¡Dime, te lo ruego, tu nombre!» (Gén., XXXII, 29). Y oíd lo que aquel gran predicador cristiano, Federico Guillermo Robertson, predicaba en la capilla de la Trinidad de

Brighton, el 10 de junio de 1849, diciendo: «Y esta es nuestra lucha —*la* lucha—. Que baje un hombre veraz a las profundidades de su propio ser y nos responda: ¿cuál es el grito que le llega de la parte más real de su naturaleza? ¿Es pidiendo el pan de cada día? Jacob pidió en su *primera* comunión con Dios esto; pidió seguridad, conservación. ¿Es acaso el que se nos perdonen nuestros pecados? Jacob tenía un pecado por perdonar; mas en éste, el más solemne momento de su existencia no pronunció una sílaba respecto a él. ¿O es acaso esto: «santificado sea tu nombre»? No, hermanos míos. De nuestra frágil, aunque humilde humanidad, la petición que surja en las horas más terrenales de nuestra religión puede ser esta de: «¡Salva mi alma!»; pero en los momentos menos terrenales es esta otra: «¡Dime tu nombre!»

«Nos movemos por un mundo de misterio, y la más profunda cuestión es la de cuál es el ser que nos está cerca siempre, a las veces sentido, jamás visto —que es lo que nos ha obsesionado desde la niñez con un sueño de algo soberanamente hermoso y que jamás se nos aclara—, que es lo que a las veces pasa por el alma como una desolación, como el soplo de las alas del Ángel de la Muerte, dejándonos aterrados y silenciosos en nuestra soledad —lo que nos ha tocado en lo más vivo, y la carne se ha estremecido de agonía, y nuestros afectos mortales se han contraído de dolor—, que es lo que nos viene en aspiraciones de nobleza y concepciones de sobrehumana excelencia. ¿Hemos de llamarle Ello o Él? (*It or Her?*) ¿Qué es Ello? ¿Quién es Él? Estos presentimientos de inmortalidad y de Dios, ¿qué son? ¿Son meras ansias de mi propio corazón no tomadas por algo vivo fuera de mí? ¿Son el sonido de mis propios anhelos que resuenan por el vasto vacío de la nada? ¿O he de llamarlas Dios, Padre, Espíritu, Amor? ¿Un ser vivo dentro o fuera de mí? Dime tu nombre, tú, ¡terrible misterio del amor! Tal es la lucha de toda mi vida seria.»

Así Robertson. A lo que he de hacer notar que ¡dime tu nombre! no es en el fondo otra cosa que ¡salva mi alma! Le

pedimos su nombre para que salve nuestra alma, para que
salve el alma humana, para que salve la finalidad humana
del Universo. Y si nos dicen que se llama El, que es o *ens
realissimum,* o Ser Supremo, o cualquier otro nombre metafísico, no nos conformamos, pues sabemos que todo nombre metafísico es equis, y seguimos pidiéndole su nombre.
Y sólo hay un nombre que satisfaga a nuestro anhelo, y
este nombre es Salvador, Jesús. Dios es el amor que salva:

> For the loving worm within its clod,
> Were diviner than a loveless God
> Amid his worlds, I will dare to say.

«Me atreveré a decir que el gusano que ama en su terrón
sería más divino que un dios sin amor entre sus mundos»,
dice Roberto Browning (*Christmas Eve and Easter Day*). Lo
divino es el amor, la voluntad personalizadora y eternizadora, la que siente hambre de eternidad y de infinitud.

Es a nosotros mismos, es nuestra eternidad lo que buscamos en Dios, es que nos divinice. Fue ese mismo Browning el que dijo (*Saul*, en *Dramatic Lyries*):

> This the weakness in strength, that I cry for! my flesh that
> I seek
> In the Godhead!

«¡Es la debilidad en la fuerza por lo que clamo; mi carne
lo que busco en la Divinidad!»

Pero este Dios que nos salva, este Dios personal, Conciencia del Universo que envuelve y sostiene nuestras conciencias, este Dios que da finalidad humana a la creación
toda, ¿existe? ¿Tenemos pruebas de su existencia?

Lo primero que aquí se nos presenta es el sentido de la
noción esta de existencia. ¿Qué es existir y cómo son las cosas de que decimos que no existen?

Existir en la fuerza etimológica de su significado es estar
fuera de nosotros, fuera de nuestra mente, *ex-sistere*. ¿Pero
es que hay algo fuera de nuestra mente, fuera de nuestra
conciencia que abarca a lo conocido todo? Sin duda que lo
hay. La materia del conocimiento nos viene de fuera. ¿Y

cómo es esa materia? Imposible saberlo, porque conocer es informar la materia, y no cabe, por tanto, conocer lo informe como informe. Valdría tanto como tener ordenado el caos.

Este problema de la existencia de Dios, problema racionalmente insoluble, no es en el fondo sino el problema de la conciencia, de la *ex-sistencia* y no de la *in-sistencia* de la conciencia, el problema mismo de la existencia sustancial del alma, el problema mismo de la perpetuidad del alma humana, el problema mismo de la finalidad humana del Universo. Creer en un Dios vivo y personal, en una conciencia eterna y universal que nos conoce y nos quiere, es creer que el Universo existe *para* el hombre. Para el hombre o para una conciencia en el orden de la humana, de su misma naturaleza, aunque sublimada, de una conciencia que nos conozca, y en cuyo seno viva nuestro recuerdo para siempre.

Acaso en un supremo y desesperado esfuerzo de resignación llegáramos a hacer, ya lo he dicho, el sacrificio de nuestra personalidad si supiéramos que al morir iba a enriquecer una Personalidad, una Conciencia Suprema; si supiéramos que el Alma Universal se alimenta de nuestras almas, de ellas necesita. Podríamos tal vez morir en una desesperada resignación o en una desesperación resignada entregando nuestra alma al alma de la Humanidad, legando nuestra labor, que lleva el sello de nuestra persona, si esa humanidad hubiera de legar a su vez su alma a otra alma cuando al cabo se extinga la conciencia sobre esta Tierra de dolor de ansias. Pero ¿y si no ocurre así?

Y si el alma de la humanidad es eterna, si es eterna la conciencia colectiva humana, si hay una Conciencia del Universo y ésta es eterna, ¿por qué nuestra propia conciencia individual, la tuya, lector, la mía, no ha de serlo?

¿En todo el vasto Universo habría de ser esto de la conciencia que se conoce, se quiere y se siente, una excepción unida a un organismo que no puede vivir sino entre tales y cuales grados de calor, un pasajero fenómeno? No es, no, una mera curiosidad lo de querer saber si están o no los astros habitados por organismos vivos animados, por conciencias hermanas de las nuestras, y hay un profundo anhelo en el ensueño de la trasmigración de nuestras almas por los astros que pueblan las vastas lontananzas del cielo. El sentimiento de lo divino nos hace desear y creer que todo es animado, que la conciencia, en mayor o menor grado, se extiende a todo. Queremos no sólo salvarnos, sino salvar al mundo de la nada. Y para esto Dios. Tal es su finalidad sentida.

¿Qué sería un universo sin conciencia alguna que lo reflejase y lo conociese? ¿Qué sería la razón objetiva, sin voluntad ni sentimiento? Para nosotros, lo mismo que la nada; mil veces más pavorosa que ella.

Si tal supuesto llega a ser realidad, nuestra vida carece de valor y de sentido.

No es, pues, necesidad racional, sino angustia vital lo que nos lleva a creer en Dios. Y creer en Dios es ante todo y sobre todo, he de repetirlo, sentir hambre de Dios, hambre de divinidad, sentir su ausencia y vacío, querer que Dios exista. Y es querer salvar la finalidad humana del Universo. Porque hasta podría llegar uno a resignarse a ser absorbido por Dios si en una Conciencia se funda nuestra conciencia, si es la conciencia el fin del Universo.

«Dijo el malvado en su corazón: no hay Dios.» Y así es en verdad. Porque un justo puede decirse en su cabeza «¡Dios no existe!» Pero en el corazón sólo puede decírselo el malvado. No creer que haya Dios o creer que no le haya, es una cosa; resignarse a que no le haya, es otra, aunque inhumana y horrible; pero no querer que le haya, excede a toda otra monstruosidad moral. Aunque de hecho los que reniegan de Dios es por desesperación de no encontrarlo.

Y ahora viene de nuevo la pregunta racional, esfíngica —la Esfinge, en efecto, es la razón— de: ¿existe Dios? Esa persona eterna y eternizadora que da sentido —y no añadiré humano, porque no hay otro— al Universo, ¿es algo sustancial fuera de nuestra conciencia, fuera de nuestro anhelo? He aquí algo insoluble, y vale más que así lo sea. Bástele a la razón el no poder probar la imposibilidad de su existencia.

Creer en Dios es anhelar que le haya y es, además, conducirse como si le hubiera; es vivir de ese anhelo y hacer de él nuestro íntimo resorte de acción. De este anhelo o hambre de divinidad surge la esperanza; de ésta la fe, y de la fe y la esperanza, la caridad; de ese anhelo arrancan los sentimientos de belleza, de finalidad, de bondad.

Veámoslo.

9. Fe, esperanza y caridad

Sanctiusque ac reverentius visum de actis
deorum credere quam scire.

TÁCITO, *Germania*, 34.

A este Dios cordial o vivo se llega, y se vuelve a El cuando por el Dios lógico o muerto se le ha dejado, por el camino de fe y no de convicción racional o matemática.

¿Y qué cosa es fe?

Así pregunta el catecismo de la doctrina cristina que se nos enseñó en la escuela, y contesta así: «Creer lo que no vimos».

A lo que hace ya una docena de años correjí en un ensayo diciendo: «¡Creer lo que no vimos, no!, sino creer lo que no vemos». Y antes os he dicho que creer en Dios es, en primera istancia al menos, querer que le haya, anhelar la existencia de Dios.

La virtud teologal de la fe es, según el Apóstol Pablo, cuya definición sirve de base a las tradicionales disquisiciones cristianas sobre ella, «la sustancia de las cosas que se es-

pera, la demostración de lo que no se ve». ελπιζ όμενωνώ-
ποστασις, πραγματων ελεγχος ου βλεπομενων (Hebreos, XI, 1).

La sustancia, o más bien el sustento o base de la esperanza, la garantía de ella. Lo cual conexiona, y más que conexiona subordina, la fe a la esperanza. Y de hecho no es
que esperamos porque creemos, sino más bien que creemos
porque esperamos. Es la esperanza en Dios, esto es, el ardiente anhelo de que haya un Dios que garantice la eternidad de la conciencia, lo que nos lleva a creer en Él.

Pero la fe, que es al fin y al cabo algo compuesto en que
entra un elemento conocitivo, lógico o racional juntamente
con uno afectivo, biótico o sentimental, y en rigor irracional, se nos presenta en forma de conocimiento. Y de aquí
la insuperable dificultad de separarla de un dogma cualquiera. La fe pura, libre de dogmas, de que tanto escribí
en un tiempo, es un fantasma. Ni con inventar aquello de
la fe en la fe misma se salía del paso. La fe necesita una
materia en que ejercerse.

El creer es una forma de conocer, siquiera no fuese otra
cosa que conocer nuestro anhelo vital y hasta formularlo.
Sólo que el término creer tiene en nuestro lenguaje corriente una doble y hasta contradictoria significación, queriendo
decir, por una parte, el mayor grado de adhesión de la mente a un conocimiento como verdadero, y de otra parte una
débil y vacilante adhesión. Pues si en un sentido creer algo
es el mayor asentimiento que cabe dar, la expresión «creo
que sea así, aunque no estoy de ello seguro», es corriente y
vulgar.

Lo cual responde a lo que respecto a la incertidumbre,
como base de fe, dijimos. La fe más robusta, en cuanto distinta de todo otro conocimiento que no sea *pístico* o de fe
—fiel, como si dijéramos—, se basa en incertidumbre. Y
es porque la fe, garantía de lo que se espera, es, más que
adhesión racional a un principio teórico, confianza en la persona que nos asegura algo. La fe supone un elemento personal objetivo. Más bien que creemos algo, creemos a alguien que nos promete o asegura esto o lo otro. Se cree a
una persona y a Dios en cuanto persona y personalización
del Universo.

Este elemento personal, o religioso, en la fe es evidente. La fe, suele decirse, no es en sí ni un conocimiento teórico o adhesión racional a una verdad, ni se explica tampoco suficientemente su esencia por la confianza en Dios. «La fe es la sumisión íntima a la autoridad espiritual de Dios, la obediencia inmediata. Y en cuanto esta obediencia es el medio de alcanzar un principio racional, es la fe una convicción personal.» Así dice Seeberg (1).

La fe que definió San Pablo, la πίστις, *pistis* griega, se traduce mejor por confianza. La voz *pistis* en efecto, procede del verbo πειθω, *peitho,* que si en su voz activa significa persuadir, en la media equivale a confiar en uno, hacerle caso, fiarse de él, obedecer. Y fiarse, *fidare se,* procede del tema *fid* —de donde *fides,* fe, y de donde también confianza—. Y el tema griego πιθ —*pith* y el latino *fid,* parecen hermanos. Y en resolución, que la voz misma fe lleva en su origen implícito el sentido de confianza, de rendimiento a una voluntad ajena, a una persona. Sólo se confía en las personas. Confíase en la Providencia que concebimos como algo personal y conciente, no en el Hado, que es algo impersonal. Y así se cree en quien nos dice la verdad, en quien nos da la esperanza; no en la verdad misma directa e inmediatamente, no en la esperanza misma.

Y este sentido personal o más bien personificante de la fe, se delata hasta en sus formas más bajas, pues es el que produce la fe en la ciencia infusa, en la inspiración, en el milagro. Conocido es, en efecto, el caso de aquel médico parisiense que al ver que en su barrio le quitaba un curandero la clientela, trasladóse a otro, al más distante, donde por nadie era conocido, anunciándose como curandero y conduciéndose como tal. Y al denunciarle por ejercicio ilegal de la Medicina, exhibió su título, viniendo a decir poco más o menos esto: «Soy médico, pero si como tal me hubiese anunciado, no habría obtenido la clientela que como curandero tengo; mas ahora, al saber mis clientes que he estudiado medicina y poseo título de médico, huirán de mí a un cu-

¹ Reinold Seeberg, *Chreistliche-protestantische Ethik,* en la *Systematische Christliche Religion,* de la colección *Die Kultur der Gegenwart.*

randero que les ofrezca la garantía de no haber estudiado, de curar por inspiración». Y es que se desacredita al médico a quien se le prueba que no posee título ni hizo estudios, y se desacredita al curandero a quien se le prueba que los hizo y que es médico titulado. Porque unos creen en la ciencia, en el estudio, y otros creen en la persona, en la inspiración y hasta en la ignorancia.

«Hay una distinción en la geografía del mundo que se nos presenta cuando establecemos los diferentes pensamientos y deseos de los hombres respecto a su religión. Recordemos cómo el mundo todo está en general dividido en dos hemisferios por lo que a esto hace. Una mitad del mundo, el gran Oriente oscuro, es místico. Insiste en no ver cosa alguna demasiado claro. Poned distinta y clara una cualquiera de las grandes ideas de la vida, e inmediatamente le parece al oriental que no es verdadera. Tiene un instinto que le dice que los más vastos pensamientos son demasiado vastos para la mente humana, y que si se presentan en formas de expresión que la mente humana puede comprender, se violenta su naturaleza y se pierde su fuerza. Y por otra parte, el occidental exige claridad y se impacienta con el misterio. Le gusta una proposición definida tanto como a su hermano del Oriente le desagrada. Insiste en saber lo que significan para su vida personal las fuerzas eternas e infinitas, cómo han de hacerle personalmente más feliz y mejor y casi cómo han de construir la casa que le abrigue y cocerle la cena en el fogón... Sin duda hay excepciones; místicos en Boston y San Luis, hombres atenidos a los hechos en Bombay y Calcuta. Ambas disposiciones de ánimo no pueden estar separadas una de otra por un océano o una cordillera. En ciertas naciones y tierras, como por ejemplo, entre los judíos y en nuestra propia Inglaterra, se mezclan mucho. Pero, en general, dividen así el mundo. El Oriente cree en la luz de luna del misterio; el Occidente en el mediodía del hecho científico. El Oriente pide al Eterno vagos impulsos; el Occidente coje el presente con lijera mano y no quiere soltarlo hasta que le dé motivos razonables, inteligibles. Cada uno de ellos entiende mal al otro, desconfía de él, y hasta en gran parte le desprecia. Pero ambos hemisferios juntos, y no uno de ellos por sí, forman el mundo todo.» Así dijo en uno de sus sermones el reverendo Philips Brooks, obispo que fue de Massachussets, el gran predicador unitario (v. *The mistery of Iniquity and Other Sermons,* sermón XII).

Podríamos más bien decir que en el mundo todo, lo mismo en Oriente que en Occidente, los racionalistas buscan la definición y creen en el concepto, y los vitalistas buscan la inspiración y creen en la persona. Los unos estudian el Universo para arrancarle sus secretos; los otros rezan a la Conciencia del Universo, tratan de ponerse en relación inmediata con el alma del mundo, con Dios, para encontrar garantía o sustancia a lo que esperan, que es no morirse, y demostración de lo que no ven.

Y como la persona es una voluntad y la voluntad se refiere siempre al porvenir, el que cree, cree en lo que vendrá, esto es, en lo que espera. No se cree, en rigor, lo que es y lo que fue, sino como garantía, como sustancia de lo que será. Creer el cristiano en la resurrección de Cristo, es decir, creer a la tradición y al Evangelio —y ambas potencias son personales— que le dicen que el Cristo resucitó, es creer que resucitará él un día por la gracia de Cristo. Y hasta la fe científica, pues la hay, se refiere al porvenir y es acto de confianza. El hombre de ciencia cree que en tal día venidero se verificará un eclipse de sol, cree que las leyes que hasta hoy han regido al mundo seguirán rigiéndolo.

Creer, vuelvo a decirlo, es dar crédito a uno, y se refiere a persona. Digo que sé que hay un animal llamado caballo, y que tiene estos y aquellos caracteres porque lo he visto, y creo en la existencia del llamado jirafa u ornitorrinco, y que sea de este o el otro modo, porque creo a los que aseguran haberlo visto. Y de aquí el elemento de incertidumbre que la fe lleva consigo, pues una persona puede engañarse o engañarnos.

Mas, por otra parte, este elemento personal de la creencia le da un carácter afectivo, amoroso y sobre todo, en la fe religiosa, el referirse a lo que se espera. Apenas hay quien sacrificara la vida por mantener que los tres ángulos de un triángulo valgan dos rectos, pues tal verdad no necesita del

sacrificio de nuestra vida; mas, en cambio, muchos han perdido la vida por mantener su fe religiosa, y es que los mártires hacen la fe más aún que la fe los mártires. Pues la fe
no es la mera adhesión del intelecto a un principio abstracto, no es el reconocimiento de una verdad teórica en que
la voluntad no hace sino movernos a entender; la fe es cosa
de la voluntad, es movimiento del ánimo hacia una verdad
práctica, hacia una persona, hacia algo que nos hace vivir
y no tan sólo comprender la vida (1).

La fe nos hace vivir mostrándonos que la vida, aunque
dependa de la razón, tiene en otra parte su manantial y su
fuerza, en algo sobrenatural y maravilloso. Un espíritu singularmente equilibrado y muy nutrido de ciencia, el del
matemático Cournot, dijo ya que es la tendencia a lo sobrenatural y a lo maravilloso lo que da vida, y que a falta
de eso, todas las especulaciones de la razón no vienen a parar sino a la aflicción de espíritu. (*Traité de l'enchaînement
des idées fondamentales dans les sciences et dans l'histoire,*
párrafo 329.) Y es que queremos vivir.

Mas, aunque decimos que la fe es cosa de la voluntad,
mejor sería acaso decir que es la voluntad misma, la voluntad de no morir, o más bien otra potencia anímica distinta
de la inteligencia, de la voluntad y del sentimiento. Tendríamos, pues, el sentir, el conocer, el querer y el creer, o
sea crear. Porque ni el sentimiento, ni la inteligencia, ni la
voluntad crean, sino que se ejercen sobre materia dada ya,
sobre materia dada por la fe. La fe es el poder creador del
hombre. Pero como tiene más íntima relación con la voluntad que con cualquiera otra de las potencias, la presen-
tamos en forma volitiva. Adviértase, sin embargo, cómo
querer creer, es decir, querer crear, no es precisamente creer
o crear, aunque sí comienzo de ello.

La fe es, pues, si no potencia creativa, flor de la voluntad y su oficio crear. La fe crea, en cierto modo, su objeto.
Y la fe en Dios consiste en crear a Dios, y como es Dios el
que nos da la fe en El, es Dios el que se está creando a sí
mismo de continuo en nosotros. Por lo que dijo San Agus-

---

¹ Cotéjese Santo Tomás, *Summa,* Secunda secundae, quaestio 4, art. 2.

tín: «Te buscaré, Señor, invocándote, y te invocaré creyendo en Ti. Te invoca, Señor, mi fe, la fe que me diste, que me inspiraste con la humanidad de tu Hijo, por el ministerio de tu predicador» (*Confesiones,* lib. I, cap. I). El poder de crear un Dios a nuestra imagen y semejanza, de personalizar el Universo, no significa otra cosa sino que llevamos a Dios dentro, como sustancia de lo que esperamos, y que Dios nos está de continuo creando a su imagen y semejanza.

Y se crea a Dios, es decir, se crea Dios a sí mismo en nosotros por la compasión, por el amor. Creer en Dios es amarle y temerle con amor, y se empieza por amarle aun antes de conocerle, y amándole es como se acaba por verle y descubrirle en todo.

Los que dicen creer en Dios, y ni le aman ni le temen, no creen en El, sino en aquellos que les han enseñado que Dios existe; los cuales, a su vez con harta frecuencia, tampoco creen en El. Los que sin pasión de ánimo, sin congoja, sin incertidumbre, sin duda, sin la desesperación en el consuelo, creen creer en Dios mismo. Y así como se cree en El por amor, puede también creerse por temor, y hasta por odio, como creía en El aquel ladrón, Vanni Fucci, a quien el Dante hace insultarle con torpes gestos desde el Infierno (*Inferno,* XXV, I, 3). Que también los demonios creen en Dios, y muchos ateos.

¿No es, acaso, una manera de creer en El esa furia con que le niegan y hasta le insultan los que no quieren que le haya, ya que no logran creer en El? Quieren que exista como lo quieren los creyentes; pero siendo hombres débiles y pasivos o malvados, en quienes la razón puede más que la voluntad, se sienten arrastrados por aquella, bien a su íntimo pesar, y se desesperan y niegan por desesperación, y al negar, afirman y crean lo que niegan, y Dios se revela en ellos, afirmándose por la negación de sí mismo.

Mas a todo esto se me dirá que enseñar que la fe crea su objeto es enseñar que el tal objeto no lo es sino para la fe, que carece de realidad objetiva fuera de la fe misma; como por otra parte, sostener que hace falta la fe para contener o para consolar al pueblo, es declarar ilusorio el objetivo de la fe. Y lo cierto es que creer en Dios es hoy, ante

todo y sobre todo, para los creyentes intelectuales, querer
que Dios exista.

Querer que exista Dios, y conducirse y sentir como si
existiera. Y por este camino de querer su existencia, y obrar
conforme a tal deseo, es como creamos a Dios, esto es, como
Dios se crea en nosotros, como se nos manifiesta, se abre y
se revela a nosotros. Porque Dios sale al encuentro de quien
le busca con amor y por amor, y se hurta de quien le in-
quiere por fría razón no amorosa. Quiere Dios que el corazón descanse, pero que no descanse la cabeza, ya que en
la vida física duerme y descansa a veces la cabeza, y vela y
trabaja arreo el corazón. Y así, la ciencia sin amor nos aparta de Dios, y el amor, aun sin ciencia y acaso mejor sin ella,
nos lleva a Dios; y por Dios a la sabiduría. ¡Bienaventurados los limpios de corazón, porque ellos verán a Dios!

Y si se me preguntara cómo creo en Dios, es decir, cómo
Dios se crea en mí mismo y se me revela, tendré acaso que
hacer sonreír, reír o escandalizarse tal vez al que se lo diga.

Creo en Dios como creo en mis amigos, por sentir el
aliento de su cariño y su mano invisible e intangible que
me trae y me lleva y me estruja, por tener íntima conciencia de una providencia particular y de una mente universal
que me traza mi propio destino. Y el concepto de la ley
—¡concepto al cabo!— nada me dice ni me enseña.

Una y otra vez durante mi vida heme visto en trance de
suspensión sobre el abismo; una y otra vez heme encontra-
do sobre encrucijadas en que se me abría una haz de sen-
deros, tomando uno de los cuales renunciaba a los demás,
pues que los caminos de la vida son irreversibles, y una y
otra vez en tales únicos momentos he sentido el empuje de
una fuerza conciente, soberana y amorosa. Y ábresele a uno
luego la senda del Señor.

Puede uno sentir que el Universo le llama y le guía como
una persona a otra, oír en su interior su voz sin palabras
que le dice: «¡Ve y predica a los pueblos todos!» ¿Cómo sabéis que un hombre que se os está delante tiene una conciencia como vosotros, y que también la tiene, más o menos oscura, un animal y no una piedra? Por la manera como
el hombre, a modo de hombre a vuestra semejanza se con-

duce con vosotros, y la manera como la piedra no se conduce para con vosotros, sino que sufre vuestra conducta. Pues así es como creo que el Universo tiene una cierta conciencia como yo, por la manera como se conduce conmigo humanamente, y siento que una personalidad me envuelve.

Ahí está una masa informe; parece una especie de animal; no se le distinguen miembros; sólo veo dos ojos, y ojos que me miran con mirada humana, de semejante, mirada que me pide compasión, y oigo que respira. Y concluyo que en aquella masa informe hay una conciencia. Y así, y no de otro modo, mira al creyente el cielo estrellado, con mirada sobrehumana, divina, que le pide suprema compasión y amor supremo, y oye en la noche serena la respiración de Dios que le toca en el cogollo del corazón, y se revela a él. Es el Universo que vive, sufre, ama y pide amor.

De amar estas cosillas de tomo que se nos van como se nos vinieron, sin tenernos apego alguno, pasamos a amar las cosas más permanentes y que no pueden agarrarse con las manos; de amar los bienes pasamos a amar el Bien; de las cosas bellas, a la Belleza; de lo verdadero, a la Verdad; de amar los goces, a amar la Felicidad, y, por último, a amar al Amor. Se sale uno de sí mismo para adentrarse más en su Yo supremo; la conciencia individual se nos sale a sumergirse en la Conciencia total de que forma parte, pero sin disolverse en ella. Y Dios no es sino el Amor que surge del dolor universal y se hace conciencia.

Aun esto, se dirá, es moverse en un cerco de hierro, y tal Dios no es objetivo. Y aquí convendría darle a la razón su parte y examinar qué sea eso de que algo existe, es objetivo.

¿Qué es, en efecto, existir y cuándo decimos que una cosa existe? Existir es ponerse algo de tal modo fuera de nosotros, que precediera a nuestra percepción de ello y pueda subsistir fuera cuando desaparezcamos. ¿Y estoy acaso seguro de que algo me precediera o de que algo me ha de sobrevivir? ¿Puede mi conciencia saber que hay algo fuera de ella? Cuanto conozco o puedo conocer está en mi conciencia. No nos enredemos, pues, en el insoluble problema de otra objetividad de nuestras percepciones, sino que existe cuando obra, y existir es obrar.

Y aquí volverá a decirse que no es Dios, sino la idea de Dios, la que obra en nosotros. Y diremos que Dios por su idea, y más bien muchas veces por sí mismo. Y volverán a redargüirnos pidiéndonos pruebas de la verdad objetiva de la existencia de Dios, pues que pedimos señales. Y tendremos que preguntar con Pilato: «¿Qué es la verdad?»

Así preguntó, en efecto, y sin esperar respuesta, volvióse a lavar las manos para sincerarse de haber dejado condenar a muerte al Cristo. Y así preguntan muchos, ¿qué es verdad?, sin ánimo alguno de recibir respuesta, y sólo para volverse a lavarse las manos del crimen de haber contribuido a matar a Dios de la propia conciencia o de las conciencias ajenas.

¿Qué es verdad? Dos clases hay de verdad, la lógica u objetiva, cuyo contrario es el error, y la moral o subjetiva a que se opone la mentira. Y ya en otro ensayo he tratado de demostrar cómo el error es hijo de la mentira (1).

La verdad moral, camino para llegar a la otra también moral, nos enseña a cultivar la ciencia, que es ante todo y sobre todo una escuela de sinceridad y de humildad. La ciencia nos enseña, en efecto, a someter nuestra razón a la verdad y a conocer y a juzgar las cosas como ellas son; es decir, como ellas quieren ser, y no como nosotros queremos que ellas sean. En una investigación religiosamente científica, son los datos mismos de la realidad, son las percepciones que del mundo recibimos las que en nuestra mente llegan a formularse en ley y no somos nosotros los que las formulamos. Son los números mismos los que en nosotros hacen matemáticas. Y es la ciencia la más recojida escuela de resignación de humildad, pues nos enseña a doblegarnos ante el hecho, al parecer más menudo. Y es pórtico de la religión; pero dentro de ésta, su función acaba.

Y es que así como hay verdad lógica a que se opone el error y verdad moral a que se opone la mentira, hay también verdad estética o verosimilitud a que se opone el dis-

---

¹ En mi ensayo «¿Qué es verdad?», publicado en *La España Moderna*, número de marzo de 1906, tomo 207.

parate, y verdad religiosa o de esperanza a que se supone
la inquietud de la desesperanza absoluta. Pues ni la verosimilitud estética, la de lo que se demuestra con razones,
ni la verdad religiosa, la de la fe, la sustancia de lo que se
espera, equivale a la verdad moral, sino que se le sobrepone. El que afirma su fe a base de incertidumbre, no miente
ni puede mentir.

Y no sólo no se cree con la razón ni aun sobre la razón
o por debajo de ella, sino que se cree contra la razón. La fe
religiosa, habrá que decirlo una vez más, no es ya tan sólo
irracional, es contra-racional. «La poesía es la ilusión antes
del conocimiento; la religiosidad, la ilusión después del conocimiento. La poesía y la religiosidad suprimen el *vaude-
ville* de la mundana sabiduría de vivir. Todo individuo que
no vive o poética o religiosamente, es tonto.» Así nos dice
Kerkegaard (*Afsluttende uvidenskabelig Efterskritft,* capítulo IV, sect. II A, párr. 2), el mismo que nos dice también
que el cristianismo es una salida desesperada. Y así es, pero
sólo mediante la desesperación de esta salida podemos llegar a la esperanza, a esa esperanza cuya ilusión vitalizadora
sobrepuja a todo conocimiento racional, diciéndonos que
hay siempre algo irreducible a la razón. Y de ésta, de la razón puede decirse lo que del Cristo, y es que quien no está
con ella, está contra ella. Lo que no es racional, es contra-
racional. Y así es la esperanza.

Por todo este camino llegamos siempre a la esperanza.

El misterio del amor, que lo es de dolor, tiene una forma misteriosa, que es el tiempo. Atamos el ayer al mañana
con eslabones de ansia, y no es el ahora, en rigor otra cosa
que el esfuerzo del antes por hacerse después; no es el presente, sino el empeño del pasado por hacerse porvenir. El
ahora es un punto que no bien pronunciado se disipa, y,
sin embargo, en ese punto está la eternidad toda, sustancia
del tiempo.

Cuanto ha sido no puede ya ser sino como fue, y cuanto
es no puede ser sino como es; lo posible queda siempre re-
legado a lo venidero, único reino de libertad y en que la
imaginación, potencia creadora y libertadora, carne de la fe,
se mueve a sus anchas.

El amor mira y tiende siempre al porvenir, pues que su obra es la obra de nuestra perpetuación; lo propio del amor es esperar, y sólo de esperanzas se mantiene. Y así que el amor ve realizado su anhelo, se entristece y descubre al punto que no es su fin propio aquello a que tendía, y que no se lo puso Dios sino como señuelo para moverle a la obra; que su fin está más allá, y emprende de nuevo tras él su afanosa carrera de engaños y desengaños por la vida. Y va haciendo recuerdos de sus esperanzas fallidas, y saca de esos recuerdos nuevas esperanzas. La cantera de las visiones de nuestro porvenir está en los soterraños de nuestra memoria; con recuerdos nos fragua la imaginación esperanzas. Y es la Humanidad como una moza henchida de anhelos, hambrienta de vida, y sedienta de amor, que teje sus días con ensueños; y espera, espera siempre, espera sin cesar al amador eterno, que por estarle destinado desde antes de antes, desde mucho más atrás de sus remotos recuerdos, desde allende la cuna hacia el pasado, ha de vivir con ella y para ella, después de después, hasta mucho más allá de sus remotas esperanzas, hasta allende la tumba, hacia el porvenir. Y el deseo más caritativo para con esta pobre enamorada es, como para con la moza que espera siempre a su amado, que las dulces esperanzas de la primavera de su vida se le conviertan, en el invierno de ella, en recuerdos más dulces todavía y recuerdos engendradores de esperanzas nuevas. ¡Qué jugo de apacible felicidad, de resignación al destino debe dar en los días de nuestro sol más breve el recordar esperanzas que no se han realizado aún, y que por no haberse realizado conservan su pureza!

El amor espera, espera siempre sin cansarse nunca de esperar, y el amor a Dios, nuestra fe en Dios, es ante todo esperanza en El. Porque Dios no muere, y quien espera en Dios vivirá siempre. Y es nuestra esperanza fundamental la raíz y tronco de nuestras esperanzas todas, la esperanza de la vida eterna.

Y si es la fe la sustancia de la esperanza, ésta es a su vez la forma de la fe. La fe antes de darnos esperanza es una fe informe, vaga, caótica, potencial, no es sino la posibilidad de creer, anhelo de creer. Mas hay que creer en algo, y se cree en lo que se espera, se cree en la esperanza. Se recuerda el pasado, se conoce el presente, sólo se cree en lo porvenir. Creer lo que no vimos es creer lo que veremos. La fe es, pues, lo repito, fe en la esperanza; creemos lo que esperamos.

El amor nos hace creer en Dios, en quien esperamos, y de quien esperamos la vida futura; el amor nos hace creer en lo que el ensueño de la esperanza nos crea.

La fe es nuestro anhelo a lo eterno, a Dios, y la esperanza es el anhelo de Dios, de lo eterno, de nuestra divinidad, que viene al encuentro de aquélla y nos eleva. El hombre aspira a Dios por la fe, y le dice: «Creo, ¡dame, Señor, en qué creer!» Y Dios, su divinidad, le manda la esperanza en otra vida para que crea en ella. La esperanza es el premio a la fe. Sólo el que cree espera de verdad, y sólo el que de verdad espera, cree. No creemos sino lo que esperamos, ni esperamos sino lo que creemos.

Fue la esperanza la que llamó a Dios, Padre, y es ella la que sigue dándole ese nombre preñado de consuelo y de misterio. El padre nos dio la vida y nos da el pan para mantenerla, y al padre pedimos que nos la conserve. Y si el Cristo fué el que a corazón más lleno y a boca más pura llamó Padre a su padre y nuestro, si el sentimiento cristiano se encumbra en el sentimiento de la paternidad de Dios, es porque en el Cristo sublimó el linaje humano su hambre de eternidad.

Se dirá tal vez que este anhelo de la fe, que esta esperanza es, más que otra cosa, un sentimiento estético. Lo informa también acaso, pero sin satisfacerle del todo.

En el arte, en efecto, buscamos un remedo de eternización. Si en lo bello se aquieta un momento el espíritu, y descansa y se alivia, ya que no se le cure la congoja, es por ser lo bello revelación de lo eterno, de lo divino de las cosas, y la belleza no es sino la perpetuación de la momentaneidad. Que así como la verdad es el fin del conocimiento racional, así la belleza es el fin de la esperanza, acaso irracional en su fondo.

Nada se pierde, nada pasa del todo, pues que todo se perpetúa de una manera o de otra, y todo, luego de pasar por el tiempo, vuelve a la eternidad. Tiene el mundo tem-

poral raíces en la eternidad, y allí está junto el ayer con el
hoy y el mañana. Ante nosotros pasan las escenas como en
un cinematógrafo, pero la cinta permanece una y entera más
allá del tiempo.

Dicen los físicos que no se pierde un solo pedacito de materia ni un solo golpecito de fuerza, sino que uno y otro se
transforman y transmiten persistiendo. ¿Y es que se pierde
acaso forma alguna por huidera que sea? Hay que creer
—¡creerlo y esperarlo!— que tampoco, que en alguna parte queda archivada y perpetuada, que hay un espejo de eternidad en que se suman, sin perderse unas en otras, las imágenes todas que desfilan por el tiempo. Toda impresión que
me llegue queda en mi cerebro almacenada, aunque sea tan
hondo o con tan poca fuerza que se hunda en lo profundo
de mi subconciencia; pero desde allí anima mi vida, y si
mi espíritu todo, si el contenido total de mi alma se me
hiciera conciente, resurgirían todas las fugitivas impresiones olvidadas no bien percibidas, y aun las que se me pa-
saron inadvertidas. Llevo dentro de mí todo cuanto ante
mí desfiló y conmigo lo perpetúo, y acaso va todo ello en
mis gérmenes, y viven en mí mis antepasados todos por entero, y vivirán, juntamente conmigo, en mis descendientes.
Y voy yo tal vez, todo yo, con todo este mi universo, en
cada una de mis obras; o por lo menos va en ellas lo esencial de mí, lo que me hace ser yo, mi esencia individual.

Y esta esencia individual de cada cosa, esto que la hace
ser ella y no otra, ¿cómo se nos revela sino como belleza?
¿Qué es la belleza de algo si no es su fondo eterno, lo que
une su pasado con su porvenir, lo que de ello reposa y queda en las entrañas de la eternidad? ¿O qué es más bien sino
la revelación de su divinidad?

Y esta belleza, que es la raíz de eternidad, se nos revela
por el amor, y es la más grande revelación del amor de
Dios, y la señal de que hemos de vencer al tiempo. El amor
es quien nos revela lo eterno nuestro y de nuestros prójimos.

¿Es lo bello, lo eterno de las cosas, lo que despierta y enciende nuestro amor a ellas, o es nuestro amor a las cosas
lo que nos revela lo bello, lo eterno de ellas? ¿No es acaso
la belleza una creación del amor, lo mismo que el mundo

sensible lo es del instinto de conservación y el suprasensible del de perpetuación y en el mismo sentido? ¿No es la belleza y la eternidad con ella, una creación del amor? «Nuestro hombre exterior —escribe el Apóstol (II Cor., IV, 16)— se va desgastando, pero el interior se renueva de día en día.» El hombre de las apariencias que pasan se desgasta, y con ellas pasa; pero el hombre de la realidad queda y crece. «Porque lo que al presente es momentáneo y leve en nuestra tribulación, nos da un peso de gloria sobremanera alto y eterno» (vers. 17). Nuestro dolor nos da congoja, y la congoja, al estallar de la plenitud de sí misma, nos parece consuelo. «No mirando nosotros a las cosas que se ven, sino a las que no se ven; porque las cosas que se ven son temporales, mas las que no se ven son eternas» (vers. 18).

Este dolor da esperanza, que es lo bello de la vida, la suprema belleza, o sea el supremo consuelo. Y como el amor es doloroso, es compasión, es piedad, la belleza surge de la compasión, y no es sino el consuelo temporal que ésta se busca. Trágico consuelo. Y la suprema belleza es la de la tragedia. Acongojados al sentir que todo pasa, que pasamos nosotros, que pasa lo nuestro, que pasa cuanto nos rodea, la congoja misma nos revela el consuelo de lo que no pasa, de lo eterno, de lo hermoso.

Y esta hermosura así revelada, esta perpetuación de la momentaneidad, sólo se realiza prácticamente, sólo vive por obra de la caridad. La esperanza en la acción es la caridad, así como la belleza en la acción es el bien.

*   *   *

La raíz de la caridad que eterniza cuanto ama y nos saca la belleza en ello oculta, dándonos el bien, es el amor a Dios, o si se quiere, la caridad hacia Dios, la compasión a Dios. El amor, la compasión, lo personaliza todo, dijimos; al descubrir el sufrimiento en todo y personalizándolo todo, personaliza también al Universo mismo, que también sufre, y nos descubre a Dios. Porque Dios se nos revela porque sufre y porque sufrimos; porque sufre exige nuestro amor, y porque sufrimos nos da el suyo y cubre nuestra congoja con la congoja eterna e infinita.

Este fue el escándalo del cristianismo entre judíos y helenos, entre fariseos y estoicos, y éste, que fue su escándalo, el escándalo de la cruz, sigue siéndolo y lo seguirá aún entre cristianos; el de un Dios que se hace hombre para padecer y morir y resucitar por haber padecido y muerto, el de un Dios que sufre y muere. Y esta verdad de que Dios padece, ante la que se sienten aterrados los hombres, es la revelación de las entrañas mismas del Universo y de su misterio, las que nos reveló al enviar a su Hijo a que nos redimiese sufriendo y muriendo. Fue la revelación de lo divino del dolor, pues sólo es divino lo que sufre.

Y los hombres hicieron dios al Cristo, que padeció, y descubrieron por él la eterna esencia de un Dios vivo, humano, esto es, que sufre —sólo no sufre lo muerto, lo inhumano—, que ama, que tiene sed de amor, de compasión, que es persona. Quien no conozca al Hijo jamás conocerá al Padre, y al Padre sólo por el Hijo se le conoce. Quien no conozca al Hijo del hombre, que sufre congojas de sangre y desgarramientos del corazón, que vive con el alma triste hasta la muerte, que sufre dolor que mata y resucita, no conocerá al Padre ni sabrá del Dios paciente.

El que no sufre, y no sufre porque no vive, es ese lógico y congelado *ens realissimum,* es el *primum movens,* es esa entidad impasible, y por impasible no más que pura idea. La categoría no sufre, pero tampoco vive ni existe como persona. Y, ¿cómo va a fluir y vivir el mundo desde una idea impasible? No sería sino idea del mundo mismo. Pero el mundo sufre y el sufrimiento es sentir la carne de la realidad, es sentirse de bulto y de tomo el espíritu, es tocarse a sí mismo, es la realidad inmediata.

El dolor es la sustancia de la vida y la raíz de la personalidad pues sólo sufriendo se es persona. Y es universal, y lo que a los seres todos nos une es el dolor, la sangre universal o divina que por todos circula. Eso que llamamos voluntad ¿qué es sino dolor?

Y tiene el dolor sus grados, según se adentra; desde aquel

dolor que flota en el mar de las apariencias, hasta la eterna congoja, la fuente del sentimiento trágico de la vida, que va a posarse en lo hondo de lo eterno, y allí despierta el consuelo; desde aquel dolor físico que nos hace retorcer el cuerpo hasta la congoja religiosa, que nos hace acostarnos en el seno de Dios y recibir allí el riego de sus lágrimas divinas.

La congoja es algo mucho más hondo, más íntimo y más espiritual que el dolor. Suele uno sentirse acongojado hasta en medio de eso que llamamos felicidad y por la felicidad misma, a la que no se resigna y ante la cual tiembla. Los hombres felices que se resignan a su aparente dicha, a una dicha pasajera, creeríase que son hombres sin sustancia, o, por lo menos, que no la han descubierto en sí, que no se la han tocado. Tales hombres suelen ser impotentes para amar y para ser amados y viven, en su fondo, sin pena ni gloria.

No hay verdadero amor sino en el dolor, y en este mundo hay que escojer o el amor, que es el dolor, o la dicha. Y el amor no nos lleva a otra dicha que a la del amor mismo, y su trágico consuelo de esperanza incierta. Desde el momento en que el amor se hace dichoso, se satisface, y ya no es amor. Los satisfechos, los felices, no aman; aduérmense en la costumbre, rayana en el anonadamiento. Acostumbrarse es ya empezar a no ser. El hombre es tanto más hombre, esto es, tanto más divino, cuanta más capacidad para el sufrimiento, o mejor dicho, para la congoja, tiene.

Al venir al mundo, dásenos a escojer entre el amor y la dicha, y queremos —¡pobrecillos!— uno y otra: la dicha de amar y el amor de la dicha. Pero debemos pedir que se nos dé amor y no dicha, que se nos deje adormecernos en la costumbre, pues podríamos dormirnos del todo, y, sin despertar, perder conciencia para no recobrarla. Hay que pedir a Dios que se sienta uno en sí mismo, en su dolor.

¿Qué es el Hado, qué la Fatalidad, sino la hermandad del amor y el dolor, y ese terrible misterio de que, tendiendo el amor a la dicha, así que la toca, se muere, y se muere la verdadera dicha con él? El amor y el dolor se engendran mutuamente, y el amor es caridad y compasión, y amor que no es caritativo y complaciente, no es tal amor. Es el amor, en fin, la desesperación resignada.

Eso que llaman los matemáticos un problema de máximos y mínimos, lo que también se llama ley de economía, es la fórmula de todo movimiento existente, esto es, pasional. En mecánica material y en la social, en industria y economía política todo el problema se reduce a lograr el mayor resultado útil posible con el menor posible esfuerzo, lo más de ingresos con lo menos de gastos, lo más de placeres con lo menos de dolores. Y la fórmula terrible, trágica de la vida íntima espiritual es, o lograr lo más de dicha con lo menos de amor, o lo más de amor con lo menos de dicha. Y hay que escojer entre una y otra cosa. Y estar seguro de que quien se acerque al infinito del amor, al amor infinito, se acerca al cero de la dicha, a la suprema congoja. Y en tocando a este cero, se está fuera de la miseria que mata. «No seas y podrás más que todo lo que es», dice el maestro fray Juan de los Angeles en uno de sus *Diálogos de la conquista del reino de Dios* (Dial. III, 8).

Y hay algo más congojoso que el sufrir.

Esperaba aquel hombre, al recibir el tan temido golpe, haber de sufrir tan reciamente como hasta sucumbir al sufrimiento, y el golpe le vino encima y apenas si sintió el dolor; pero luego, vuelto en sí al sentirse insensible, se sobrecojió de espanto, de un trágico espanto, el más espantoso, y gritó, ahogándose en angustia: «¡Es que no existo!» ¿Qué te aterraría más: sentir un dolor que te privase de sentido al atravesarte las entrañas con un hierro candente, o ver que te las atravesaban así, sin sentir dolor alguno? ¿No has sentido nunca el espanto, el horrendo espanto, de sentirte sin lágrimas y sin dolor? El dolor nos dice que existimos; el dolor nos dice que existen aquellos que amamos; el dolor nos dice que existe el mundo en que vivimos, y el dolor nos dice que existe y que sufre Dios; pero es el dolor de la congoja, de la congoja de sobrevivir y ser eternos. La congoja nos descubre a Dios y nos hace quererle.

Creer en Dios es amarle, y amarle es sentirle sufriente, compadecerle.

Acaso parezca blasfemia esto de que Dios sufre, pues el sufrimiento implica limitación. Y, sin embargo, Dios, la Conciencia del Universo, está limitado por la materia bruta en que vive, por lo inconciente, de que trata de libertarse y de libertarnos. Y nosotros, a nuestra vez, debemos tratar de libertarle de ella. Dios sufre en todos y en cada uno de nosotros; en todas y en cada una de las conciencias, presas de la materia pasajera, y todos sufrimos en El. La congoja religiosa no es sino el divino sufrimiento, sentir que Dios sufre en mí y que yo sufro en El.

El dolor universal es la congoja de todo por ser todo lo demás sin poder conseguirlo, de ser cada uno el que es, siendo a la vez todo lo que no es, y siéndolo por siempre. La esencia de un ser no es sólo el empeño en persistir por siempre, como nos enseñó Spinoza, sino, además, el empeño por universalizarse, es el hambre y sed de eternidad y de infinitud. Todo ser creado tiende no sólo a conservarse en sí, sino a perpetuarse, y, además, a invadir a todos los otros, a ser los otros sin dejar de ser él, a ensanchar sus linderos al infinito, pero sin romperlos. No quiere romper sus muros y dejarlo todo en tierra llana, comunal, indefensa, confundiéndose y perdiendo su individualidad, sino que quiere llevar sus muros a los extremos de lo creado y abarcarlo todo dentro de ellos. Quiere el máximo de individualidad con el máximo también de personalidad, aspira a que el Universo sea él, a Dios.

Y ese vasto yo, dentro del cual quiere cada yo meter al Universo, ¿qué es sino Dios? Y por aspirar a El le amo, y esa mi aspiración a Dios es mi amor a El, y como yo sufro por ser El, también El sufre por ser yo y cada uno de nosotros.

Bien sé que, a pesar de mi advertencia de que se trata aquí de dar forma lógica a un sistema de sentimientos alógicos, seguirá más de un lector escandalizándose de que le hable de un Dios paciente, que sufre, y de que aplique a Dios mismo, en cuanto Dios, la pasión de Cristo. El Dios de la teología llamada racional excluye, en efecto, todo sufrimiento. Y el lector pensará que esto del sufrimiento no puede tener sino un valor metafórico aplicado a Dios, como le tiene, dicen, cuando el Antiguo Testamento nos habla de pasiones humanas, del Dios de Israel. Pues no caben cólera, ira y venganza sin sufrimiento. Y por lo que hace que

sufra atado a lo material, se me dirá, con Plotino (*Eneada
segunda,* IX, 7), que el alma de todo no puede estar atada,
por aquello mismo —que son los cuerpos o la materia—
que está por ella atado.

En esto va incluso el problema todo del origen del mal,
tanto del mal de culpa como del mal de pena, pues si Dios
no sufre, hace sufrir, y si no es su vida, pues que Dios vive,
un ir haciéndose conciencia total cada vez más llena, es decir, cada vez más Dios, es un ir llevando las cosas todas hacia sí, un ir dándose a todo un hacer que la conciencia de
cada parte entre en la conciencia del todo, que es El mismo, hasta llegar a ser El todo en todos παντα εν πασι, según la expresión de San Pablo, el primer cristiano. Más
de esto, en el próximo ensayo entre la apocatastasis o
unión beatífica.

Por ahora, digamos que una formidable corriente de dolor empuja a unos seres hacia otros, y les hace amarse y buscarse, y tratar de completarse, y de ser cada uno él mismo
y los otros a la vez. En Dios vive todo, y en su padecimien-
to padece todo, y al amar a Dios amamos en El a las criaturas, así como al amar a las criaturas y compadecerlas,
amamos en ellas y compadecemos a Dios. El alma de cada
uno de nosotros no será libre mientras haya algo esclavo en
este mundo de Dios, ni Dios tampoco, que vive en el alma
de cada uno de nosotros, será libre mientras no sea libre
nuestra alma.

Y lo más inmediato es sentir y amar mi propia miseria,
mi congoja, compadecerme de mí mismo, tenerme a mí
mismo amor. Y esta compasión, cuando es viva y supera-
bundante, se vierte de mí a los demás, y del exceso de mi
compasión propia, compadezco a mis prójimos. La miseria
propia es tanta, que la compasión que hacia mí mismo me
despierta se me desborda pronto, revelándome la miseria
universal.

Y la caridad, ¿qué es sino un desbordamiento de compasión? ¿Qué es sino dolor reflejado, que sobrepasa y se vierte a compadecer los males ajenos y ejercer caridad?

Cuando el colmo de nuestro compadecimiento nos trae
a la conciencia de Dios en nosotros, nos llena tan grande

congoja por la miseria divina derramada en todo, que tenemos que verterla fuera, y lo hacemos en forma de caridad. Y al así verterla, sentimos alivio y la dulzura dolorosa del bien. Es lo que llamó «dolor sabroso» la mística doctora Teresa de Jesús, que de amores dolorosos sabía. Es como el que contempla algo hermoso y siente la necesidad de hacer partícipes de ello a los demás. Porque el impulso a la producción, en que consiste la caridad, es obra de amor doloroso.

Sentimos, en efecto, una satisfacción en hacer el bien cuando el bien nos sobra, cuando estamos henchidos de compasión, y estamos henchidos de ella cuando Dios, llenándonos el alma, nos da la dolorosa sensación de la vida universal, del universal anhelo a la divinización eterna. Y es que no estamos en el mundo puestos nada más que junto a los otros, sin raíz común con ellos, ni nos es su suerte indiferente, sino que nos duele su dolor, nos acongojamos con su congoja y sentimos nuestra comunidad de origen y de dolor aun sin conocerla. Son el dolor y la compasión que de él nace los que nos revelan la hermandad de cuanto de vivo y más o menos conciente existe. «Hermano lobo» llamaba San Francisco de Asís al pobre lobo que siente dolorosa hambre de ovejas, y acaso el dolor de tener que devorarlas, y esa hermandad nos revela la paternidad de Dios, que Dios es Padre y existe. Y como Padre, ampara nuestra común miseria.

Es, pues, la caridad el impulso a libertarme y a libertar a todos mis prójimos del dolor y a libertar de él a Dios que nos abarca a todos.

Es el dolor algo espiritual y la revelación más inmediata de la conciencia, que acaso no se nos dio el cuerpo sino para dar ocasión a que el dolor se manifestase. Quien no hubiese nunca sufrido, poco o mucho, no tendría conciencia de sí. El primer llanto del hombre al nacer es cuando entrándole el aire en el pecho y limitándole, parece como que le dice: «¡Tienes que respirarme para poder vivir!»

El mundo material o sensible, el que nos crean los sentidos, hemos de creer con la fe, enseñe lo que nos enseñare la razón, que no existe sino para encarnar y sustentar al otro

mundo, al mundo espiritual o imaginable, al que la imaginación nos crea. La conciencia tiende a ser más conciencia
cada vez, a concientizarse, a tener conciencia plena de toda
ella misma, de su contenido todo. En las profundidades de
nuestro propio cuerpo, en los animales, en las plantas, en
las rocas, en todo lo vivo, en el Universo todo, hemos de
creer con la fe, enseñe lo que nos enseñare la razón, que hay
un espíritu que lucha por conocerse, por cobrar conciencia
de sí, por serse —pues serse es conocerse—, por ser espíritu puro, y como sólo puede lograrlo mediante el cuerpo,
mediante la materia, la crea y de ella se sirve a la vez que
de ella queda preso. Sólo puede verse uno la cara retratada
en un espejo; pero del espejo en que se ve queda preso para
verse, y se ve en él tal y como el espejo le deforma, y si el
espejo se le rompe, rómpesele su imagen, y si se le empaña, empáñasele.

Hállase el espíritu limitado por la materia en que tiene
que vivir y cobrar conciencia de sí, de la misma manera
que está el pensamiento limitado por la palabra, que es su
cuerpo social. Sin materia no hay espíritu, pero la materia
hace sufrir al espíritu, limitándolo. Y no es el dolor, sino
el obstáculo que la materia pone al espíritu, es el choque
de la conciencia con lo inconciente.

Es el dolor, en efecto, la barrera que la inconciencia, o
sea la materia, pone a la conciencia, al espíritu; es la resistencia a la voluntad, el límite que el universo visible pone
a Dios, es el muro con que topa la conciencia al querer ensancharse a costa de la inconciencia, es la resistencia que
esta última pone a concientizarse.

Aunque lo creamos por autoridad, no sabemos tener corazón, estómago o pulmones, mientras no nos duelen, oprimen o angustian. Es el dolor físico, o siquiera la molestia,
lo que nos revela la existencia de nuestras propias entrañas.
Y así ocurre también con el dolor espiritual, con la angustia, pues no nos damos cuenta de tener alma hasta que ésta
nos duele.

Es la congoja lo que hace que la conciencia vuelva sobre
sí. El no acongojado conoce lo que hace y lo que piensa,
pero no conoce de veras que lo hace y lo piensa. Piensa,

pero no piensa que piensa, y sus pensamientos son como si no fuesen suyos. Ni él es tampoco de sí mismo. Y es que sólo por la congoja, por la pasión de no morir nunca, se adueña de sí mismo un espíritu humano.

El dolor, que es un deshacimiento, nos hace descubrir nuestras entrañas, y en el deshacimiento supremo, el de la muerte, llegaremos por el dolor del anonadamiento a las entrañas de nuestras entrañas temporales, a Dios, a quien en la congoja espiritual respiramos y aprendemos a amar.

Es así como hay que creer con la fe, enséñenos lo que nos enseñare la razón.

El origen del mal no es, como ya de antiguo lo han visto muchos, sino eso que por otro nombre se llama inercia de la materia, y en el espíritu, pereza. Y por algo se dijo que la pereza es la madre de todos los vicios. Sin olvidar que la suprema pereza es la de no anhelar locamente la inmortalidad.

La conciencia, el ansia de más y más, cada vez más, el hambre de eternidad y sed de infinitud, las ganas de Dios, jamás se satisfacen; cada conciencia quiere ser ella y ser todas las demás, sin dejar de ser ella, quiere ser Dios. Y la materia, la inconciencia, tiende a ser menos, cada vez menos, a no ser nada, siendo la suya una sed de reposo. El espíritu dice: «¡Quiero ser!», y la materia le responde: «¡No lo quiero!»

Y en el orden de la vida humana, el individuo, movido por el mero instinto de conservación, creador del mundo material, tendería a la destrucción, a la nada, si no fuese por la sociedad que, dándole el instinto de perpetuación, creador del mundo espiritual, le lleva y le empuja al todo, a inmortalizarse. Y todo lo que el hombre hace como mero individuo, frente a la sociedad, por conservarse aunque sea a costa de ella, es malo, y es bueno cuanto hace como persona social, por la sociedad en que él se incluye, por perpetuarse en ella y perpetuarla. Y muchos que parecen grandes egoístas y que todo lo atropellan por llevar a cabo su obra, no son sino almas encendidas en caridad y rebosantes de ella, porque su yo mezquino lo someten y soyugan al yo social que tiene una misión que cumplir.

El que ata la obra del amor, de la espiritualización, de la liberación, a formas transitorias e individuales, crucifica a Dios en la materia; crucifica a Dios en la materia todo el que hace servir el ideal a sus intereses temporales o a su gloria mundana. Y el tal es un deicida.

La obra de la caridad, del amor a Dios, es tratar de libertarle de la materia bruta, tratar de espiritualizarlo, concientizarlo o universalizarlo todo; es soñar en que lleguen a hablar las rocas y obrar conforme a ese ensueño; que se haga todo lo existente conciente, que resulte el Verbo.

No hay sino verlo en el símbolo eucarístico. Han apresado el Verbo en un pedazo de pan material, y lo han apresado en él para que nos lo comamos, y al comérnoslo nos lo hagamos nuestro, de este nuestro cuerpo en que el espíritu habita, y que se agite en nuestro corazón y piense en nuestro cerebro y sea conciencia. Lo han apresado en ese pan para que, enterrándolo en nuestro cuerpo, resucite en nuestro espíritu.

Y es que hay que espiritualizarlo todo. Y esto se consigue dando a todos y a todo mi espíritu que más acrecienta cuanto más lo reparto. Y dar mi espíritu es invadir el de los otros y adueñarme de ellos.

En todo esto hay que creer con la fe, enséñenos lo que nos enseñare la razón.

Y ahora vamos a ver las consecuencias prácticas de todas estas más o menos fantásticas doctrinas, a la lógica, a la estética, a la ética sobre todo, su concreción religiosa. Y acaso entonces podrá hallarlas más justificadas quien quiera que, a pesar de mis advertencias, haya buscado aquí el desarrollo científico o siquiera filosófico de un sistema racional.

No creo excusado remitir al lector, una vez más, a cuanto dije al final del sexto capítulo, aquel titulado «En el fondo del abismo»; pero ahora nos acercamos a la parte práctica o pragmática de todo este tratado. Mas antes nos falta ver cómo puede concretarse el sentimiento religioso en la visión esperanzosa de otra vida.

10. Religión, mitología de ultratumba y apocatástasis

καί γαρ ισως και μαλιστα πρεπει μέλλοντα εκεισε
αποδημειν διασκοπειν τε και μυθολογειν περι τμς αποδη-
μιας εκει, ποιαν τινα αυτην οιομεθα ειναι.

Platón: *Fedón*.

El sentimiento de divinidad y de Dios, y la fe, la esperanza y la caridad en Él fundadas, fundan a su vez la religión.
De la fe en Dios nace la fe en los hombres; de la esperanza
en Él, la esperanza en éstos y de la caridad o piedad hacia
Dios —pues como Cicerón, *De natura deorum*, libro I, capítulo XII, dijo: *est enim pietas iustitia adversum deos*—, la
caridad para con los hombres. En Dios se cifra, no ya sólo
la Humanidad, sino el Universo todo, y éste, espiritualizado e intimado, ya que la fe cristiana dice que Dios acabará
siendo todo en todos. Santa Teresa dijo, y con más áspero
y desesperado sentido lo repitió Miguel de Molinos, que el
alma debe hacerse cuenta de que no hay sino ella y Dios.

Y a la relación con Dios, a la unión más o menos íntima
con Él, es a lo que llamamos religión.

¿Qué es la religión? ¿En qué se diferencia de la religiosidad y qué relaciones median entre ambas? Cada cual define la religión según la sienta en sí más aún que según en los demás la observe, ni cabe definirla sin de un modo o de otro sentirla. Decía Tácito (*Hist.,* V, 4), hablando de los judíos, que era para éstos profano todo lo que para ellos, para los romanos, era sagrado, y, a la contraria entre los judíos lo que era para los romanos impuro: *profana illic omnia quae apud nos sacra, rursum conversa apud illos quae nobis incesta.* Y he aquí que llame él, del romano, a los judíos (V, 13) gente sometida a la superstición y contraria a la religión: *gens superstitioni obnoxia, religionibus adversa,* y que al fijarse en el cristianismo, que conocía muy mal y apenas si distinguía del judaísmo, lo repute una perniciosa superstición *existialis superstitio,* debida a odio al género humano, *odium generis humani* (*Ab excessu Aug.,* XV, 44). Así Tácito y así muchos con él. Pero ¿dónde acaba la religión y empieza la superstición, o tal vez dónde acaba ésta para empezar aquélla? ¿Cuál es el criterio para discernirlas?

A poco nos conduciría recorrer aquí, siquiera someramente, las principales definiciones que de la religión según el sentimiento de cada definidor, han sido dadas. La religión, más que se define, se describe, y más que se describe, se siente. Pero si alguna de esas definiciones alcanzó recientemente boga, ha sido la de Schleiermacher, de que es el sencillo sentimiento de una relación de dependencia con algo superior a nosotros y el deseo de entablar relaciones con esa misteriosa potencia. Ni está mal aquello de W. Hermann (en la obra ya citada), de que el anhelo religioso del hombre es el deseo de la verdad de su existencia humana. Y para acabar con testimonios ajenos, citaré el del ponderado y clarividente Cournot, al decir que «las manifestaciones religiosas son la consecuencia necesaria de la inclinación del hombre a creer en la existencia de un mundo invisible, sobrenatural y maravilloso, inclinación que ha podido mirarse, ya como reminiscencia de un estado anterior, ya como el presentimiento de un destino futuro». (*Traité de l'enchaînement des idées fondamentales dans les sciences et dans l'histoire,* párrafo 396). Y estamos ya en lo del destino futuro, la vida eterna, o sea la finalidad humana del Universo, o bien de Dios. A ello se llega por todos los caminos religiosos, pues que es la esencia misma de toda religión.

La religión, desde la del salvaje que personaliza en el fetiche al Universo todo, arranca, en efecto, de la necesidad vital de dar finalidad humana al Universo, a Dios, para lo cual hay que atribuirle conciencia de sí y de su fin, por lo tanto. Y cabe decir que no es la religión, sino la unión con Dios, sintiendo a éste como cada cual le sienta. Dios da sentido y finalidad trascendentes a la vida; pero se la da en relación con cada uno de nosotros que en El creemos. Y así Dios es para el hombre tanto como el hombre es para Dios, ya que se dio al hombre haciéndose hombre, humanándose, por amor a él.

Y este religioso anhelo de unirnos con Dios no es ni por ciencia ni por arte, es por vida. «Quien posee ciencia y arte tiene religión; quien no posee ni una ni otra, tenga religión», decía en uno de sus muy frecuentes accesos de paganismo Goethe. Y, sin embargo de lo que decía, ¿él, Goethe...?

Y desear unirnos con Dios no es perdernos y anegarnos en El; que perderse y anegarse es siempre ir y deshacerse en el sueño sin ensueños del nirvana; es poseerlo, más bien que ser por El poseídos. Cuando, en vista de la imposibilidad humana de entrar un rico en el reino de los cielos, le preguntaban a Jesús sus discípulos quién podrá salvarse, respondiéndoles el Maestro que para con los hombres era ello imposible, mas no para con Dios, Pedro le dijo: «He aquí que nosotros lo hemos dejado todo siguiéndote; ¿qué, pues, tendremos?» Y Jesús le contestó, no que se anegarían en el Padre, sino que se sentarían en doce tronos para juzgar a las doce tribus de Israel (Mat., XIX, 23-26).

Fue un español, y muy español, Miguel de Molinos, el que, en su *Guía espiritual* (1), dijo: «que se ha de despegar

---

[1] *Guía espiritual que desembaraza al alma y la conduce por el interior camino para alcanzar la perfecta contemplación y el rico tesoro de la paz interior.* Libro III, cap. XVIII, párrafo 175.

y negar de cinco cosas el que ha de llegar a la ciencia mística: la primera, de las criaturas; la segunda, de las cosas temporales; la tercera, de los mismos dones del Espíritu Santo; la cuarta, de sí misma, y la quinta se ha de despegar del mismo Dios.» Y añade que «esta última es la más perfecta, porque el alma que así se sabe solamente despegar es la que se llega a perder en Dios, y sólo la que así se llega a perder es la que se acierta a hallar». Muy español Molinos, sí, y no menos española esta paradójica expresión de quietismo o más bien de nihilismo —ya que él mismo habla de aniquilación en otra parte—, pero no menos, sino acaso más españoles los jesuitas que le combatieron volviendo por los fueros del todo contra la nada. Porque la religión no es anhelo de aniquilarse, sino de totalizarse, es anhelo de vida y no de muerte. La «eterna religión de las entrañas del hombre..., el ensueño individual del corazón, es el culto de su ser, es la adoración de la vida», como sentía el atormentado Flaubert. (*Par les champs et par les grèves*, VII.)

Cuando a los comienzos de la llamada Edad Moderna, con el Renacimiento, resucita el sentimiento religioso pagano, toma éste forma concreta en el ideal caballeresco con sus códigos del amor y del honor. Pero es un paganismo cristianizado, bautizado. «La mujer, la dama —la *donna*—, era la divinidad de aquellos rudos pechos. Quien busque en las memorias de la primera edad, ha de hallar este ideal de la mujer en su pureza y en su omnipotencia: el Universo es la mujer. Y tal fue en los comienzos de la Edad Moderna en Alemania, en Francia, en Provenza, en España, en Italia. Hízose la historia a esta imagen; figurábanse a troyanos y romanos como caballeros andantes, y así los árabes, sarracenos, turcos, el soldán y Saladino... En esta fraternidad universal se hallan los ángeles, los santos, los milagros, el paraíso, en extraña mezcolanza con lo fantástico y lo voluptuoso del mundo oriental, bautizado todo bajo el nombre de *caballería*.» Así, Francesco de Sanctis (*Storia della letteratura italiana*, II), quien poco antes nos dice que para aquellos hombres «en el mismo Paraíso el goce del amante es contemplar a su dama —*Madonna*—, y sin su dama *ni querría ir allá.*» ¿Qué era, en efecto, la caballería, que luego depuró y cristianizó Cervantes en *Don Quijote* al querer acabar con ella por la risa, sino una verdadera monstruosa religión híbrida de paganismo y cristianismo, cuyo Evangelio fue acaso la leyenda de Tristán e Iseo? Y la misma religión cristiana de los místicos —estos caballeros andantes a lo divino—, ¿no culminó acaso en el culto a la mujer divinizada, a la Virgen Madre? ¿Qué es la mariolatría de un San Buenaventura, el trovador de María? Y ello era el amor a la fuente de la vida, a la que nos salva de la muerte.

Mas avanzado el Renacimiento, de esta religión de la mujer se pasó a la religión de la ciencia; la concupiscencia terminó en lo que era ya en su fondo: en curiosidad, en ansia de probar el fruto del árbol del bien y del mal. Europa corría a aprender a la Universidad de Bolonia. A la caballería sucedió el platonismo. Queríase descubrir el misterio del mundo y de la vida. Pero era, en el fondo, para salvar la vida, que con el culto a la mujer quiso salvarse. Quería la conciencia humana penetrar en la Conciencia Universal, pero era, supiéralo o no, para salvarse.

Y es que no sentimos e imaginamos la Conciencia Universal —y este sentimiento e imaginación son la religiosidad—, sino para salvar nuestras sendas conciencias. ¿Y cómo?

Tengo que repetir una vez más que el anhelo de la inmortalidad del alma, de la permanencia, en una u otra forma, de nuestra conciencia personal e individual es tan de la esencia de la religión como el anhelo de que haya Dios. No se da el uno sin el otro, y es porque, en el fondo, los dos son una sola y misma cosa. Mas desde el momento en que tratamos de concretar y racionalizar aquel primer anhelo, de definírnoslo a nosotros mismos, surgen más dificultades aún que surgieron al tratar de racionalizar a Dios.

Para justificar ante nuestra propia pobre razón el inmortal anhelo de inmortalidad, hase apelado también a lo del consenso humano: *Permanere animos arbitratur consensu nationum omnium,* decía, con los antiguos, Cicerón (*Tuscul. Quaest,* XVI, 36); pero este mismo compilador de sus sentimientos confesaba que mientras leía en el *Fedón* pla-

tónico los razonamientos en pro de la inmortalidad del
alma, asentía a ellos; mas, así que dejaba el libro y empezaba a revolver en su mente el problema, todo aquel asentimiento se le escapaba, *assentio omnis illa illabitur* (cap.
XI, 25). Y lo que a Cicerón, nos ocurre a los demás, y le
ocurría a Swedenborg, el más intrépido visionario de otro
mundo, al confesar que quien habla de la vida ultramun-
dana sin doctas cavilaciones respecto al alma o a su modo
de unión con el cuerpo, cree que, después de muerto, vivirá en goce y en visión espléndidas, como un hombre entre ángeles; mas en cuanto se pone a pensar en la doctrina
de la unión del alma con el cuerpo, o en hipótesis respecto
a aquélla, súrgenle dudas de si es el alma así o asá, y en
cuanto esto surge, la idea anterior desaparece (*De coelo et
inferno*, párrafo 1983). Y, sin embargo, «lo que me toca, lo
que me inquieta, lo que me consuela, lo que me lleva a la
abnegación y al sacrificio, es el destino que me aguarda a
mí o a *mi persona,* sean cuales fueren el origen, la naturaleza, la esencia del lazo inasequible sin el cual place a los
filósofos decidir que mi persona se desvanecería», como dice
Cournot (*Traité...,* párrafo 297).

    ¿Hemos de aceptar la pura y desnuda fe en una vida eter-
na sin tratar de representárnosla? Esto es imposible; no nos
es hacedero hacernos a ello. Y hay, sin embargo, quienes
se dicen cristianos y tienen poco menos que dejada de lado
esa representación. Tomad un libro cualquiera del protestantismo más ilustrado, es decir, del más racionalista, del
más cultural, la *Dogmatik,* del doctor Julio Kaftan, verbigracia, y de las 668 páginas de que consta su sexta edición,
la de 1909, sólo una, la última, dedica a este problema. Y
en esa página, después de asentar que Cristo es así como
principio y medio, así también fin de la Historia, y que
quienes en Cristo son alcanzarán la vida de plenitud, la eterna vida de los que son en Cristo, ni una sola palabra siquiera sobre lo que esa vida pueda ser. A lo más, cuatro
palabras sobre la muerte eterna, esto es, el infierno, «porque lo exige el carácter moral de la fe y de la esperanza cristiana». Su carácter moral, ¿eh?, no su carácter religioso, pues
éste no sé que exija tal cosa. Y todo ello de una prudente
parsimonia agnóstica.

Sí, lo prudente, lo racional, y alguien dirá que lo piadoso, es no querer penetrar en misterios que están a nuestro conocimiento vedados, no empeñarnos en lograr una representación plástica de la gloria eterna como la de una *Divina Comedia*. La verdadera fe, la verdadera piedad cristiana, se nos dirá, consiste en reposar en la confianza de que Dios, por la gracia de Cristo, nos hará, de una u otra manera, vivir en Este, su Hijo; que, como está en sus todopoderosas manos nuestro destino, nos abandonemos a ellas seguros de que El hará de nosotros lo que mejor sea, para el fin último de la vida, del espíritu y del Universo. Tal es la lección que ha atravesado muchos siglos, y, sobre todo, lo que va de Lutero hasta Kant.

Y sin embargo, los hombres no han dejado de tratar de representarse el cómo puede ser esa vida eterna, ni dejarán nunca, mientras sean hombres y no máquinas de pensar, de intentarlo. Hay libros de teología —o de lo que ello fuere— llenos de disquisiciones sobre la condición en que vivan los bienaventurados, sobre la manera de su goce, sobre las propiedades del cuerpo glorioso, ya que sin algún cuerpo no se concibe el alma.

Y a esta misma necesidad, verdadera necesidad de formarnos una representación concreta de lo que pueda esa otra vida ser, responde en gran parte la indestructible vitalidad de doctrinas como las del espiritismo, la metempsicosis, la trasmigración de las almas a través de los astros, y otras análogas; doctrinas que cuantas veces se las declara vencidas ya y muertas, otras tantas renacen en una u otra forma más o menos nueva. Y es insigne torpeza querer en absoluto prescindir de ellas y no buscar su meollo permanente. Jamás se avendrá el hombre al renunciamiento de concretar en representación esa otra vida.

¿Pero es acaso pensable una vida eterna y sin fin después de la muerte? ¿Qué puede ser la vida de un espíritu desencarnado? ¿Qué puede ser un espíritu así? ¿Qué puede ser una conciencia pura sin organismo corporal? Descartes dividió el mundo entre el pensamiento y la extensión, dualismo que le impuso el dogma cristiano de la inmortalidad

del alma. ¿Pero es la extensión, la materia, la que piensa o
se espiritualiza o es el pensamiento el que se extiende y materializa? Las más graves cuestiones metafísicas surgen prácticamente —y por ello adquieren su valor, dejando de ser
ociosas discusiones de curiosidad inútil— al querer darnos
cuenta de la posibilidad de nuestra inmortalidad. Y es que
la metafísica no tiene valor sino en cuanto trate de explicar
cómo puede o no puede realizarse ese nuestro anhelo vital.
Y así es que hay y habrá siempre una metafísica racional
y otra vital, en conflicto perenne una con otra, partiendo la
una de la noción de causa, de la de sustancia la otra.

Y aun imaginada una inmortalidad personal, ¿no cabe
que la sintamos como algo tan terrible como su negación?
«Calipso no podía consolarse de la marcha de Ulises; en su
dolor, hallábase desolada de ser inmortal», nos dice el dulce Fenelón, el místico, al comienzo de su *Telémaco*. ¿No llegó a ser la condena de los antiguos dioses como la de los
demonios, el que no les era dado suicidarse?

Cuando Jesús, habiendo llevado a Pedro, Jacobo y Juan
a un alto monte, se trasfiguró ante ellos, volviéndose como
la nieve de blanco resplandeciente los vestidos, y se le apa-
recieron Moisés y Elías, que con El hablaban, le dijo Pedro
al Maestro: «Maestro, estaría bien que nos quedásemos
aquí, haciendo tres pabellones: para Ti uno y otros dos para
Moisés y Elías», porque quería eternizar aquel momento.
Y al bajar del monte les mandó Jesús que a nadie dijesen
lo que habían visto sino cuando el Hijo del Hombre hubiese resucitado de los muertos. Y ellos, reteniendo este dicho, altercaban sobre qué sería aquello de resucitar de los
muertos, como quienes no lo entendían. Y fue después de
esto cuando encontró Jesús al padre del chico preso del espíritu mudo, el que dijo: «¡Creo, ayuda mi incredulidad!»
(Marcos, IX).

Aquellos tres apóstoles no entendían qué sea eso de resucitar de los muertos. Ni tampoco aquellos saduceos que
le preguntaron al Maestro de quién será mujer en la resurrección la que en esta vida hubiese tenido varios mari-
dos (Mat., XXII), que es cuando El dijo que Dios no es
Dios de muertos, sino de vivos. Y no nos es, en efecto, pen-

sable otra vida sino en las formas mismas de esta terrena y pasajera. Ni aclara nada el misterio todo aquello del grano y el trigo que de él sale con que el apóstol Pablo se contesta a la pregunta de «¿Cómo resucitarán los muertos? ¿Con qué cuerpo vendrán?» (I Cor., XV, 35).

¿Cómo puede vivir y gozar de Dios eternamente un alma humana sin perder su personalidad individual, es decir, sin perderse? ¿Qué es gozar de Dios? ¿Qué es la eternidad por oposición al tiempo? ¿Cambia el alma o no cambia en la otra vida? Si no cambia, ¿cómo vive? Y si cambia, ¿cómo conserva su individualidad en tan largo tiempo? Y la otra vida puede excluir el espacio, pero no puede excluir el tiempo, como hace notar Cournot, ya citado.

Si hay vida en el cielo, hay cambio, y Swedenborg hacía notar que los ángeles cambian porque el deleite de la vida celestial perdería poco a poco su valor si gozaran siempre de él en plenitud, y porque los ángeles, lo mismo que los hombres, se aman a sí mismos, y el que a sí mismo se ama, experimenta alteraciones de estado, y añade que a las veces los ángeles se entristecen, y que él, Swedenborg, habló con algunos de ellos cuando estaban tristes (*De coelo et infierno*, párrafos 158, 160). En todo caso, nos es imposible concebir vida sin cambio, cambio de crecimiento o de mengua, de tristeza o de alegría, de amor o de odio.

Es que una vida eterna es impensable, y más impensable aún una vida eterna de absoluta felicidad, de visión beatífica.

¿Y qué es esto de la visión beatífica? Vemos, en primer lugar, que se llama visión y no acción, suponiendo algo pasivo. Y esta visión beatífica, ¿no supone pérdida de la propia conciencia? Un santo en el cielo es, dice Bossuet, un ser que apenas se siente a sí mismo; tan poseído está de Dios y tan abismado en su gloria... No puede uno detenerse en él, porque se le encuentra fuera de sí mismo, y sujeto por un amor inmutable a la fuente de su ser y de su dicha (*Du culte qui est dû à Dieu*). Y esto lo dice Bossuet, el antiquietista. Esa visión amorosa de Dios supone una absorción de El. Un bienaventurado que goza plenamente de Dios no debe pensar en sí mismo, ni acordarse de sí, ni te-

ner de sí conciencia, sino que ha de estar en perpetuo éxtasis —εκσταβις—, fuera de sí, en enajenamiento. Y un
preludio de esa visión nos describen los místicos en el
éxtasis.

«El que ve a Dios se muere», dice la Escritura (Jueces
XIII, 22), y la visión eterna de Dios, ¿no es acaso una eterna muerte, un desfallecimiento de la personalidad? Pero
Santa Teresa, en el capítulo XX de su *Vida*, al describirnos
el último grado de oración, el arrobamiento, arrebatamien-
to, vuelo o éxtasis del alma, nos dice que es ésta levantada
como por una nube o águila caudalosa, pero «veisos llevar
y no sabéis donde», y es «con deleite», y «si no se resiste,
no se pierde el sentido, al menos estaba de manera en mí
que podía entender era llevada», es decir, sin pérdida de
conciencia. Y Dios «no parece se contenta con llevar tan de
veras el alma a sí, sino que quiere el cuerpo, aun siendo
tan mortal y de tierra tan sucia». «Muchas veces se engolfa
el alma, o la engolfa el Señor en sí, por mejor decir, y te-
niéndola en sí un poco, quédase con sola la voluntad», no
con sola la inteligencia. No es, pues, como se ve, visión,
sino unión volitiva, y entre tanto, «el entendimiento y memoria divertidos..., como una persona que ha mucho dormido y soñado y aún no acaba de despertar». Es «vuelo sua-
ve, es vuelo deleitoso, vuelo sin ruido». Y ese vuelo deleitoso, es con conciencia de sí, sabiéndose distinto de Dios
con quien se une uno. Y a este arrobamiento se sube, según la mística doctora española, por la contemplación de
la Humanidad de Cristo, es decir, de algo concreto y humano; es la visión del Dios vivo, no de la idea de Dios. Y
en el capítulo XXVIII nos dice que «cuando otra cosa no
hubiere para deleitar la vista en el cielo, sino la gran hermosura de los cuerpos glorificados, es grandísima gloria, en
especial, ver la Humanidad de Jesucristo Señor Nuestro...»
«Esta visión —añade—, aunque es imaginaria, nunca la vi
con los ojos corporales, ni ninguna, sino con los ojos del
alma.» Y resulta que en el Cielo no se ve sólo a Dios, sino
todo en Dios; mejor dicho, se ve todo Dios, pues que El
lo abarca todo. Y esta idea la recalca más Jacobo Boehme.
La santa, por su parte, nos dice en las *Moradas sétimas*, ca-

pítulo II, que «pasa esta secreta unión en el centro muy interior del alma, que debe ser adonde está el mismo Dios». Y luego, que «queda el alma, digo, el espíritu de esta alma, hecho una cosa con Dios...», y es «como si dos velas de cera se juntasen tan en extremo, que toda la luz fuese una o que el pabilo y la luz y la cera es todo uno; mas después bien se puede apartar la una vela de la otra, y quedar en dos velas o el pabilo de la cera». Pero hay otra más íntima unión, que es «como si cayendo agua del cielo en un río o fuente, adonde queda hecho todo agua, que no podrán ya dividir ni apartar cuál es el agua del río o la que cayó del cielo; o como si un arroyico pequeño entra en la mar, que no habrá remedio de apartarse; o como si en una pieza estuviesen dos ventanas por donde entrase gran luz, aunque entra dividida, se hace todo una luz». ¿Y qué diferencia va de esto a aquel silencio interno y místico de Miguel de Molinos, cuyo tercer grado y perfectísimo es el silencio de pensamiento? (*Guía,* cap. XVII, párrafo 129). ¿No estamos cerca de aquello de que es la nada el camino para llegar a aquel alto estado de ánimo reformado? (cap. XX, párr. 186). ¿Y qué extraño es que Amiel usara hasta por dos veces la palabra española *nada* en su *Diario íntimo,* sin duda, por no encontrar en otra lengua alguna otra más expresiva? Y, sin embargo, si se lee con cuidado a nuestra mística doctora, se verá que nunca queda fuera del elemento sensitivo, el del deleite, es decir, el de la propia conciencia. Se deja el alma absorber de Dios para absorberlo, para cobrar conciencia de su propia divinidad.

Una visión beatífica, una contemplación amorosa en que esté el alma absorta en Dios y como perdida en El, aparece, o como un aniquilamiento propio o como un tedio prolongado a nuestro modo natural de sentir. Y de aquí ese sentimiento que observamos con frecuencia y que se ha expresado más de una vez en expresiones satíricas no exentas de irreverencia y acaso de impiedad, de que el cielo de la gloria eterna es una morada de eterno aburrimiento. Sin que sirva querer desdeñar estos sentimientos así, tan espontáneos y naturales, o pretender denigrarlos.

Claro está que sienten así los que no aciertan a darse

cuenta de que el supremo placer del hombre es adquirir y
acrecentar conciencia. No precisamente el de conocer, sino
el de aprender. En conociendo una cosa, se tiende a olvi-
darla, a hacer su conocimiento inconciente, si cabe decir así.
El placer, el deleite más puro del hombre, va unido al acto
de aprender, de enterarse, de adquirir conocimiento, esto
es, a una diferenciación. Y de aquí el dicho famoso de Les-
sing, ya citado. Conocido es el caso de aquel anciano español que acompañaba a Vasco Núñez de Balboa, cuando al
llegar a la cumbre del Darién, dieron vista a los dos Océa-
nos, y es que, cayendo de rodillas, exclamó: «Gracias, Dios
mío, porque no me has dejado morir sin haber visto tal maravilla». Pero si este hombre se hubiese quedado allí, pronto la maravilla habría dejado de serlo, y con ella, el placer.
Su goce fue el del descubrimiento. Y acaso el goce de la visión beatífica sea, no precisamente el de la contemplación
de la Verdad suma, entera y toda, que a esto no resistiría
el alma, sino el de un continuo descubrimiento de ella, el
de un incesante aprender mediante un esfuerzo que man-
tenga siempre el sentimiento de la propia conciencia activa.

Una visión beatífica de quietud mental, de conocimiento pleno y no de aprensión gradual, nos es difícil concebir
como otra cosa que como un nirvana, una difusión espiritual, una disipación de la energía en el seno de Dios, una
vuelta a la inconciencia por falta de choque, de diferencia
o sea de actividad.

¿No es acaso que la condición misma que hace pensable
nuestra eterna unión con Dios destruye nuestro anhelo?
¿Qué diferencia va de ser absorbido por Dios a absorberle
uno en sí? ¿Es el arroyico el que se pierde en el mar, o el
mar en el arroyico? Lo mismo da.

El fondo sentimental es nuestro anhelo de no perder el
sentido de la continuidad de nuestra conciencia, de no romper el encadenamiento de nuestros recuerdos, el sentimiento de nuestra propia identidad personal, concreta, aunque
acaso vayamos poco a poco absorbiéndonos en El, enrique-
ciéndole. ¿Quién, a los ochenta años, se acuerda del que a
los ocho fue, aunque sienta el encadenamiento entre ambos? Y podría decirse que el problema sentimental se re-

duce a si hay un Dios, una finalidad humana al Universo. Pero, ¿qué es finalidad? Porque así como siempre cabe preguntar por un por qué de todo por qué, así cabe preguntar también siempre por un para qué de todo para qué. Supuesto que haya un Dios, ¿para qué Dios? «Para sí mismo», se dirá. Y no faltará quien replique: «¿Y qué más da esta conciencia que la no conciencia?». Mas siempre resultará lo que ya dijo Plotino (*Enn. II*, IX, 8), que el por qué hizo el mundo es lo mismo que el por qué hay alma. O mejor aún: que el por qué δια τι, el para qué.

Para el que se coloca fuera de sí mismo, en una hipotética posición objetiva —lo que vale decir inhumana—, el último para qué es tan inasequible, y en rigor tan absurdo, como el último por qué. ¿Qué más da, en efecto, que no haya finalidad alguna? ¿Qué contradicción lógica hay en que el Universo no esté destinado a finalidad alguna, ni humana ni sobrehumana? ¿En qué se opone a la razón que todo esto no tenga más objeto que existir, pasando como existe y pasa? Esto, para el que se coloca fuera de sí, pero el que vive y sufre y anhela dentro de sí..., para éste es ello cuestión de vida o muerte.

¡Búscate, pues, a ti mismo! Pero al encontrarse, ¿no es que se encuentra uno con su propia nada? «Habiéndose hecho el hombre pecador buscándose a sí mismo, se ha hecho desgraciado al encontrarse» —dijo Bossuet— (*Traité de la Concupiscence,* cap. XI). «¡Búscate a ti mismo!», empieza por «¡conócete a ti mismo!». A lo que replica Carlyle (*Past and present,* book III, cap. XI): «El último evangelio de este mundo es: «¡conoce tu obra y cúmplela!» ¡Conócete a ti mismo...! Largo tiempo ha que este mismo tuyo te ha atormentado; jamás llegarás a conocerlo me parece. No creas que es tu tarea la de conocerte, eres un individuo inconocible: conoce lo que puedes hacer y hazlo como un Hércules. Esto será lo mejor». Sí; pero eso que yo haga, ¿no se perderá también al cabo? Y si se pierde, ¿para qué hacerlo? Sí, sí; el llevar a cabo mi obra —¿y cuál es mi obra?— sin pensar en mí, sea acaso amar a Dios. ¿Y qué es amar a Dios?

Y, por otra parte, el amar a Dios en mí, ¿no es que me amo más que a Dios, que me amo en Dios a mí mismo?

Lo que en rigor anhelamos para después de la muerte es seguir viviendo esta vida, esta misma vida mortal, pero sin sus males, sin el tedio y sin la muerte. Es lo que expresó Séneca, el español, en su *Consolación a Marcia* (XXVI); es lo que quería, volver a vivir esta vida: *ista moliri*. Y es que lo que pedía Job (XIX, 25-27), ver a Dios en carne, no en espíritu. ¿Y qué otra cosa significa aquella cómica ocurrencia de la *vuelta eterna* que brotó de las trágicas entrañas del pobre Nietzsche, hambriento de inmortalidad concreta y temporal?

Esa visión beatífica que se nos presenta como primera solución católica, ¿cómo puede cumplirse, repito, sin anegar la conciencia de sí? ¿No será como en el sueño en que soñamos sin saber lo que soñamos? ¿Quién apetecería una vida eterna así? Pensar sin saber que se piensa, no es sentirse a sí mismo, no es serse. Y la vida eterna, ¿no es acaso conciencia eterna, no sólo ver a Dios, sino ver que se le ve, viéndose uno a sí mismo a la vez y como distinto de El? El que duerme, vive, pero no tiene conciencia de sí; ¿y apetecerá nadie un sueño así eterno? Cuando Circe recomienda a Ulises que baje a la morada de los muertos a consultar al adivino Tiresias, dícele que éste es allí, entre las sombras de los muertos, el único que tiene sentido, pues los demás se agitan como sombras (*Odisea*, X, 487-495). Y es que los otros, aparte de Tiresias, ¿vencieron a la muerte? ¿Es vencerla acaso errar así como sombras sin sentido?

Por otra parte, ¿no cabe acaso imaginar que sea esta nuestra vida terrena respecto a la otra como es aquí el sueño para con la vigilia? ¿No será ensueño nuestra vida toda, y la muerte un despertar? ¿Pero despertar a qué? ¿Y si todo esto no fuese sino un ensueño de Dios y Dios despertara un día? ¿Recordará su ensueño?

Aristóteles, el racionalista, nos habla en su *Etica* de la superior felicidad de la vida contemplativa —βιος θεωρητικος—, y es corriente en los racionalistas todos poner la dicha en el conocimiento. Y la concepción de la felicidad eterna, del goce de Dios, como visión beatífica, como conocimiento y comprensión de Dios, es algo de origen racionalista, es la clase de felicidad que corresponde al Dios ideal del aristotelismo. Pero es que para la felicidad se requiere, además de la visión, la delectación, y ésta es muy poco racional y sólo conseguidera sintiéndose uno distinto de Dios.

Nuestro teólogo católico aristotélico, el que trató de racionalizar el sentimiento católico, Santo Tomás de Aquino, dícenos en su *Summa* (*primae, secundae partis, quaestio* IV, art. 1.°) que «la delectación se requiere para la felicidad, que la delectación se origina de que el apetito descansa en el bien conseguido, y que como la felicidad no es otra cosa que la consecución del sumo bien, no puede haber felicidad sin delectación concomitante». Pero, ¿qué delectación es la del que descansa? Descansar, *requiescere,* ¿no es dormir y no tener siquiera conciencia de que se descansa? «De la misma visión de Dios se origina la delectación» —añade el teólogo—. Pero el alma, ¿se siente a sí misma como distinta de Dios? «La delectación que acompaña a la operación del intelecto no impide ésta, sino más bien la conforta» —dice luego— ¡Claro está! Si no, ¿qué dicha es esa? Y para salvar la delectación, el deleite, el placer que tiene siempre, como el dolor, algo de material, y que no concebimos sino en un alma encarnada en cuerpo, hubo que imaginar que el alma bienaventurada esté unida a su cuerpo. Sin alguna especie de cuerpo, ¿cómo el deleite? La inmortalidad del alma pura, sin alguna especie de cuerpo o periespíritu, no es inmortalidad verdadera. Y en el fondo, el anhelo de prolongar esta vida, ésta y no otra, ésta de carne y de dolor, ésta de que maldecimos a las veces tan sólo porque se acaba. Los más de los suicidas no se quitarían la vida si tuviesen la seguridad de no morirse nunca sobre la tierra. El que se mata, se mata por no esperar a morirse.

Cuando el Dante llega a contarnos en el canto XXXIII del *Paradiso* cómo llegó a la visión de Dios, nos dice que como aquel que ve soñando y después del sueño le queda la pasión impresa, y no otra cosa, en la mente, así a él; que casi cesa toda su visión y aun le destila en el corazón lo dulce que nació de ella,

> *Cotal son io, che quasi tutta cessa*
> *mia visione ed ancor mi distilla*
> *nel cuor lo dolce che nacque da essa,*

no de otro modo que la nieve se descuaja al sol

cosi la neve al Sol si disigilla.

Esto es, que se le va la visión, lo intelectual, y le queda el deleite, la *passione impressa,* lo emotivo, lo irracional, lo corporal, en fin.

Una felicidad corporal, de deleite, no sólo espiritual, no sólo visión, es lo que apetecemos. Esa otra felicidad, esa *beatitud* racionalista, la de anegarse en la comprensión, sólo puede... no digo satisfacer ni engañar, porque creo que ni le satisfizo ni le engañó, a un Spinoza. El cual, al fin de su *Etica,* en las proposiciones XXXV y XXXVI de la parte quinta, establece que Dios se ama a sí mismo con infinito amor intelectual; que el amor intelectual de la mente a Dios es el mismo amor de Dios con que Dios se ama a sí mismo: no en cuanto es infinito, sino en cuanto puede explicarse por la esencia de la mente humana considerada en respecto de eternidad, esto es, que el amor intelectual de la mente hacia Dios es parte del infinito amor con que Dios a sí mismo se ama. Y después de estas trágicas, de estas desoladoras proposiciones, la última del libro todo, la que cierra y corona esa tremenda tragedia de la *Etica,* nos dice que la felicidad no es premio de la virtud, sino la virtud misma, y que no nos gozamos en ella por comprimir los apetitos, sino que por gozar de ella podemos comprimirlos. ¡Amor intelectual! ¡Amor intelectual! ¿Qué es eso de amor intelectual? Algo así como un sabor rojo, o un sonido amargo, o un color aromático, o más bien, algo así como un triángulo enamorado o una elipse encolerizada, una pura metáfora, pero una metáfora trágica. Y una metáfora que corresponde trágicamente a aquello de que también el corazón tiene sus razones. ¡Razones de corazón! ¡Amores de cabeza! ¡Deleite intelectivo! ¡Intelección deleitosa! ¡Tragedia, tragedia y tragedia!

Y, sin embargo, hay algo que se puede llamar amor intelectual, y que es el amor de entender, la vida misma contemplativa de Aristóteles, porque el comprender es algo activo y amoroso, y la visión beatífica es la visión de la verdad total. ¿No hay acaso en el fondo de toda pasión la curiosidad? ¿No cayeron, según el relato bíblico nuestros primeros padres por el ansia de probar el fruto del árbol de la ciencia del bien y del mal, y ser como dioses, conocedores de esa ciencia? La visión de Dios, es decir, del Universo mismo en su alma, en su íntima esencia, ¿no apagaría todo nuestro anhelo? Y esta perspectiva sólo no puede satisfacer a los hombres groseros que no penetran el que el mayor goce de un hombre es ser más hombre, esto es, más dios, y que es más dios cuanta más conciencia tiene.

Y ese amor intelectual, que no es sino el llamado amor platónico, es un medio de dominar y de poseer. No hay, en efecto, más perfecto dominio que el conocimiento; el que conoce algo, lo posee. El conocimiento une al que conoce con lo conocido. «Yo te contemplo y te hago mía al contemplarte»; tal es la fórmula. Y conocer a Dios, ¿qué ha de ser sino poseerlo? El que Dios conoce, es ya Dios él.

Cuenta B. Brunhes (*La Dégradation de l'Energie*. IV parte, capítulo XVIII, E, 2) haberle contado a monsieur Sarrau, que lo tenía del padre Gratry, que éste se paseaba por los jardines del Luxemburgo departiendo con el gran matemático y católico Cauchy, respecto a la dicha que tendrían los elegidos en conocer, al fin, sin restricción ni velo, las verdades largo tiempo perseguidas trabajosamente en este mundo. Y aludiendo el padre Gratry a los estudios de Cauchy sobre la teoría mecánica de la reflexión de la luz, emitió la idea de que uno de los más grandes goces intelectuales del ilustre geómetra sería penetrar en el secreto de la luz, a lo que replicó Cauchy que no le parecía posible saber en esto más que ya sabía, ni concebía que la inteligencia más perfecta pudiese comprender el misterio de la reflexión mejor que él lo había expuesto, ya que había dado una teoría mecánica del fenómeno. «Su piedad —añade Brunhes— no llegaba hasta creer que fuese posible hacer otra cosa ni hacerla mejor.»

Hay en este relato dos partes que nos interesan. La primera es la expresión de lo que sea la contemplación, el amor intelectual o la visión beatífica para hombres superiores, que hacen del conocimiento su pasión central, y otra, la fe en la explicación mecanicista del mundo.

A esta disposición mecanicista del intelecto va unida la ya célebre fórmula de «nada se crea, nada se pierde, todo se transforma», con que se ha querido interpretar el ambiguo principio de la conservación de la energía, olvidando que para nosotros, para los hombres, prácticamente, energía es la energía utilizable, y que ésta se pierde de continuo, se disipa por la difusión del calor, se degrada, tendiendo a la nivelación y a lo homogéneo. Lo valedero para nosotros, más aún, lo real para nosotros, es lo diferencial, que es lo cualitativo; la cantidad pura, sin diferencias, es como si para nosotros no existiese, pues que no obra. Y el Universo material, el cuerpo del Universo, parece camina poco a poco, y sin que sirva la acción retardadora a los organismos vivos y más aún la acción conciente del hombre, a un estado de perfecta estabilidad, de homogeneidad (v. Brunhes, obra citada). Que si el espíritu tiende a concentrarse, la energía material tiende a difundirse.

¿Y no tiene esto acaso una íntima relación con nuestro problema? ¿No habrá una relación entre esta conclusión de la filosofía científica respecto a un estado final de estabilidad y homogeneidad y el ensueño místico de la apocatastasis? ¿Esa muerte del cuerpo del Universo no será el triunfo final de su espíritu, de Dios?

Es evidente la relación íntima que media entre la exigencia religiosa de una vida eterna después de la muerte, y las conclusiones —siempre provisorias— a que la filosofía científica llega respecto al probable porvenir del Universo material o sensitivo. Y el hecho es que así como hay teólogos de Dios y de la inmortalidad del alma, hay también lo que Brunhes (obra citada, cap. XXVI, párr. 2) llama teólogos del monismo, a los que estaría mejor llamar ateólogos, gentes que persisten en el espíritu de afirmación *a priori;* y que se hace insoportable —añade— cuando abrigan la pretensión de desdeñar la teología. Un ejemplar de estos señores es Haeckel, ¡que ha logrado disipar los enigmas de la Naturaleza!

Estos ateólogos se han apoderado de la conservación de la energía, del «nada se crea y nada se pierde, todo se transforma», que es de origen teológico, ya en Descartes, y se han servido de él para dispensarnos de Dios. «El mundo costruído para durar —escribe Brunhes—, que no se gasta, o más bien repara por sí mismo las grietas que aparecen en él, ¡qué hermoso tema de ampliaciones oratorias!; pero estas mismas ampliaciones, después de haber servido en el siglo XVII para probar la sabiduría del Creador, han servido en nuestros días de argumentos para los que pretenden pasarse sin él.» Es lo de siempre; la llamada filosofía científica, de origen y de inspiración teológica o religiosa en su fondo, yendo a dar en una ateología o irreligión, que no es otra cosa que teología y religión. Recordemos aquello de Ritschl, ya citado en estos ensayos.

Ahora, la última palabra de la ciencia, más bien aún que de la filosofía científica, parece ser que el mundo material, sensible, camina por la degradación de la energía, por la predominancia de los fenómenos irrevertibles, a una nivelación última, a una especie de homogéneo final. Y éste nos recuerda aquel hipotético homogéneo primitivo de que tanto usó y abusó Spencer, y aquella fantástica inestabilidad de lo homogéneo. Inestabilidad de que necesitaba el agnosticismo ateológico de Spencer para explicar el inexplicable paso de lo homogéneo a lo heterogéneo. Porque, ¿cómo puede surgir heterogeneidad alguna, sin acción externa, del perfecto y absoluto homogéneo? Mas había que descartar todo género de creación, y para ello el ingeniero desocupado metido a metafísico, como lo llamó Papini (1), inventó lo de la inestabilidad de lo homogéneo, que es más..., ¿cómo diré?, más místico y hasta más mitológico, si se quiere, que la acción creadora de Dios.

Acertado anduvo aquel positivista italiano, Roberto Ardigó, que, objetando a Spencer, le decía que lo más natural era suponer que siempre fue como hoy, que siempre hubo mundos en formación, en nebulosa, mundos formados y

---

¹ *Il Crepusculo dei filosofi*, 1906.

mundos que se deshacían; que la heterogeneidad es eterna. Otro modo, como se ve, de no resolver.

¿Será ésta la solución? Mas en tal caso, el Universo sería infinito, y en realidad no cabe concebir un Universo eterno y limitado como el que sirvió de base a Nietzsche para lo de la vuelta eterna. Si el Universo ha de ser eterno, si han de seguirse en él, para cada uno de sus mundos, períodos de homogeneización, de degradación de energía, y otros de heterogeneización, es menester que sea infinito, que haya lugar siempre y en cada mundo para una acción de fuera. Y de hecho, el cuerpo de Dios no puede ser sino eterno e infinito.

Mas para nuestro mundo parece probada su gradual nivelación, o si queremos, su muerte. ¿Y cuál ha de ser la suerte de nuestro espíritu en este proceso? ¿Menguará con la degradación de la energía de nuestro mundo y volverá a la inconciencia, o crecerá más bien a medida que la energía utilizable mengua y por los esfuerzos mismos para retardarlo y dominar la Naturaleza, que es lo que costituye la vida del espíritu? ¿Serán la conciencia y su soporte extenso dos poderes en contraposición tal que el uno crezca a expensas del otro?

El hecho es que lo mejor de nuestra labor científica, que lo mejor de nuestra industria, es decir, lo que en ella no conspira a destrucción —que es mucho—, se endereza a retardar ese fatal proceso de degradación de la energía. Ya la vida misma orgánica, sostén de la conciencia, es un esfuerzo por evitar en lo posible ese término fatídico, por irlo alargando.

De nada sirve quererernos engañar con himnos paganos a la Naturaleza, a aquella a que con más profundo sentido llamó Leopardi, este ateo cristiano, «madre en el parto, en el querer madrastra», en aquel su estupendo canto a la retama (*La Ginestra*). Contra ella se ordenó en un principio la humana compañía; fue horror contra la impía Naturaleza lo que anudó primero a los hombres en cadena social. Es la sociedad humana, en efecto, madre de la conciencia refleja y del ansia de inmortalidad, la que inaugura el estado de gracia sobre el de Naturaleza, y es el hombre el que, humanizando, espiritualizando a la Naturaleza con su industria, la sobrenaturaliza.

El trágico poeta portugués Antero de Quental, soñó en dos estupendos sonetos, a que tituló *Redención*, que hay un espíritu preso, no ya en los átomos o en los iones o en los cristales, sino —como a un poeta corresponde— en el mar, en los árboles, en la selva, en la montaña, en el viento, en las individualidades y formas todas materiales, y que un día, todas esas almas, en el limbo aún de la existencia, despertarán en la conciencia, y cerniéndose como puro pensamiento, verán a las formas, hijas de la ilusión, caer deshechas como un sueño vano. Es el ensueño grandioso de la concientización de todo.

¿No es acaso que empezó el Universo, este nuestro Universo —¿quién sabe si hay otros?— con un cero de espíritu —y cero no es lo mismo que nada— y un infinito de materia, y marcha a acabar en un infinito de espíritu con un cero de materia? ¡Ensueños!

¿No es acaso que todo tiene un alma, y que esa alma pide liberación?

> «¡Oh tierras de Alvargonzález
> en el corazón de España,
> tierras pobres, tierras tristes,
> tan tristes, que tienen alma!»

canta nuestro poeta Antonio Machado (*Campos de Castilla*). La tristeza de los campos, ¿está en ellos o en nosotros que los contemplamos? ¿No es que sufren? Pero ¿qué puede ser un alma individual en el mundo de la materia? ¿Es individuo una roca o una montaña? ¿Lo es un árbol?

Y siempre resulta, sin embargo, que luchan el espíritu y la materia. Ya lo dijo Espronceda al decir que:

> Aquí, para vivir en santa calma,
> o sobra la materia o sobra el alma.

¿Y no hay en la historia del pensamiento, o si queréis, de la imaginación humana, algo que corresponda a ese pro-

ceso de reducción de lo material, en el sentido de una reducción de todo a conciencia?

Sí, la hay, y es del primer místico cristiano, de San Pablo de Efeso, del Apóstol de los gentiles, de aquel que por
no haber visto con los ojos carnales de la cara al Cristo carnal y mortal, al ético, le creó en sí inmortal y religioso, de
aquel que fue arrebatado al tercer cielo, donde vio secretos
inefables (II Cor., XIII). Y este primer místico cristiano
soñó también en un triunfo final del espíritu, de la conciencia, y es lo que se llama técnicamente en teología la apocatastasis o recostitución.

Es en los versículos 26 al 28 del capítulo XV de su primera epístola a los Corintios donde nos dice que el último
enemigo que ha de ser dominado será la muerte, pues Dios
puso todo bajo sus pies; pero cuando diga que todo le está
sometido, es claro que excluyendo al que hizo que todo se
le sometiese, y cuando le haya sometido todo, entonces también El, el Hijo, se someterá al que le sometió todo para
que Dios sea todo en todo: ἵνα η ὁ θεος παντα εν πασ ιν. Es
decir, que el fin es que Dios, la Conciencia, acabe siéndolo todo en todo.

Doctrina que se completa con cuanto el mismo Apóstol
expone respecto al fin de la historia toda del mundo en su
epístola a los Efesios. Preséntanos en ella, como es sabido,
a Cristo —que es por quien fueron hechas las cosas todas
del Cielo y de la Tierra, visibles e invisibles (Col., I, 16)—,
como cabeza de todo (I, 22), y en él, en esta cabeza, hemos de resucitar todos para vivir en comunión de santos y
comprender con todos los santos cuál sea la anchura, la lar-
gura, la profundidad y la altura, y conocer el amor de Cristo, que excede a todo conocimiento (III, 18, 19). Y a este
recojernos en Cristo, cabeza de la Humanidad, y como re-
sumen de ella, es a lo que el Apóstol llama recaudarse, re-
capitularse o recojerse, todo en Cristo ανακεφαλαιωσασθαι
τα παντα εν Χριστω. Y esta recapitulación —ανακεφαλαιω-
σις, *anacefaleosis*— fin de la historia del mundo y del linaje humano, no es sino otro aspecto de la apocatastasis.
Esta, la apocatastasis, el que llegue a ser Dios todo en todos, redúcese, pues, a la ancefaleosis, a que todo se recoja

en Cristo, en la Humanidad, siendo, por tanto, la Humanidad el fin de la creación. Y esta apocatastasis, esta humanación o divinización de todo, ¿no suprime la materia? ¿Pero es que suprimida la materia, que es el principio de individuación —*principium individuationis,* según la Escuela—, no vuelve todo a una conciencia pura, que en puro pureza ni se conoce a sí, ni es cosa alguna concebible y sensible? Y suprimida toda materia, ¿en qué se apoya el espíritu?

Las mismas dificultades, las mismas impensabilidades, se nos vienen por otro camino.

Alguien podría decir, por otra parte, que la apocatastasis, el que Dios llegue a ser todo en todos, supone que no lo era antes. El que los seres todos lleguen a gozar de Dios, supone que Dios llega a gozar de los seres todos, pues la visión beatífica es mutua, y Dios se perfecciona con ser mejor conocido, y de almas se alimenta y con ellas se enriquece.

Podría en este camino de locos ensueños imaginarse un Dios inconciente, dormitando en la materia, y que va a un Dios conciente del todo, conciente de su divinidad; que el Universo todo se haga conciente de sí como todo, y de cada una de las conciencias que lo integran, que se haga Dios. Mas, en tal caso, ¿cómo empezó ese Dios inconciente? ¿No es la materia misma? Dios no sería así el principio, sino el fin del Universo; pero ¿puede ser fin lo que no fue principio? ¿O es que hay fuera del tiempo, en la eternidad, diferencia entre principio y fin? «El alma del todo no estaría atada por aquello mismo (esto es, la materia) que está por ella atado», dice Plotino (*Enn. II,* IX, 7). ¿O no es más bien la Conciencia del Todo que se esfuerza por hacerse de cada parte, y en que cada conciencia parcial tenga de ella, de la total, conciencia? ¿No es un Dios monoteísta o solitario que camina a hacerse panteísta? Y si no es así, si la materia y el dolor son extraños a Dios, se preguntará uno: ¿para qué creó Dios el mundo? ¿Para qué hizo la materia e introdujo el dolor? ¿No era mejor que no hubiese hecho nada? ¿Qué gloria le añade el crear ángeles u hombres que caigan y a los que tenga que condenar a tormento eterno? ¿Hizo acaso el mal para curarlo? ¿O fue la redención, y la redención total y absoluta, de todo y de todos, su designio? Porque no es esta hipótesis ni más racional ni más piadosa que la otra.

En cuanto tratamos de representarnos la felicidad eterna, preséntasenos una serie de preguntas sin respuesta alguna satisfactoria, esto es, racional, sea que partamos de una suposición monoteísta o de una panteísta o siquiera panenteísta.

Volvamos a la apocatastasis pauliniana.

Al hacerse Dios todo en todos ¿no es acaso que se completa, que acaba de ser Dios, conciencia infinita que abarca las conciencias todas? ¿Y qué es una conciencia infinita? Suponiendo, como supone, la conciencia límite, o siendo más bien la conciencia conciencia de límite, de distinción ¿no excluye por lo mismo la infinitud? ¿Qué valor tiene la noción de infinitud aplicada a la conciencia? ¿Qué es una conciencia toda ella conciencia, sin nada fuera de ella que no lo sea? ¿De qué es conciencia la conciencia en tal caso? ¿De su contenido? ¿O no será más bien que nos acercamos a la apocatastasis o apoteosis final sin llega nunca a ella a partir de un caos, de una absoluta inconciencia, en lo eterno del pasado?

¿No será más bien eso de la apocatastasis, de la vuelta de todo a Dios, un término ideal a que sin cesar nos acercamos sin haber nunca de llegar a él, y unos a más lijera marcha que otros? ¿No será la absoluta y perfecta felicidad eterna una eterna esperanza que de realizarse se moriría? ¿Se puede ser feliz sin esperanza? Y no cabe esperar ya una vez realizada la posesión, porque ésta mata la esperanza, el ansia. ¿No será, digo, que todas las almas crezcan sin cesar, unas en mayor proporción que otras, pero habiendo todas de pasar alguna vez por un mismo grado cualquiera de crecimiento, y sin llegar nunca al infinito, a Dios, a quien de continuo se acercan? ¿No es la eterna felicidad una eterna esperanza, con su núcleo eterno de pesar para que la dicha no se suma en la nada?

Siguen las preguntas sin respuesta.

«Será todo en todos», dice el Apóstol. ¿Pero lo será de distinta manera en cada uno o de la misma en todos? ¿No será Dios todo en un condenado? ¿No está en su alma? ¿No está en el llamado infierno? ¿Y cómo está en él?

De donde surgen nuevos poblemas, y son los referentes a la oposición entre cielo e infierno, entre felicidad e infelicidad eternas.

¿No es que al cabo se salvan todos, incluso Caín y Judas, y Satanás mismo, como desarrollando la apocatastasis pauliniana quería Orígenes?

Cuando nuestros teólogos católicos quieren justificar racionalmente —o sea éticamente— el dogma de la eternidad de las penas del infierno, dan unas razones tan especiosas, ridículas e infantiles que parece mentira hayan logrado curso. Porque decir que siendo Dios infinito la ofensa a El inferida es infinita también, y exige, por tanto, un castigo eterno, es, aparte de lo inconcebible de una ofensa infinita, desconocer que en moral y no en policía humanas, la gravedad de la ofensa se mide, más que por la dignidad del ofendido, por la intención del ofensor, y que una intención culpable infinita es un desatino, y nada más. Lo que aquí cabría aplicar son aquellas palabras del Cristo, dirijiéndose a su Padre: «¡Padre, perdónalos, porque no saben lo que se hacen!», y no hay hombre que al ofender a Dios o a su prójimo sepa lo que se hace. En ética humana o si se quiere en policía —eso que llaman derecho penal, y que es todo menos derecho— humana, una pena eterna es un desatino.

«Dios es justo, y se nos castiga; he aquí cuanto es indispensable sepamos; lo demás no es para nosotros sino pura curiosidad.» Así, Lamennais (*Essai*, parte IV, cap. VII), y así otros con él. Y así también Calvino. ¿Pero hay quien se contente con eso? ¡Pura curiosidad! ¡Llamar pura curiosidad a lo que más estruja el corazón!

¿No será acaso que el malo se aniquila porque deseó aniquilarse, o que no deseó lo bastante eternizarse por ser malo? ¿No podremos decir que no es el creer en otra vida lo que le hace a uno bueno, sino que por ser bueno cree en ella? ¿Y qué es ser bueno y ser malo? Esto es ya del dominio de la ética, no de la religión. O más bien, ¿no es de la ética el hacer el bien, aun siendo malo, y de la religión el ser bueno, aun haciendo mal?

¿No se nos podrá acaso decir, por otra parte, que si el pecador sufre un castigo eterno es porque sin cesar peca, porque los condenados no cesan de pecar? Lo cual no resuelve el problema, cuyo absurdo todo proviene de haber concebido el castigo como vindicta o venganza, no como corrección; de haberlo concebido a la manera de los pueblos bárbaros. Y así un infierno policíaco, para meter miedo en este mundo. Siendo lo peor que ya no amedrenta, por lo cual habrá que cerrarlo.

Mas, por otra parte, en concepción religiosa y dentro del misterio, ¿por qué no una eternidad de dolor, aunque esto subleve nuestros sentimientos? ¿Por qué no un Dios que se alimenta de nuestro dolor? ¿Es acaso nuestra dicha el fin del Universo? ¿O no alimentamos con nuestro dolor alguna dicha ajena? Volvamos a leer en las *Euménides* del formidable trágico Esquilo aquellos coros de las Furias, porque los dioses nuevos, destruyendo las antiguas leyes, les arrebataban a Orestes de las manos; aquellas encendidas invectivas contra la redención apolínea. ¿No es que la redención arranca de las manos de los dioses a los hombres, su presa y su juguete, con cuyos dolores juegan y se gozan como los chiquillos atormentando a un escarabajo, según la sentencia del trágico? Y recordemos aquello de: «¡Dios mío! ¿Por qué me has abandonado?»

Sí, ¿por qué no una eternidad de dolor? El Infierno es una eternización del alma, aunque sea en pena. ¿No es la pena esencial a la vida?

Los hombres andan inventando teorías para explicarse eso que llaman el origen del mal. ¿Y por qué no el origen del bien? ¿Por qué suponer que es el bien lo positivo y originario, y el mal lo negativo y derivado? «Todo lo que es en cuanto es, es bueno», sentenció San Agustín; pero ¿por qué? ¿qué quiere decir ser bueno? Lo bueno es bueno para algo conducente a un fin, y decir que todo es bueno, vale decir que todo va a su fin. Pero ¿cuál es su fin? Nuestro apetito es eternizarnos, persistir, y llamamos bueno a cuanto conspira a ese fin, y malo a cuanto tiende a amenguarnos o destruirnos la conciencia. Suponemos que la conciencia humana es fin y no medio para otra cosa que no sea conciencia, ya humana, ya sobrehumana.

Todo optimismo metafísico, como el de Leibnitz, o pesimismo de igual orden, como el de Schopenhauer, no tienen otro fundamento. Para Leibnitz, este mundo es el mejor, porque conspira a perpetuar la conciencia y con ella la voluntad, porque la inteligencia acrecienta la voluntad y la perfecciona, porque el fin del hombre es la contemplación de Dios; y para Schopenhauer es este mundo el peor de los posibles, porque conspira a destruir la voluntad, porque la inteligencia, la representación, anula a la voluntad, su madre. Y así Franklin, que creía en otra vida, aseguraba que volvería a vivir ésta, la vida que vivió, de cabo a rabo, *from its beginning to the end;* y Leopardi, que no creía en otra, aseguraba que nadie aceptaría volver a vivir la vida que vivió. Ambas doctrinas, no ya éticas, sino religiosas, y el sentimiento del bien moral, en cuanto valor teológico, de origen religioso también.

Y vuelve uno a preguntarse: ¿no se salvan, no se eternizan, y no ya en dolor, sino en dicha, todos, lo mismo los que llamamos buenos que los llamados malos?

¿En esto de bueno o de malo no entra la malicia del que juzga? ¿La maldad está en la intención del que ejecuta el acto o no está más bien en la del que lo juzga malo? ¡Pero es lo terrible que el hombre se juzga a sí mismo, se hace juez de sí propio!

¿Quiénes se salvan? Ahora otra imaginación —ni más ni menos racional que cuantas van interrogativamente expuestas—, y es que sólo se salven los que anhelaron salvarse, que sólo se eternicen los que vivieron aquejados de terrible hambre de eternidad y de eternización. El que anhela no morir nunca, y cree no haberse nunca de morir en espíritu, es porque lo merece, o más bien, sólo anhela la eternidad personal el que la lleva ya dentro. No deja de anhelar con pasión su propia inmortalidad, y con pasión avasalladora de toda razón, sino aquel que no la merece, y porque no la merece no la anhela. Y no es injusticia no darle lo que no sabe desear, porque pedid y se os dará. Acaso se le dé a cada uno lo que deseó. Y acaso el pecado aquel contra el Espíritu Santo, para el que no hay, según el Evangelio, remisión, no sea otro que no desear a Dios, no anhelar eternizarse.

«Según es vuestro espíritu, así es vuestra rebusca; hallaréis lo que deseéis, y esto es ser cristiano»,

> *As is your sort of mind*
> *So is your sort, of search: you'll find*
> *what you desire, and that's to be*
> *A Christián,*

decía R. Browning (*Chritmas Eve and Easter Day,* VII).

El Dante condena a su Infierno a los epicúreos, a los que no creyeron en otra vida a algo más terrible que no tenerla, y es a la conciencia de que no la tienen, y esto en forma plástica, haciendo que permanezcan durante la eternidad toda encerrados dentro de sus tumbas, sin luz, sin aire, sin fuego, sin movimiento, sin vida (*Inferno,* X, 10-15).

¿Qué crueldad hay en negar a uno lo que no deseó o no pudo desear? Virgilio el dulce, en el canto VI de su *Eneida* (426-429), nos hace oír las voces y vagidos quejumbrosos de los niños que lloran a la entrada del Infierno

> *Continuo auditac voces, vagitus et ingens*
> *Infantumque animae flentes in limine primo,*

desdichados que apenas entraron en la vida ni conocieron sus dulzuras, y a quienes un negro día les arrebató de los pechos maternos para sumergirlos en acerbo luto

> *Quos dulcis vitae exsortes et ab ubere raptos*
> *Abstulit atra dies et funere mersit acerbo.*

¿Pero qué vida perdieron, si no la conocían ni la anhelaban? ¿O es que en realidad no la anhelaron?

Aquí podrá decirse que la anhelaron otros por ellos, que sus padres les quisieron eternos, para con ellos recrearse luego en la gloria. Y así entramos en un nuevo campo de imaginaciones, y es el de la solidaridad y representatividad de la salvación eterna.

Son muchos, en efecto, los que se imaginan el linaje humano como un ser, un individuo colectivo y solidario, y en que cada miembro representa o puede llegar a representar a la colectividad toda y se imaginan la salvación como algo colectivo también. Como algo colectivo el mérito, y como algo colectivo también la culpa; y la redención. O se salvan todos o no se salva nadie, según este modo de sentir y de imaginar; la redención es total y es mutua; cada hombre un Cristo de su prójimo.

¿Y no hay acaso como un vislumbre de esto en la creencia popular católica de las benditas ánimas del Purgatorio y de los sufragios que por ellas, por sus muertos, rinden los vivos y los méritos que las aplican? Es corriente en la piedad popular católica este sentimiento de trasmisión de méritos, ya a vivos, ya a muertos.

No hay tampoco que olvidar el que muchas veces se ha presentado ya en la historia del pensamiento religioso humano la idea de la inmortalidad restringida a un número de elegidos, de espíritus representativos de los demás, y que en cierto modo los incluyen en sí, idea de abolengo pagano —pues tales eran los héroes y semidioses— que se abroquela a las veces en aquello de que son muchos los llamados y pocos los elegidos.

En estos días mismos en que me ocupaba en preparar este ensayo llegó a mis manos la tercera edición del *Dialogue sur la vie et surt la mort,* de Charles Bonnefon, libro en que imaginaciones análogas a las que vengo exponiendo hallan expresión concentrada y sugestiva. Ni el alma puede vivir sin el cuerpo, ni éste sin aquélla, nos dice Bonnefon, y así no existen en realidad ni la muerte, ni el nacimiento, ni hay en rigor, ni cuerpo, ni alma, ni nacimiento, ni muerte, todo lo cual son abstracciones o apariencias, sino tan sólo una vida pensante, de que formamos parte, y que no puede ni nacer ni morir. Lo que le lleva a negar la individualidad humana, afirmando que nadie puede decir: «Yo soy», sino más bien: «Nosotros somos», o mejor aún: «Es en nosotros». Es la humanidad, la especie, la que piensa y ama en nosotros. Y como se trasmiten los cuerpos se trasmiten las almas. «El pensamiento vivo o la vida pensante que somos volverá a encontrarse inmediatamente bajo una forma análoga a la que fue nuestro origen y correspondiente a nuestro ser en el seno de una mujer fecundado.» Cada uno de nosotros, pues, ha vivido ya y volverá a vivir, aunque lo ignore. «Si la humanidad se eleva gradualmente por encima de sí misma, ¿quién nos dice que al momento de morir el último hombre, que contendrá en sí a todos los demás, no haya llegado a la humanidad superior tal como existe en cualquier otra parte, en el cielo?... Solidarios todos, recojeremos todos poco a poco los frutos de nuestros esfuerzos.» Según este modo de imaginar y de sentir, como nadie nace, nadie muere, sino que cada alma no ha cesado de luchar y varias veces hase sumergido en medio de la pelea humana «desde que el tipo de embrión correspondiente a la misma conciencia se representaba en la sucesión de los fenómenos humanos». Claro es que como Bonnefon empieza por negar la individualidad personal, deja fuera nuestro verdadero anhelo, que es el de salvarla; mas como, por otra parte, él, Bonnefon, es individuo personal y siente ese anhelo, acude a la distinción entre llamados y elegidos, y a la noción de espíritus representativos, y concede a un número de hombres esa inmortalidad individual representativa. De estos elegidos dice que «serán un poco más necesarios a Dios que nosotros mismos». Y termina este grandioso ensueño en que «de ascensión en ascensión no es imposible que lleguemos a la dicha suprema, y que nuestra vida se funda en la Vida perfecta como la gota de agua en el mar. Comprenderemos entonces —prosigue diciendo— que todo era necesario, que cada filosofía o cada religión tuvo su hora de verdad, que a través de nuestros rodeos y errores y en los momentos más sombríos de nuestra historia, hemos columbrado el faro y que estábamos todos predestinados a participar de la Luz Eterna. Y si el Dios que volveremos a encontrar posee un cuerpo —y no podemos concebir Dios vivo que no le tenga—, seremos una de sus células concientes a la vez que las miríadas de razas brotadas en las miríadas de soles. Si este ensueño se cumpliera, un océano de amor batiría nuestras playas, y el fin de toda vida sería añadir una gota de agua a su infinito». ¿Y qué es este ensueño cósmico de Bonnefon sino la forma plástica de la apocatastasis pauliniana?

Sí, este tal ensueño, de viejo abolengo cristiano, no es otra cosa, en el fondo, que la anacefaleosis pauliniana, la fusión de los hombres todos en el Hombre, en la Humanidad toda hecha Persona, que es Cristo y con los hombres todos, y la sujeción luego de todo ello a Dios, para que Dios, la Conciencia, lo sea todo en todos. Lo cual supone una redención colectiva y una sociedad de ultratumba.

A mediados del siglo XVIII dos pietistas de origen protestante, Juan Jacobo Moser y Federico Cristóbal Oetinger, volvieron a dar fuerza y valor a la anacefaleosis pauliniana. Moser declaraba que su religión no consistía en tener por verdaderas ciertas doctrinas y vivir virtuosamente conforme a ellas, sino en unirse de nuevo con Dios por Cristo; a lo que corresponde el conocimiento, creciente hasta el fin de la vida, de los propios pecados, y de la misericordia y paciencia de Dios, la alteración del sentido natural todo, la adquisición de la reconciliación fundada en la muerte de Cristo, el goce de la paz con Dios en el testimonio permanente del Espíritu Santo, respecto a la remisión de los pecados: el conducirse según el modelo de Cristo, lo cual sólo brota de la fe; el acercarse a Dios y tratar con El, y la disposición de morir en gracia y la esperanza del juicio que otorga la bienaventuranza en el próximo goce de Dios y en *trato con todos los santos*. (Ritschl: *Geschichte des Pietismus*, III, párr. 43.» El trato con todos los santos, es decir, la sociedad eterna humana. Y Oetinger, por su parte, considera la felicidad eterna, no como la visión de Dios en su infinitud, sino basándose en la Epístola a los Efesios, como la contemplación de Dios en la armonía de la criatura con Cristo. El trato con todos los santos era, según él, esencial al contenido de la felicidad eterna. Era la realización del reino de Dios, que resulta así ser el reino del Hombre. Y al exponer estas doctrinas de los dos pietistas confiesa Ritschl (obra citada, III, párrafo 46) que ambos testigos adquirieron para el protestantismo con ellas algo de tanto valor como el método teológico de Spencer, otro pietista.

Vese, pues, cómo el íntimo anhelo místico cristiano, desde San Pablo, ha sido dar finalidad humana, o sea divina, al Universo, salvar la conciencia humana, o sea salvarla haciendo una persona de la humanidad toda. A ello responde la anacefaleosis, la recapitulación de todo, todo lo de la tierra y el cielo, lo visible y lo invisible, en Cristo, y la apocatástasis, la vuelta de todo a Dios, a la conciencia, para que Dios sea todo en todo. Y ser Dios todo en todo, ¿no es acaso el que cobre todo conciencia y resucite en ésta todo lo que pasó, y se eternice todo cuanto en el tiempo fue? Y entre ello, todas las conciencias individuales, las que han sido, las que son y las que serán, y tal como se dieron, se dan y se darán, en sociedad y solaridad.

Mas este resucitar a conciencia todo lo que alguna vez fue, ¿no trae necesariamente consigo una fusión de lo idéntico, una amalgama de lo semejante? Al hacerse el linaje humano verdadera sociedad en Cristo, comunión de santos, reino de Dios, ¿no es que las engañosas y hasta pecaminosas diferencias individuales se borran, y queda sólo de cada hombre que fue lo esencial de él en la sociedad perfecta? ¿No resultaría tal vez, según la suposición de Bonnefon, que esta conciencia que vivió en el siglo XX en este rincón de esta tierra se sintiese la misma que tales otras que vivieron en otros siglos y acaso en otras tierras?

¡Y qué no puede ser una efectiva y real unión, una unión sustancial e íntima, alma a alma, de todos los que han sido! «Si dos criaturas cualesquiera se hicieran una, harían más que ha hecho el mundo.»

If any two creatures grew into one
They would do more than the world has done

sentenció Browning (*The Flight of the Duchess*), y el Cristo nos dejó dicho que donde se reúnan dos en su nombre, allí está El.

La gloria es, pues, según muchos, sociedad, más perfecta sociedad que la de este mundo, es la sociedad humana hecha persona. Y no falta quien crea que el progreso humano todo conspira a hacer de nuestra especie un ser colectivo con verdadera conciencia —¿no es acaso un organismo humano individual, una especie de federación de células?— y qué cuando la haya adquirido plena, resucitarán en ella cuantos fueron.

La gloria, piensan muchos, es sociedad. Como nadie vive aislado, nadie puede sobrevivir aislado tampoco. No puede gozar de Dios en el cielo quien vea que su hermano sufre en el infierno, porque fueron comunes la culpa y el mérito. Pensamos con los pensamientos de los demás y con sus sentimientos sentimos. Ver a Dios, cuando Dios sea todo en todos, es verlo todo en Dios y vivir en Dios con todo.

Este grandioso ensueño de la solidaridad final humana es la anacefaleosis y la apocatástasis paulinianas. «Somos los cristianos, decía el Apóstol (I Cor., XII, 27), el cuerpo de Cristo, miembros de él, carne de su carne y hueso de sus huesos (Efesios, V, 30), sarmientos de la vid.»

Pero en esta final solidarización, en ésta la verdadera y suprema *cristinación* de las criaturas todas, ¿qué es de cada conciencia individual? ¿Qué es de mí, de este pobre yo frágil, de este yo esclavo del tiempo y del espacio, de este yo que la razón me dice ser un mero accidente pasajero, pero por salvar al cual vivo y sufro y espero y creo? Salvada la finalidad humana del Universo, si al fin se salva, salvada la conciencia, ¿me resignaría a hacer el sacrificio de este mi pobre yo, por el cual y sólo por el cual conozco esa finalidad y esa conciencia?

Y henos aquí en lo más alto de la tragedia, en su nudo, en la perspectiva de este supremo sacrificio religioso, el de la propia conciencia individual en aras de la Conciencia Humana perfecta, de la Conciencia Divina.

Pero ¿hay tal tragedia? Si llegáramos a ver claro esa anacefaleosis; si llegáramos a comprender y sentir que vamos a enriquecer a Cristo, ¿vacilaríamos un momento en entregarnos del todo a Él? El arroyico que entra en el mar y siente en la dulzura de sus aguas el amargor de la sal oceánica, ¿retrocedería hacia su fuente? ¿Querría volver a la nube que nació de mar? ¿No es su gozo sentirse absorbido?

Y, sin embargo...

Sí, a pesar de todo, la tragedia culmina aquí.

Y el alma, mi alma al menos, anhela otra cosa; no absorción, no quietud, no paz, no apagamiento, sino eterno acercarse sin llegar nunca, inacabable anhelo, eterna esperanza que eternamente se renueva sin acabarse del todo nunca. Y con ello un eterno carecer de algo y un dolor eterno. Un dolor, una pena, gracias a la cual se crece sin cesar en conciencia y en anhelo. No pongáis a la puerta de la Gloria como a la del Infierno puso el Dante el *¡Lasciate ogni speranza!* ¡No matéis el tiempo! Es nuestra vida una esperanza que se está convirtiendo sin cesar en recuerdo que engendra a su vez a la esperanza. ¡Dejadnos vivir! La eternidad, como un eterno presente, sin recuerdo y sin esperanza, es la muerte. Así son las ideas; pero así no viven los hombres. Así son las ideas en el Dios-Idea; pero no pueden vivir así los hombres en el Dios vivo, en el Dios-Hombre.

Un eterno Purgatorio, pues, más que una Gloria; una ascensión eterna. Si desaparece todo dolor, por puro y espiritualizado que lo supongamos, toda ansia, ¿qué hace vivir a los bienaventurados? Si no sufren allí por Dios, ¿cómo le aman? Y si aun allí, en la Gloria, viendo a Dios poco a poco y cada vez de más de cerca sin llegar a El del todo nunca, no les queda siempre algo por conocer y anhelar, no les queda siempre un poso de incertidumbre, ¿cómo no se aduermen?

O en resolución, si allí no queda algo de la tragedia íntima del alma, ¿qué vida es ésa? ¿Hay acaso goce mayor que acordarse de la miseria —y acordarse de ella en sentirla— en el tiempo de la felicidad? ¿No añora la cárcel quien se libertó de ella? ¿No echa de menos aquellos sus anhelos de libertad?

*   *   *

«¡Ensueños mitológicos!», se dirá. Ni como otra cosa los hemos presentado. Pero ¿es que el ensueño mitológico no contiene su verdad? ¿Es que el ensueño y el mito no son acaso revelaciones de una verdad inefable, de una verdad irracional, de una verdad que no puede probarse?

¡Mitología! Acaso; pero hay que mitologizar respecto a la otra vida como en tiempo de Platón. Acabamos de ver que cuando tratamos de dar forma concreta, concebible, es decir, racional, a nuestro anhelo primario, primordial y fundamental de vida eterna conciente de sí y de su individualidad personal, los absurdos estéticos, lógicos y éticos se multiplican y no hay modo de concebir sin contradicciones y despropósitos la visión beatífica y la apocatastasis.

¡Y, sin embargo...!

Sin embargo, sí, hay que anhelarla, por absurda que nos parezca; es más, hay que creer en ella, de una manera o de otra, para vivir. Para vivir, ¿eh?, no para comprender el Universo. Hay que creer en ella, y creer en ella es ser religioso. El cristianismo, la única religión que nosotros, los europeos del siglo XX, podemos de veras sentir es, como decía Kierkegaard, una salida desesperada (*Afsluttende uvidenskabelig Efterskrift*, II, I, cap. I), salida que sólo se logra mediante el martirio de la fe, que es la crucifixión de la razón, según el mismo trágico pensador.

No sin razón quedó dicho por quien pudo decirlo aquello de la locura de la cruz. Locura, sin duda, locura. Y no andaba del todo descaminado el humorista yanqui —Oliver Wendell Holmes— al hacer decir a uno de los personajes de sus ingeniosas conversaciones que se formaba mejor idea de los que estaban encerrados en una manicomio por monomanía religiosa que no de los que, profesando los mismos principios religiosos, andaban sueltos y sin enloquecer. Pero ¿es que realmente no viven éstos también, gracias a Dios, enloquecidos? ¿Es que no hay locuras mansas, que no sólo nos permiten convivir con nuestros prójimos sin detrimento de la sociedad, sino que más bien nos ayudan a ello dándonos como nos dan sentido y finalidad a la vida y a la sociedad misma?

Y después de todo, ¿qué es la locura y cómo distinguirla de la razón no poniéndose fuera de una y de otra, lo cual no es imposible?

Locura tal vez, y locura grande, querer penetrar en el misterio de ultratumba; locura querer sobreponer nuestras ima-

ginaciones, preñadas de contradicción íntima, por encima
de lo que una sana razón nos dicta. Y una sana razón nos
dice que no se debe fundar nada sin cimientos, y que es
labor, más que ociosa, destructiva, la de llenar con fantasías el hueco de lo desconocido. Y sin embargo...

Hay que creer en la otra vida, en la vida eterna de más
allá de la tumba, y en una vida individual y personal, en
una vida en que cada uno de nosotros sienta su conciencia
y la sienta unirse, sin confundirse, con las demás conciencias todas en la Conciencia Suprema, en Dios; hay que creer
en esa otra vida para poder vivir ésta y soportarla y darle
sentido y finalidad. Y hay que creer acaso en esa otra vida
para merecerla, para conseguirla, o tal vez ni la merece ni
la consigue el que no la anhela sobre la razón y, si fuere menester, hasta contra ella.

Y hay, sobre todo, que sentir y conducirse como si nos
estuviese reservada una continuación sin fin de nuestra vida
terrenal después de la muerte; y si es la nada lo que nos
está reservado, no hacer que esto sea una justicia según la
frase de *Obermann*.

Lo que nos trae como de la mano a examinar el aspecto
práctico o ético de nuestro único problema.

11. El problema práctico

L'homme est périssable.—Il se peut; mais périssons en ré-
sistant, et, si le néant nous est réservé, ne faisons pas que
ce soit une justice.

Sénancour: *Obermann*, lettre XC.

Varias veces, en el errabundo curso de estos ensayos, he definido, a pesar de mi horror a las definiciones, mi propia posición frente al problema que vengo examinando; pero sé que no faltará nunca el lector insatisfecho, educado en un dogmatismo cualquiera, que se dirá: «Este hombre no se decide, vacila; ahora parece afirmar una cosa, y luego la contraria; está lleno de contradicciones; no le puedo encasillar; ¿qué es?» Pues eso, uno que afirma contrarios, un hombre de contradicción y de pelea, como de sí mismo decía Job: uno que dice una cosa con el corazón y la contraria con la cabeza, y que hace de esta lucha su vida. Más claro, ni el agua que sale de la nieve de las cumbres.

Se me dirá que ésta es una posición insostenible, que hace falta un cimiento en que cimentar nuestra acción y nuestras obras, que no cabe vivir de contradicciones, que la unidad y la claridad son condiciones esenciales de la vida y del pensamiento, y que se hace preciso unificar éste. Y seguimos siempre en lo mismo. Porque es la contradicción íntima precisamente lo que unifica mi vida y le da razón práctica de ser.

O más bien es el conflicto mismo, es la misma apasionada incertidumbre lo que unifica mi acción y me hace vivir y obrar.

Pensamos para vivir, he dicho; pero acaso fuera más acertado decir que pensamos porque vivimos, y que la forma de nuestro pensamiento responde a la de nuestra vida. Una vez más tengo que repetir que nuestras doctrinas éticas y filosóficas en general no suelen ser sino la justificación *a posteriori* de nuestra conducta, de nuestros actos. Nuestras doctrinas suelen ser el medio que buscamos para explicar y justificar a los demás y a nosotros mismos nuestro propio modo de obrar. Y nótese que no sólo a los demás, sino a nosotros mismos. El hombre, que no sabe en rigor por qué hace lo que hace y no otra cosa, siente la necesidad de darse cuenta de su razón de obrar, y la forja. Los que creemos móviles de nuestra conducta no suelen ser sino pretextos. La misma razón que uno cree que le impulsa a cuidarse para prolongar su vida es la que en la creencia de otro le lleva a éste a pegarse un tiro.

No puede, sin embargo, negarse que los razonamientos, las ideas, no influyan en los actos humanos, y aun a las veces los determinen por un proceso análogo al de la sugestión en un hipnotizado, y es por la tendencia que toda idea —que no es sino un acto incoado o abortado— tiene a resolverse en acción. Esta noción es la que llevó a Fouillé a lo de las ideas-fuerzas. Pero son de ordinario fuerzas que acomodamos a otras más íntimas y mucho menos concientes.

Mas dejando por ahora todo esto, quiero establecer que la incertidumbre, la duda, el perpetuo combate con el misterio de nuestro final destino, la desesperación mental y la falta de sólido y estable fundamento dogmático, pueden ser base de moral.

El que basa o cree basar su conducta —interna o externa, de sentimiento o de acción— en un dogma o principio teórico que estima incontrovertible, corre riesgo de hacerse un fanático, y, además, el día en que se le quebrante o afloje ese dogma, su moral se relaja. Si la tierra que cree firme vacila, él, ante el terremoto, tiembla, porque no todos somos el estoico ideal a quien le hieren impávido las ruinas del orbe hecho pedazos. Afortunadamente, le salvará lo que hay debajo de sus ideas. Pues al que os diga que si no es-

tafa y pone cuernos a su más íntimo amigo es porque teme
al infierno, podéis asegurar que, si dejase de creer en éste,
tampoco lo haría, inventando entonces otra explicación
cualquiera. Y esto en honra del género humano.

Pero al que cree que navega, tal vez sin rumbo, en balsa
movible y anegable, no ha de inmutarle el que la balsa se
le mueva bajo los pies y amenace hundirse. Este tal cree
obrar, no porque estime su principio de acción verdadero,
sino para hacerlo tal, para probarse su verdad, para crearse
su mundo espiritual.

Mi conducta ha de ser la mejor prueba, la prueba moral
de mi anhelo supremo; y si no acabo de convencerme, dentro de la última e irremediable incertidumbre, de la verdad de lo que espero, es que mi conducta no es bastante
pura. No se basa, pues, la virtud en el dogma, sino éste en
aquélla, y es el mártir el que hace la fe, más que la fe al
mártir. No hay seguridad y descanso —los que se puedan
lograr en esta vida, esencialmente insegura y fatigosa— sino
en una conducta apasionadamente buena.

Es la conducta, la práctica, la que sirve de prueba a la
doctrina, a la teoría. «El que quiera hacer la voluntad de él
—de Aquel que me envió, dice Jesús—, conocerá si es la
doctrina de Dios o si hablo por mí mismo» (Juan, VII,
17); y es conocido aquello de Pascal de «empieza por tomar agua bendita, y acabarás creyendo». En esta misma línea pensaba Juan Jacobo Moser, el pietista, que ningún
ateo o naturalista tiene derecho a considerar infundada la
religión cristiana mientras no haya hecho la prueba de cumplir con sus prescripciones y mandamientos (v. Ritschl, *Geschichte des Pietismus,* lib. VII, 43).

¿Cuál es nuestra verdad cordial y antirracional? La inmortalidad del alma humana, la de la persistencia sin término alguno de nuestra conciencia, la de la finalidad humana del Universo. ¿Y cuál su prueba moral? Podemos for-
mularla así: obra de modo que merezcas a tu propio juicio
y a juicio de los demás la eternidad, que te hagas insustituible, que no merezcas morir. O tal vez así: obra como si
hubieses de morirte mañana, pero para sobrevivir y eterni-
zarte. El fin de la moral es dar finalidad humana, personal,

al Universo; descubrir la que tenga —si es que la tiene—
y descubrirla obrando.

Hace ya más de un siglo, en 1804, el más hondo y más
intenso de los hijos espirituales del patriarca Rousseau, el
más trágico de los sentidores franceses, sin excluir a Pascal,
Sénancour, en la carta XC de las que costituyen aquella inmensa monodia de su *Obermann,* escribió las palabras que
van como lema a la cabeza de este capítulo: «El hombre es
perecedero. Puede ser, mas perezcamos resistiendo, y si es
la nada lo que nos está reservado, no hagamos que sea esto
justicia». Cambiad esta sentencia de su forma negativa en
la positiva diciendo: «Y si es la nada lo que nos está reservado, hagamos que sea una injusticia eso», y tendréis la
más firme base de acción para quien no pueda o no quiera
ser un dogmático.

Lo irreligioso, lo demoníaco, lo que incapacita para la acción o nos deja sin defensa ideal contra nuestras malas ten-
dencias, es el pesimismo aquel que pone Goethe en boca
de Mefistófeles cuando le hace decir: «Todo lo que nace merece hundirse» (*denn alles was entsteht ist wert dass es zu-
grunde geht*). Este es el pesimismo que los hombres llamamos malo, y no aquel otro que ante el temor de que todo
al cabo se aniquile, consiste en deplorarlo y en luchar contra ese temor. Mefistófeles afirma que todo lo que nace merece hundirse, aniquilarse, pero no que se hunda o se aniquile, y nosotros afirmamos que todo cuanto nace merece
elevarse, eternizarse, aunque nada de ello lo consiga. La posición moral es la contraria.

Sí, merece eternizarse todo, absolutamente todo, hasta
lo malo mismo, pues lo que llamamos malo, al eternizarse,
perdería su maleza, perdiendo su temporalidad. Que la
esencia del mal está en su temporalidad, en que no se en-
derece a fin último y permanente.

Y no estará acaso de más decir aquí algo de esa distinción, una de las más confusas que hay, entre lo que suele
llamarse pesimismo y el optimismo, confusión no menor
que la que reina al distinguir el individualismo del socia-
lismo. Apenas cabe ya darse cuenta de qué sea eso del
pesimismo.

Hoy precisamente acabo de leer en *The Nation* (número de julio 6, 1912) un editorial titulado «Un infierno dramático» (*A dramatic Inferno*), referente a una traducción inglesa de obras de Strindberg, y en él se empieza con estas juiciosas observaciones: «Si hubiera en el mundo un pesimismo sincero y total, sería, por necesidad, silencioso. La desesperación que encuentra voz es un modo social, es el grito de angustia que un hermano lanza a otro cuando van ambos tropezando por un valle de sombras que está poblado de camaradas. En su angustia atestigua que hay algo bueno en la vida, porque presupone simpatía... La congoja real, la desesperación sincera, es muda y ciega: no escribe libros ni siente impulso alguno a cargar a un universo intolerable con un monumento más duradero que el bronce.» En este juicio hay, sin duda, un sofisma, porque el hombre a quien de veras le duele, llora, y hasta grita, aunque esté solo y nadie le oiga, para desahogarse, si bien esto acaso provenga de hábitos sociales. Pero el león aislado en el desierto, ¿no ruge si le duele una muela? Mas aparte esto, no cabe negar el fondo de verdad de esas reflexiones. El pesimismo que protesta y se defiende, no puede decirse que sea tal pesimismo. Y desde luego, no lo es, en rigor, el que reconoce que nada debe hundirse aunque se hunda todo, y lo es el que declara que se debe hundir todo aunque no se hunda nada.

El pesimismo, además, adquiere varios valores. Hay un pesimismo eudemonístico o económico, y es el que niega la dicha; le hay ético, y es el que niega el triunfo del bien moral; y le hay religioso, que es el que desespera de la finalidad humana del Universo, de que el alma individual se salve para la eternidad.

Todos merecen salvarse, pero merece, ante todo y sobre todo, la inmortalidad, como en mi anterior capítulo dejé dicho, el que apasionadamente y hasta contra razón la desea. Un escritor inglés que se dedica a profeta —lo que no es raro en su tierra—, Wells, en su libro *Anticipations,* nos dice que «los hombres activos y capaces, de toda clase de confesiones religiosas de hoy en día, tienden en la práctica a no tener para nada en cuenta (*to disregard... altogether*) la cuestión de la inmortalidad». Y es por lo que las confe-

siones religiosas de esos hombres activos y capaces a que
Wells se refiere, no suelen pasar de ser una mentira, y una
mentira sus vidas si quieren basarlas sobre religión. Mas
acaso, en el fondo no sea eso que afirma Wells tan verdadero como él y otros se figuran. Esos hombres activos y capaces viven en el seno de una sociedad empapada en principios cristianos, bajo unas instituciones y unos sentimientos sociales que el cristianismo fraguó, y la fe en la inmortalidad del alma es en sus almas como un río soterraño, al
que ni se ve ni se oye, pero cuyas aguas riegan las raíces
de las acciones y de los propósitos de esos hombres.

Hay que confesar que no hay, en rigor, fundamento más
sólido para la moralidad que el fundamento de la moral católica. El fin del hombre es la felicidad eterna, que consiste
en la visión y goce de Dios por los siglos de los siglos. Ahora, en lo que marra es en la busca de los medios condu-
centes a ese fin; porque hacer depender la consecución de
la felicidad eterna de que se crea o no que el Espíritu Santo
procede del Padre y del Hijo, y no sólo de Aquél, o de que
Jesús fue Dios y todo lo de la unión hipostática, o hasta siquiera de que haya Dios, resulta, a poco se piense en ello,
una monstruosidad. Un Dios humano —el único que podemos concebir— no rechazaría nunca al que no pudiese
creer en El con la cabeza, y no en su cabeza, sino en su corazón, dice el impío que no hay Dios, es decir, que no quiere que le haya. Si a alguna creencia pudiera estar ligada la
consecución de la felicidad eterna, sería a la creencia en esa
misma felicidad y en que sea posible.

¿Y qué diremos de aquello otro del emperador de los pedantes, de aquello de que no hemos venido al mundo a ser
felices, sino a cumplir nuestro deber? (*Wir sind nicht auf
der Welt, um glücklich zu sein, sondern um unsere Schuldig-
keit zu tum.*) Si estamos en el mundo *para algo* —*um et-
was*—, ¿de dónde puede sacarse ese *para*, sino del fondo
mismo de nuestra voluntad, que pide felicidad y no deber
como fin último? Y si a ese *para* se le quiere dar otro valor, un valor objetivo, que diría cualquier pedante saduceo,
entonces hay que reconocer que la realidad objetiva, la que
quedaría aunque la humanidad desapareciese, es tan indi-

ferente a nuestro deber como a nuestra dicha, se le da tan poco de nuestra moralidad como de nuestra felicidad. No sé que Júpiter, Urano o Sirio se dejen alterar en su curso, porque cumplamos o no con nuestro deber, más que porque seamos o no felices.

Consideraciones éstas que habrán de parecer de una ridícula vulgaridad y superficialidad de *dilettante*, a los pedantes esos. (El mundo intelectual se divide en dos clases: *dilettantes* de un lado y pedantes de otro.) ¡Qué le hemos de hacer! El hombre moderno es el que se resigna a la verdad y a ignorar el conjunto de la cultura, y si no, véase lo que al respecto dice Windelband en su estudio sobre el sino de Hölderlin (*Praeludien,* I). Sí, esos hombres culturales se resignan, pero quedamos unos cuantos pobrecitos salvajes que no nos podemos resignar. No nos resignamos a la idea de haber de desaparecer un día, y la crítica del gran Pedante no nos consuela.

Lo sensato, a lo sumo, es aquello de Galileo Galilei, cuando decía: «Dirá alguien acaso que es acerbísimo el dolor de la pérdida de la vida, mas yo diré que es menor que los otros; pues quien se despoja de la vida, prívase al mismo tiempo de poder quejarse, no ya de ésta, mas de cualquier otra pérdida». Sentencia de un humorismo, no sé si conciente o inconciente en Galileo, pero trágico.

Y volviendo atrás, digo que si a alguna creencia pudiera estar ligada la consecución de la felicidad eterna, sería a la creencia en la posibilidad de su realización. Mas, en rigor, ni aun esto. El hombre razonable dice en su cabeza: «No hay otra vida después de ésta»; pero sólo el impío lo dice en su corazón. Mas aun a este mismo impío, que no es acaso sino un desesperado, ¿va un Dios humano a condenarle por su desesperación? Harta desgracia tiene con ella.

Pero de todos modos tomemos el lema calderoniano en su *La vida es sueño:*

> que estoy soñando y que quiero
> obrar bien, pues no se pierde
> el hacer bien aun en sueños.

[Acto II, esc. 4.ª]

¿De veras no se pierde? ¿Lo sabía Calderón?
Y añadía:

> Acudamos a lo eterno
> que es la fama vividora,
> donde ni duermen las dichas
> ni las grandezas reposan.

[Acto III, esc. 10.ª]

¿De veras? ¿Lo sabía Calderón?

Calderón tenía fe, robusta fe católica; pero, al que no
puede tenerla, al que no puede creer en lo que don Pedro
Calderón de la Barca creía, le queda siempre lo de
Obermann.

Hagamos que la nada, si es que nos está reservada, sea
una injusticia; peleemos contra el Destino, y aun sin esperanza de victoria; peleemos contra él quijotescamente.

Y no sólo se pela contra él anhelando lo irracional, sino
obrando de modo que nos hagamos insustituibles, acuñan-
do en los demás nuestra marca y cifra, obrando sobre nuestros prójimos para dominarlos; dándonos a ellos, para eternizarnos en lo posible.

Ha de ser nuestro mayor esfuerzo el de hacernos insustituibles, el de hacer una verdad práctica el hecho teórico
—si es que esto de hecho teórico no envuelve una contradicción *in adiecto*— de que es cada uno de nosotros único
e irremplazable, de que no puede llenar otro el hueco que
dejemos al morirnos.

Cada hombre es, en efecto, único e insustituible; otro yo
no puede darse; cada uno de nosotros —nuestra alma, no
nuestra vida— vale por el Universo todo. Y digo el espíritu y no la vida, porque el valor ridículamente excesivo
que conceden a la vida humana los que no creyendo en realidad en el espíritu, es decir, en su inmortalidad personal,
peroran contra la guerra y contra la pena de muerte, verbigracia, es un valor que se lo conceden precisamente por
no creer de veras en el espíritu, a cuyo servicio está la vida.
Porque sólo sirve la vida en cuanto a su dueño y señor, el
espíritu, sirve, y si el dueño perece con la sierva, ni uno ni
otra valen gran cosa.

Y el obrar de modo que sea nuestra aniquilación una injusticia, que nuestros hermanos, hijos y los hijos de nuestros hermanos y sus hijos, reconozcan que no debimos haber muerto, es algo que está al alcance de todos.

El fondo de la doctrina de la redención cristiana es que sufrió pasión y muerte el único hombre, esto es, el Hombre, el Hijo del Hombre, o sea el Hijo de Dios, que no mereció por su inocencia haberse muerto, y que esta divina víctima propiciatoria se murió para resucitar y resucitarnos, para librarnos de la muerte aplicándonos sus méritos y enseñándonos el camino de la vida. Y el Cristo que se dio todo a sus hermanos en humildad sin reservarse nada, es el modelo de acción.

Todos, es decir, cada uno, puede y debe proponerse dar de sí todo cuanto puede dar, más aún de lo que puede dar, excederse, superarse a sí mismo, hacerse insustituible, darse a los demás para recogerse de ellos. Y cada cual en su oficio, en su vocación civil. La palabra oficio, *officium*, significa obligación, deber, pero en concreto, y eso debe significar siempre en la práctica. Sin que se deba tratar acaso tanto de buscar aquella vocación que más crea uno que se le acomoda y cuadra, cuanto he de hacer vocación del menester en que la suerte o la Providencia o nuestra voluntad nos han puesto.

El más grande servicio acaso que Lutero ha rendido a la civilización cristiana, es el de haber establecido el valor religioso de la propia profesión civil, quebrantando la noción monástica y medieval de la vocación religiosa, noción envuelta en nieblas pasionales e imaginativas y engendradora de terribles tragedias de vida. ¡Si se entrara por los claustros a inquirir qué sea eso de la vocación de pobres hombres a quienes el egoísmo de sus padres les encerró de pequeñitos en la celda de un noviciado, y de repente despiertan a la vida del mundo, si es que despiertan alguna vez! O los que en un trabajo de propia sugestión se engañaron. Y Lutero, que lo vio de cerca y lo sufrió, pudo entender y sentir el valor religioso de la profesión civil que a nadie liga por votos perpetuos.

Cuanto respecto a las vocaciones de los cristianos nos dice

el Apóstol en el capítulo IV de su Epístola a los Efesios
hay que trasladarlo a la vida civil, ya que hoy, entre nosotros, el cristiano —sépalo o no y quiéralo o no— es el ciudadano, y en el caso en que él, el Apóstol, exclamó: «¡Soy
ciudadano romano!», exclamaríamos cada uno de nosotros
aun los ateos: «¡Soy cristiano!». Y ello exige *civilizar* el cristianismo, esto es, hacerlo civil, deseclesiastizándolo, que fue
la labor de Lutero, aunque luego él, por su parte, hiciese
iglesia.

The right man in the right place, dice una sentencia inglesa: el hombre que conviene en el puesto que le conviene. A lo que cabe replicar: «¡Zapatero, a tus zapatos!».
¿Quién sabe el puesto que mejor conviene a uno y para el
que está más apto? ¿Lo sabe él mejor que los demás? ¿Lo
saben los demás mejor que él? ¿Quién mide capacidades y
aptitudes? Lo religioso es, sin duda, tratar de hacer que sea
nuestra vocación el puesto en que nos encontramos, y, en
último caso, cambiarlo por otro.

Este de la propia vocación es acaso el más grave y más
hondo problema social, el que está en la base de todos ellos.
La llamada por antonomasia cuestión social es, acaso, más
que un problema de reparto de riquezas de productos del trabajo, un problema de reparto de vocaciones, de modo de pro-
ducir. No por la aptitud —casi imposible de averiguar sin ponerla antes a prueba, y no bien especificada en cada hombre
ya que para la mayoría de los oficios el hombre no nace, sino
que se hace—, no por la aptitud especial, sino por razones sociales, políticas, rituales, se ha venido determinando el oficio
de cada uno. En unos tiempos y países, las castas religiosas y
la herencia; en otros, las gildas y gremios; luego, la máquina,
la necesidad casi siempre, la libertad casi nunca. Y llega lo trágico de ello a esos oficios de lenocinio en que se gana la vida
vendiendo el alma, en que el obrero trabaja a conciencia, no
ya de la inutilidad, sino de la perversidad social de su trabajo,
fabricando el veneno que ha de ir matándole, el arma acaso
con que asesinarán a sus hijos. Este, y no el del salario, es el
problema más grave.

En mi vida olvidaré un espectáculo que pude presenciar
en la ría de Bilbao, mi pueblo natal. Martillaba a sus ori-

llas no sé qué cosa, en un astillero, un obrero, y hacíalo a
desgana, como quien no tiene fuerzas o no va sino a pre-
textar su salario, cuando de pronto se oye el grito de una
mujer: «¡Socorro!» Y era que un niño cayó a la ría. Y aquel
hombre se trasformó en un momento, y con una energía y
presteza y sangre fría admirables, se alijeró de ropa y se
echó al agua a salvar al pequeñuelo.

Lo que da acaso su menor ferocidad al movimiento socialista agrario es que el gañán del campo, aunque no gane
más ni viva mejor que el obrero industrial o minero, tiene
una más clara conciencia del valor social de su trabajo. No
es lo mismo sembrar trigo que sacar diamantes de la tierra.

Y acaso el mayor progreso social consiste en una cierta
indiferenciación del trabajo, en la facilidad de dejar uno
para tomar otro, no ya acaso más lucrativo, sino más noble
—porque hay trabajos más y menos nobles—. Mas suele
suceder con triste frecuencia, que ni el que ocupa una profesión y no la abandona suele preocuparse de hacer vocación religiosa de ella, ni el que la abandona y va en busca
de otra lo hace con religiosidad de propósito.

Y ¿no conocéis, acaso, casos en que uno, fundado en que
el organismo profesional a que pertenece y en que trabaja
está mal organizado y no funciona como debiera, se hurta
al cumplimiento estricto de su deber, a pretexto de otro deber más alto? ¿No llaman a este cumplimiento ordenancis-
mo y no hablan de burocracia y de fariseísmo de funcio-
narios? Y ello suele ser a las veces como si un militar inteligente y muy estudioso, que se ha dado cuenta de las deficiencias de la organización bélica de su patria, y se las ha
denunciado a sus superiores y tal vez al público —cum-
pliendo con ello su deber—, se negara a ejecutar en cam-
paña una operación que se le ordenase, por estimarla de es-
casísima probabilidad de buen éxito, o tal vez de seguro fra-
caso, mientras no se corrigiesen aquellas deficiencias. Mere-
cía ser fusilado. Y en cuanto a lo de fariseísmo...

Y queda siempre un modo de obedecer mandando, un
modo de llevar a cabo la operación que se estima absurda,
corrigiendo su absurdidad, aunque sólo sea con la propia
muerte. Cuando en mi función burocrática me he encon-

trado alguna vez con alguna disposición legislativa que, por
su evidente absurdidad, estaba en desuso, he procurado
siempre aplicarla. Nada hay peor que una pistola cargada
en un rincón, y de la que no se usa; llega un niño, se pone
a jugar con ella y mata a su padre. Las leyes en desuso son
las más terribles de las leyes, cuando el desuso viene de lo
malo de la ley.

Y esto no son vaguedades, y menos en nuestra tierra.
Porque mientras andan algunos por acá buscando yo no sé
qué deberes y responsabilidades ideales, esto es, ficticios,
ellos mismos no ponen su alma toda en aquel menester inmediato y concreto de que viven, y los más, la inmensa mayoría, no cumplen con su oficio sino para eso que se llama
vulgarmente cumplir —*para cumplir,* frase terriblemente
inmoral—, para salir del paso, para hacer que se hace, para
dar pretexto y no justicia al emolumento, sea de dinero o
de otra cosa.

Aquí tenéis un zapatero que vive de hacer zapatos, y que
los hace con el esmero preciso para conservar su clientela y
no perderla. Ese otro zapatero vive en un plano espiritual
algo más elevado, pues que tiene el amor propio del oficio,
y por pique o pundonor se esfuerza en pasar por el mejor
zapatero de la ciudad o del reino, aunque esto no le dé ni
más clientela ni más ganancia y sí sólo más renombre y pres-
tigio. Pero hay otro grado aún mayor de perfeccionamiento
moral en el oficio de zapatería, y es tender a hacerse para
con sus parroquianos el zapatero único e insustituible, el
que de tal modo les haga el calzado que tengan que echarle
de menos cuando se les muera —«se *les* muera», y no sólo
«se muera»—, y piensen ellos, sus parroquianos, que no debía haberse muerto, y esto así porque les hizo calzado pensando en ahorrarles toda molestia y que no fuese el cuidado de los pies lo que les impidiera vagar a la contemplación de las más altas verdades; les hizo el calzado por amor
a ellos y por amor a Dios en ellos, se lo hizo por religiosidad.

Adrede he escojido este ejemplo, que acaso os parezca pe-
destre. Y es porque el sentimiento, no ya ético, sino religioso, de nuestras respectivas zapaterías, anda muy bajo.

Los obreros se asocian, forman sociedades cooperativas y

de resistencia, pelean muy justa y noblemente por el mejo-
ramiento de su clase; pero no se ve que esas asociaciones influyan gran cosa en la moral del oficio. Han llegado a imponer a los patronos el que éstos tengan que recibir al trabajo a aquellos que la sociedad obrera respectiva designe
en cada caso, y no a otros; pero de la selección técnica de
los designados se cuidan bien poco. Ocasiones hay en que
apenas si le cabe al patrono rechazar al inepto por su inep-
titud, pues defienden ésta sus compañeros. Y cuando trabajan, lo hacen a menudo no más que por cumplir, por pre-
textar el salario, cuando no lo hacen mal aposta para per-
judicar al amo, que se dan casos de ello.

En aparente justificación de todo lo cual cabe decir que
los patronos, por su parte, cien veces más culpables que sus
obreros, maldito si se cuidan ni de pagar mejor al que mejor trabaja, ni de fomentar la educación general y técnica
del obrero, ni mucho menos de la bondad intrínseca del
producto. La mejora de este producto, que debía ser en sí,
aparte de razones de concurrencia industrial y mercantil, en
bien de los consumidores, por caridad, lo capital, no lo es
ni para patronos ni para obreros, y es que ni aquéllos ni éstos sienten religiosamente su oficio social. Ni unos ni otros
quieren ser insustituibles. Mal que se agrava con esa des-
dichada forma de sociedades y empresas industriales anó-
nimas, donde, con la firma impersonal, se pierde hasta
aquella vanidad de acreditarla que sustituye al anhelo de
eternizarse. Con la individualidad concreta, cimiento de
toda religión, desaparece la religiosidad del oficio.

Y lo que se dice de patronos y obreros se dice mejor de
cuantos a profesiones liberales se dedican y de los funcio-
narios públicos. Apenas si hay servidor del Estado que sienta la religiosidad de su menester oficial y público. Nada
más turbio, nada más confuso entre nosotros que el sentimiento de los deberes para con el Estado, sentimiento que
oblitera aún más la Iglesia católica, que, por lo que al Estado hace, es, en rigor, de verdad anarquista. Entre sus mi-
nistros no es raro hallar quienes defiendan la licitud moral
del matute y del contrabando, como si el que matuteando
o contrabandeando desobedece a la autoridad legalmente

costituída que lo prohibe, no pecara contra el cuarto mandamiento de la ley de Dios, que al mandar honrar padre y madre, manda obedecer a esa autoridad legal en cuanto ordene que no sea contrario, como no lo es el imponer esos tributos, a la ley de Dios.

Son muchos los que, considerando el trabajo como un castigo, por aquello de «comerás el pan con el sudor de tu frente», no estiman el trabajo del oficio civil sino bajo su aspecto económico político y a lo sumo bajo su aspecto estético. Para estos tales —entre los que se encuentran principalmente los jesuítas—hay dos negocios: el negocio inferior y pasajero de ganarnos la vida, de ganar el pan para nosotros y nuestros hijos de una manera honrada —y sabido es la elasticidad de la honradez—, y el gran negocio de nuestra salvación, de ganarnos la gloria eterna. Aquel trabajo inferior o mundano no es menester llevarlo sino en cuanto, sin engaños ni grave detrimento de nuestros prójimos, nos permita vivir decorosamente a la medida de nuestro rango social, pero de modo que nos vaque el mayor tiempo posible para atender al otro gran negocio. Y hay quienes elevándose un poco sobre esa concepción, más que ética, económica, del trabajo, de nuestro oficio civil, llegar hasta una concepción y un sentimiento estéticos de él, que se cifran en adquirir lustre y renombre en nuestro oficio, y hasta en hacer de él arte por el arte mismo, por la belleza. Pero hay que elevarse aún más, a un sentimiento ético de nuestro oficio civil que deriva y desciende de nuestro sentimiento religioso, de nuestra hambre de eternización. E trabajar cada uno en su propio oficio civil, puesta la vista en Dios, por amor a Dios, lo que vale decir por amor a nuestra eternización, es hacer de ese trabajo una obra religiosa.

El texto aquel de «comerás el pan con el sudor de tu frente» no quiere decir que condenase Dios al hombre al trabajo, sino a la penosidad de él. Al trabajo mismo no pude condenarle, porque es el trabajo el único consuelo práctico de haber nacido. Y la prueba de que no le condenó al trabajo mismo está, para un cristiano, en que al ponerle en el Paraíso, antes de la caída, cuando se hallaba aún en su es-

tado de inocencia, dice la Escritura que le puso en él para
que lo guardase y lo labrase (*Génesis,* II, 15). Y de hecho,
¿en qué iba a pasar el tiempo en el Paraíso si no lo traba-
jaba? ¿Y es que acaso la visión beatífica misma no es una
especie de trabajo?

Y aun cuando el trabajo fuese nuestro castigo deberíamos tender a hacer de él, del castigo mismo, nuestro consuelo y nuestra redención, y de abrazarnos a alguna cruz,
no hay para cada uno otra mejor que la cruz del trabajo de
su propio oficio civil. Que no nos dijo el Cristo: «Toma mi
cruz y sígueme», sino «Toma tu cruz y sígueme»; cada uno
la suya, que la del Salvador él solo la lleva. Y no consiste,
por tanto, la imitación de Cristo en aquel ideal monástico
que resplandece en el libro que lleva el nombre vulgar del
Kempis, ideal sólo aplicable a un muy limitado número de
personas, y, por lo tanto, anticristiano, sino que imitar a Cristo
es tomar cada uno su cruz, la cruz de su propio oficio
civil, como Cristo tomó la suya, la de su oficio, civil también a la par que religioso, y abrazarse a ella y llevarla, puesta la vista en Dios y tendiendo a hacer una verdadera oración de los actos propios de ese oficio. Haciendo zapatos y
por hacerlos, se puede ganar la gloria si se esfuerza el zapatero en ser como zapatero perfecto, como es perfecto
nuestro Padre celestial.

Ya Fourier, el soñador socialista, soñaba con hacer el trabajo atrayente en sus falanterios por la libre elección de las
vocaciones y por otros medios. El único es la libertad. El
encanto del juego de azar, que es el trabajo, ¿de qué depende sino de que se somete uno libremente a la libertad
de la Naturaleza, esto es, al azar? Y no nos perdamos en
un cotejo entre el trabajo y el deporte.

Y el sentimiento de hacernos insustituibles, de no me-
recer la muerte, de hacer que nuestra aniquilación, si es que
nos está reservada, sea una injusticia, no sólo debe llevarnos a cumplir religiosamente, por amor a Dios y a nuestra
eternidad y eternización, nuestro propio oficio, sino a cum-
plirlo apasionadamente, trágicamente, si se quiere. Debe
llevarnos a esforzarnos por sellar a los demás con nuestro sello, por perpetuarnos en ellos y en sus hijos, dominándolos,

por dejar en todo imperecedera nuestra cifra. La más fecunda moral es la moral de la imposición mutua.

Ante todo, cambiar en positivos los mandamientos que en forma negativa nos legó la Ley Antigua. Y así, donde se nos dijo: «¡No mentirás!», entender que nos dice: «¡Dirás siempre la verdad, oportuna o inoportunamente!», aunque sea cada uno de nosotros, y no los demás, quien juzgue en cada caso de esa oportunidad. Y donde se nos dijo: «¡No matarás», entender: «¡Darás la vida y la acrecentarás!» Y donde: «¡No hurtarás!», que dice: «Acrecentarás la riqueza pública!». Y donde: «¡No cometerás adulterio!», esto: «¡Darás a tu tierra y al cielo hijos sanos, fuertes y buenos!» Y así todo lo demás.

El que no pierda su vida, no la logrará. Entrégate, pues, a los demás, pero para entregarte a ellos, domínalos primero. Pues no cabe dominar sin ser dominado. Cada uno se alimenta de la carne de aquel a quien devora. Para dominar al prójimo hay que conocerlo y quererlo. Tratando de imponerle mis ideas, es como recibo las suyas. Amar al prójimo es querer que sea como yo, que sea otro yo, es decir, es querer borrar la divisoria entre él y yo, suprimir el mal. Mi esfuerzo por imponerme a otro, por ser y vivir yo en él y de él, por hacerle mío —que es lo mismo que hacerme suyo—, es lo que da sentido religioso a la colectividad, a la solidaridad humana.

El sentimiento de solidaridad parte de mí mismo; como soy sociedad, necesito adueñarme de la sociedad humana; como soy un producto social, tengo que socializarme, y de mí voy a Dios —que soy yo proyectado al Todo— y de Dios a cada uno de mis prójimos.

De primera intención protesto contra el inquisidor, y a él prefiero el comerciante que viene a colocarme sus mercancías; pero si recojido en mí mismo lo pienso mejor, veré que aquél, el inquisidor, cuando es de buena intención, me trata como a un hombre, como a un fin en sí, pues si me molesta es por el caritativo deseo de salvar mi alma, mientras que el otro no me considera sino como a un cliente, como a un medio, y su indulgencia y tolerancia no es, en el fondo, sino la más absoluta indiferencia respecto a mi destino. Hay mucha más humanidad en el inquisidor

Como suele haber mucha más humanidad en la guerra que no en la paz. La no resistencia al mal implica resistencia al bien, y aun fuera de la defensiva, la ofensiva misma es lo más divino acaso de lo humano. La guerra es escuela de fraternidad y lazo de amor; es la guerra la que, por el choque y la agresión mutua, ha puesto en contacto a los pueblos, y les ha hecho conocerse y quererse. El más puro y más fecundo abrazo de amor que se dan entre sí los hombres es el que, sobre el campo de batalla, se dan el vencedor y el vencido. Y aun el odio depurado que surge de la guerra es fecundo. La guerra es, en su más estricto sentido, la santificación del homicidio; Caín se redime como general de ejércitos. Y si Caín no hubiese matado a su hermano Abel, habría acaso muerto a manos de éste. Dios se reveló, sobre todo, en la guerra; empezó siendo el Dios de los ejércitos, y uno de los mayores servicios de la cruz es el de defender en la espada la mano que esgrime ésta.

Fue Caín, el fratricida, el fundador del Estado, dicen los enemigos de éste. Y hay que aceptarlo y volverlo en gloria del Estado, hijo de la guerra. La civilización empezó el día en que un hombre, sujetando a otro y obligándole a trabajar para los dos, pudo vagar a la contemplación del mundo y obligar a su sometido a trabajos de lujo. Fue la esclavitud lo que permitió a Platón especular sobre la república ideal, y fue la guerra la que trajo la esclavitud. No en vano es Atena la diosa de la guerra y de la ciencia. Pero ¿será menester repetir una vez más estas verdades tan obvias, mil veces desatendidas y que otras mil vuelven a renacer?

El precepto supremo que surge del amor a Dios y la base de toda moral es éste: entrégate por entero; da tu espíritu para salvarlo, para eternizarlo. Tal es el sacrificio de vida.

Y el entregarse supone, lo he de repetir, imponerse. La verdadera moral religiosa es en el fondo agresiva, invasora.

El individuo, en cuanto individuo, el miserable individuo que vive preso del instinto de conservación y de los sentidos, no quiere sino conservarse, y todo su hipo es que no penetren los demás en su esfera, que no le inquieten, que no le rompan la pereza, a cambio de lo cual, o para dar ejemplo y norma, renuncia a penetrar él en los otros, a romperles la pereza, a inquietarles, a apoderarse de ellos. El «no hagas a otro lo que para ti no quieras», lo traduce él así: «Yo no me meto con los demás; que no se metan los demás conmigo.» Y se achica y se engurruña y perece en esta avaricia espiritual y en esta moral repulsiva del individualismo anárquico; cada uno para sí. Y como cada uno no es él mismo, mal puede ser para sí.

Mas así que el individuo se siente en la sociedad, se siente en Dios, y el instinto de perpetuación le enciende en amor a Dios y en caridad dominadora, busca perpetuarse en los demás, perennizar su espíritu, eternizarlo, desclavar a Dios, y sólo anhela sellar su espíritu en los demás espíritus y recibir el sello de éstos. Es que se sacudió de la perezsa y de la avaricia espirituales.

La pereza, se dice, es la madre de todos los vicios, y la pereza, en efecto, engendra los dos vicios: la avaricia y la envidia, que son, a su vez, fuente de todos los demás. La pereza es el peso de la materia, de suyo inerte, en nosotros, y esa pereza, mientras nos dice que trata de conservarnos por el ahorro, en realidad no trata sino de amenguarnos, de anonadarnos.

Al hombre, o le sobra materia o le sobra espíritu, o, mejor dicho, o siente hambre de espíritu, esto es, de eternidad, o hambre de materia, resignación a anonadarse. Cuando le sobra espíritu y siente hambre de más de él, lo vierte y lo derrama fuera, y al derramarlo, se le acrecienta con lo de los demás; y, por el contrario, cuando, avaro de sí mismo, se recoge en sí, pensando mejor conservarse, acaba por perderlo todo, y le ocurre lo que al que recibió un solo talento: lo enterró para no perderlo, y se quedó sin él. Porque al que tiene, se le dará; pero al que no tiene sino poco, hasta ese poco le será quitado.

«Sed perfectos como vuestro Padre celestial lo es», se nos dijo, y este terrible precepto —terrible porque la perfección infinita del Padre nos es inasequible— debe ser nuestra suprema norma de conducta. El que no aspire a lo imposible, apenas hará nada hacedero que valga la pena. Debemos aspirar a lo imposible, a la perfección absoluta e infinita, y decir al Padre: «¡Padre, no puedo: ayuda a mi impotencia!» Y El lo hará en nosotros.

Y ser perfecto es serlo todo, es ser yo y ser todos los demás, es ser humanidad, es ser universo. Y no hay otro camino para ser todo lo demás, sino darse a todo, y cuando todo sea en todo, todo será en cada uno de nosotros. La apocatastasis es más que un ensueño místico: es una norma de acción, es un faro de altas hazañas.

De donde la moral invasora, dominadora, agresiva, inquisidora, si queréis. Porque la caridad verdadera es invasora, y consiste en meter mi espíritu en los demás espíritus, en darles mi dolor como pábulo y consuelo a sus dolores, en despertar con mi inquietud sus inquietudes, en aguzar su hambre de Dios con mi hambre de El. La caridad no es brezar y adormecer a nuestros hermanos en la inercia y modorra de la materia, sino despertarles en la zozobra y el tormento del espíritu.

A las catorce obras de misericordia que se nos enseñó en el Catecismo de la doctrina cristiana habría que añadir a las veces una más, y es la de despertar al dormido. A las veces por lo menos, y desde luego, cuando el dormido duerme al borde de una sima, el despertarle es mucho más misericordioso que enterrarle después de muerto, pues dejemos que los muertos entierren a sus muertos. Bien se dijo aquello de «Quien bien te quiera, te hará llorar», y la caridad suele hacer llorar. «El amor que no mortifica, no merece tan divino nombre», decía el encendido apóstol portugués fray Thomé de Jesús (*Trabalhos de Jesus,* parte primera); el de esta jaculatoria: «¡Oh, fuego infinito! ¡Oh, amor eterno que si no tienes donde abraces y te alargues y muchos corazones a que quemes, lloras!» El que ama al prójimo le quema el corazón, y el corazón, como la leña fresca, cuando se quema, gime y destila lágrimas.

Y el hacer eso es generosidad, una de las dos virtudes madres que surgen cuando se vence a la inercia, a la pereza. Las más de nuestras miserias vienen de avaricia espiritual.

El remedio al dolor, que es, dijimos, el choque de la conciencia en la inconciencia, no es hundirse en ésta, sino elevarse a aquélla y sufrir más. Lo malo del dolor se cura con más dolor, con más alto dolor. No hay que darse opio, sino

poner vinagre y sal en la herida del alma, porque cuando
te duermas y no sientas ya el dolor, es que no eres. Y hay
que ser. No cerréis, pues, los ojos a la Esfinge acongojado-
ra, sino miradla cara a cara, y dejad que os coja y os mas-
que en su boca de cien mil dientes venenosos y os trague.
Veréis qué dulzura cuando os haya tragado, qué dolor más
sabroso.

Y a esto se va prácticamente por la moral de la imposición mutua. Los hombres deben tratar de imponerse los
unos a los otros, de darse mutuamente sus espíritus, de se-
llarse mutuamente las almas.

Es cosa que da en qué pensar eso de que hayan llamado
a la moral cristiana moral de esclavos. ¿Quiénes? ¡Los anarquistas! El anarquismo sí que es moral de esclavos, pues
sólo el esclavo canta a la libertad anárquica. ¡Anarquismo,
no!, sino *panarquismo;* no aquello de ni Dios ni amo, sino
todos dioses y amos todos, todos esforzándose por divini-
zarse, por inmortalizarse. Y para ello, dominando a los
demás.

¡Y hay tantos modos de dominar! A las veces, hasta pasivamente, al parecer al menos, se cumple con esta ley de
vida. El acomodarse al ámbito, el imitar, el ponerse uno en
lugar de otro, la simpatía, en fin, además de ser una manifestación de la unidad de la especie, es un modo de ex-
pansionarse, de ser otro. Ser vencido, o, por lo menos, aparecer vencido, es muchas veces vencer; tomar lo de otro, es
un modo de vivir en él.

Y es que al decir dominar, no quiero decir como el tigre. También domina el zorro por la astucia, y la liebre huyendo, y la víbora por su veneno, y el mosquito por su pequeñez, y el calamar por su tinta, con que oscurece el ámbito y huye. Y nadie se escandalice de esto, pues el mismo
Padre de todos, que dio fiereza, garras y fauces al tigre, dio
astucia al zorro, patas veloces a la liebre, veneno a la víbora, pequeñez al mosquito y tinta al calamar. Y no consiste
la nobleza e innobleza en las armas de que se use, pues cada
especie, y hasta cada individuo, tiene las suyas, sino en
cómo se las use, y, sobre todo, en el fin para que uno las
esgrima.

Y entre las armas de vencer hay también la de la paciencia y la resignación apasionadas, llenas de actividad y de anhelos interiores. Recordad aquel estupendo soneto del gran
luchador, del gran inquietador puritano Juan Milton, el se-
cuaz de Cromwell y cantor de Satanás, el que al verse ciego
y considerar su luz apagada e inútil en él, aquel talento cuya
ocultación es muerte, oye que la Paciencia le dice: «Dios no
necesita ni de obra de hombre ni de sus dones; quienes mejor llevan su blando yugo, le sirven mejor; su estado es re-
gio; miles hay que se lanzan a su señal y corren sin descanso tierras y mares; pero también le sirven los que no hacen sino estarse y aguardar».

They also serve who only stand and wait. Sí, también le
sirven los que sólo se están aguardándole; pero es cuando
le aguardan apasionadamente, hambrientamente, llenos de
anhelo de inmortalidad en El.

Y hay que imponerse, aunque sólo sea por la paciencia.
«Mi vaso es pequeño, pero bebo en mi vaso», decía un poeta egoísta y de un pueblo de avaros. No; en mi vaso beben
todos, quiero que todos beban de él; se lo doy, y mi vaso
crece, según el número de los que en él beben, y todos, al
poner en él sus labios, dejan allí algo de su espíritu. Y bebo
también de los vasos de los demás, mientras ellos beben
del mío. Porque cuanto más soy de mí mismo, y cuanto
soy más yo mismo, más soy de los demás; de la plenitud
de mí mismo me vierto a mis hermanos, y al verterme a
ellos, ellos entran en mí.

«Sed perfectos como vuestro Padre», se nos dijo, y nuestro Padre es perfecto porque es El, y es cada uno de sus hijos que en él viven, son y se mueven. Y el fin de la perfección es que seamos todos una sola cosa (Juan XVII, 21),
todos un Cuerpo en Cristo (Rom. XII, 5), y que, al cabo,
sujetas todas las cosas al Hijo, el Hijo mismo se sujete a su
vez a quien lo sujetó todo para que Dios sea todo en todos.
Y esto es hacer que el Universo sea conciencia: hacer de la
Naturaleza sociedad y sociedad humana. Y entonces se le
podrá a Dios llamar Padre a boca llena.

Ya sé que los que dicen que la ética es ciencia dirán que
todo esto que vengo exponiendo no es más que retórica;

pero cada cual tiene su lenguaje y su pasión. Es decir, el
que la tiene, y el que no tiene pasión, de nada le sirve tener ciencia.

Y a la pasión que se expresa por esta retórica le llaman
egotismo los de la ciencia ética, y el tal egotismo es el único verdadero remedio del egoísmo, de la avaricia espiritual,
del vicio de conservarse y ahorrarse, y no de tratar de pe-
rennizarse dándose.

«No seas, y podrás más que todo lo que es», decía nuestro fray Juan de los Angeles en uno de sus *Diálogos de la
conquista del reino de Dios* (Dial. III, 8); pero ¿qué quiere
decir eso de no seas? ¿No querrá acaso decir paradójicamen-
te, como a menudo en los místicos sucede, lo contrario de
lo que tomado a la letra y a primera lección dice? ¿No es
una inmensa paradoja, un gran contrasentido trágico, más
bien, la moral toda de la sumisión y del quietismo? La moral monástica, la puramente monástica, ¿no es un absurdo?
Y llamo aquí moral monástica a la del cartujo solitario, a
la del eremita, que huye del mundo —llevándolo acaso consigo— para vivir solo y a solas con un Dios solo también
y solitario; no a la del dominico inquisidor, que recorre la
Provenza a quemar corazones de albigenses.

«¡Que lo haga todo Dios!» —dirá alguien—; pero es que
si el hombre se cruza de brazos, Dios se echa a dormir.

Esa moral cartujana y la otra moral científica, la que sa-
can de la ciencia ética —¡oh, la ética como ciencia!, ¡la ética racional y racionalista!, ¡pedantería de pedanterías y todo
pedantería!—, eso sí que puede ser egoísmo y frialdad de
corazón.

Hay quien dice aislarse con Dios para mejor salvarse,
para mejor redimirse; pero es que la redención tiene que
ser colectiva, pues que la culpa lo es. «Lo religioso es la determinación de totalidad, y todo lo que está fuera de esto
es engaño de los sentidos, por lo cual el mayor criminal es,
en el fondo, inocente y un hombre bondadoso, un santo.»
Así Kierkegaard (*Afsluttende,* etc., II, II, cap. IV, sect. II,
A).

¿Y se comprende, por otra parte, que se quiera ganar la
otra vida, la eterna, renunciando a ésta, a la temporal? Si

El problema práctico 261

algo es la otra vida, ha de ser continuación de ésta, y sólo como continuación, más o menos depurada, de ella la imagina nuestro anhelo, y si así es, cuál sea esta vida del tiempo será la de la eternidad.

«Este mundo y el otro son como dos mujeres de un solo marido, que si agradas a la una, mueves a la otra a envidia», dice un pensador árabe, citado por Windelband (*Das Heilige,* en el volumen II de *Praeludien*); mas tal pensamiento no ha podido brotar sino de quien no ha sabido resolver en una lucha fecunda, en una contradicción práctica, el conflicto trágico entre su espíritu y el mundo. «Venga a nos el tu reino», nos enseñó el Cristo a pedir a su Padre, y no «vayamos al tu reino», y, según las primitivas creencias cristianas, la vida eterna había de cumplirse sobre esta misma tierra, y como continuación de la de ella. Hombres y no ángeles se nos hizo para que buscásemos nuestra dicha a través de la vida, y el Cristo de la fe cristiana no se angelizó, sino que se humanó, tomando cuerpo real y efectivo, y no apariencia de él para redimirnos. Y según esa misma fe, los ángeles, hasta los más encumbrados, adoran a la Virgen, símbolo supremo de la Humanidad terrena. No es, pues, el ideal angélico un ideal cristiano y, desde luego, no lo es humano ni puede serlo. Es, además, un ángel algo neutro, sin sexo y sin patria.

No nos cabe sentir la otra vida, la vida eterna, lo he repetido ya varias veces, como una vida de contemplación angélica; ha de ser vida de acción. Decía Goethe que «el hombre debe creer en la inmortalidad; tiene para ello un derecho conforme a su naturaleza». Y añadía así: «La convición de nuestra perduración me brota del concepto de la actividad. Si obro sin tregua hasta mi fin, la Naturaleza está obligada —*so ist die Natur verpflichtet*— a proporcionarme otra forma de existencia, ya que mi actual espíritu no puede soportar más.» Cambiad lo de Naturaleza por Dios, y tendréis un pensamiento que no deja de ser cristiano, pues los primeros Padres de la Iglesia no creyeron que la inmortalidad del alma fuera un don natural —es decir, algo racional—, sino un don divino de gracia. Y lo que es de gracia suele ser, en el fondo, de justicia, ya que la justicia es divina y gratuita, no natural. Y agregaba Goethe: «No sabría empezar nada con una felicidad eterna si no me ofreciera nuevas tareas y nuevas dificultades a que vencer». Y así es: la ociosidad contemplativa no es dicha.

Mas ¿no tendrá ninguna justificación la moral eremítica, cartujana, la de la Tebaida? ¿No se podrá, acaso, decir que es menester se conserven esos tipos de excepción para que sirvan de eterno modelo a los otros? ¿No crían los hombres caballos de carrera, inútiles para todo otro menester utilitario, pero que mantienen la pureza de la sangre y son padres de excelentes caballos de tiro y de silla? ¿No hay, acaso, un lujo ético, no menos justificable que el otro? Pero, por otra parte, ¿no es esto, en el fondo, estética y no moral, y mucho menos religión? ¿No es que será estético y no religioso, ni siquiera ético, el ideal monástico contemplativo medieval? Y al fin los de entre aquellos solitarios que nos han contado sus coloquios a solas con Dios, han hecho una obra eternizadora, se han metido en las almas de los demás. Y ya sólo con eso, con que el claustro haya podido darnos un Eckhart, un Suso, un Taulero, un Ruisbroquio, un Juan de la Cruz, una Catalina de Siena, una Angela de Foligno, una Teresa de Jesús, está justificado el claustro.

Pero nuestras Ordenes españolas son, sobre todo, la de Predicadores, que Domingo de Guzmán instituyó para la obra agresiva de extirpar la herejía; la Compañía de Jesús, una milicia en medio del mundo, y con ello está dicho todo; la de las Escuelas Pías, para la obra también invasora de la enseñanza... Cierto es que se me dirá que también la reforma del Carmelo, Orden contemplativa que emprendió Teresa de Jesús, fué obra española. Sí, española fue, y en ella se buscaba libertad.

Era el ansia de libertad, de libertad interior, en efecto, lo que en aquellos revueltos tiempos de Inquisición llevaba a las almas escojidas al claustro. Encarcelábanse para ser mejor libres. «¿No es linda cosa que una pobre monja de San José pueda llegar a enseñorear toda la tierra y elementos?», decía en su *Vida* Santa Teresa. Era el ansia pauliniana de libertad, de sacudirse de la ley externa, que era bien dura, y, como decía el maestro fray Luis de León, bien cabezuda entonces.

¿Pero lograron libertad así? Es muy dudoso que la logra-
ran, y hoy imposible. Porque la verdadera libertad no es
esa de sacudirse de la ley externa; la libertad es la conciencia de la ley. Es libre, no el que se sacude de la ley, sino el
que se adueña de ella. La libertad hay que buscarla en medio del mundo, que es donde vive la ley, y con la ley la culpa, su hija. De lo que hay que libertarse es de la culpa, que
es colectiva.

En vez de renunciar al mundo para dominarlo —¿quién
no conoce el instinto colectivo de dominación de las Ordenes religiosas, cuyos individuos renuncian al mundo?—, lo
que habría que hacer es dominar al mundo para poder renunciar a él. No buscar la pobreza y la sumisión, sino buscar la riqueza para emplearla en acrecentar la conciencia humana, y buscar el poder para servirse de él con el mismo fin.

Es cosa curiosa que frailes y anarquistas se combatan entre sí, cuando en el fondo profesan la misma moral y tienen un tan íntimo parentesco unos con otros. Como que el
anarquismo viene a ser una especie de monacato ateo, y
más una doctrina religiosa que ética o económicosocial. Los
unos parten de que el hombre nace malo, en pecado original, y la gracia le hace luego bueno, si es que le hace tal,
y los otros de que nace bueno y la sociedad le pervierte luego. Y, en resolución, lo mismo da una cosa que otra, pues
en ambas se opone el individuo a la sociedad, y como si
precediera, y, por lo tanto, hubiese de sobrevivir a ella. Y
las dos morales son morales de claustro.

Y el que la culpa es colectiva no ha de servir para sacu-
dirme de ella sobre los demás, sino para cargar sobre mí
las culpas de los otros, las de todos, no para difundir mi
culpa y anegarla en la culpa total, sino para hacer la culpa
total mía; no para enajenar mi culpa, sino para ensimis-
marme, y apropiarme, adentrándomela, la de todos. Y cada
uno debe contribuir a curarla, por lo que otros no hacen.
El que la sociedad sea culpable agrava la culpa de cada uno.
«Alguien tiene que hacerlo, ¿pero por qué he de ser yo?»; es
la frase que repiten los débiles bien intencionados. Alguien
tiene que hacerlo, ¿por qué no yo?, es el grito de un serio
servidor del hombre que afronta cara a cara un serio peli-

gro. Entre estas dos sentencias median siglos enteros de evolución moral.» Así dijo mistress Annie Besant en su autobio-
grafía. Así dijo la teósofa. El que la sociedad sea culpable agrava la culpa de cada uno, y es más culpable el que más siente
la culpa. Cristo, el inocente, como conocía mejor que nadie la
intensidad de la culpa, era en un cierto sentido el más culpable. En El llegó a conciencia la divinidad de la humanidad y
con ella su culpabilidad. Suele dar que reír a no pocos el leer
de grandísimos santos que por pequeñísimas faltas, por faltas
que hacen sonreírse a un hombre de mundo, se tuvieron por los
más grandes pecadores. Pero la intensidad de la culpa no
se mide por el acto externo, sino por la conciencia de ella,
y a uno le causa agudísimo dolor lo que a otro apenas si
un lijero cosquilleo. Y en un santo puede llegar la conciencia moral a tal plenitud y agudeza, que el más leve pecado
le remuerda más que al mayor criminal su crimen. Y la culpa estriba en tener conciencia de ella; está en el que juzga
y en cuanto juzga. Cuando uno comete un acto pernicioso,
creyendo de buena fe hacer una acción virtuosa, no podemos tenerle por moralmente culpable, y cuando otro cree
que es mala una acción indiferente, o acaso beneficiosa, y
la lleva a cabo, es culpable. El acto pasa, la intención queda, y lo malo del mal acto es que malea la intención, que
haciendo mal a sabiendas se predispone como a seguir ha-
ciéndolo, se oscurece la conciencia. Y no es lo mismo hacer
el mal que ser malo. El mal oscurece la conciencia, y no
sólo la conciencia moral, sino la conciencia general, la psíquica. Y es que es bueno cuanto exalta y ensancha la conciencia, y malo lo que la deprime y amengua.

Y aquí acaso cabría aquello que ya Sócrates, según Platón, se proponía, y es si la virtud es ciencia. Lo que equivale a decir si la virtud es racional.

Los eticistas, los de que la moral es ciencia, los que al
leer todas estas divagaciones dirán: ¡retórica, retórica!, cree-
rán, me parece, que la virtud se adquiere por ciencia, por
estudio racional, y hasta que las matemáticas nos ayudan a
ser mejores. No lo sé; pero yo siento que la virtud, como
la religiosidad, como el anhelo de no morirse nunca —y
todo ello es la misma cosa en el fondo— se adquiere más
bien por pasión.

«Pero y la pasión ¿qué es?», se me dirá. No lo sé, o, mejor, dicho, lo sé muy bien, porque la siento, y sintiéndola, no necesito definírmela. Es más aún: temo que si llego a definirla dejaré de sentirla y de tenerla. La pasión es como el dolor y, como el dolor, crea su objeto. Es más fácil al fuego hallar combustible que al combustible fuego.

Vaciedad y sofistería habrá de aparecer esto, bien lo sé. Y se me dirá también que hay la ciencia de la pasión y que hay la pasión de la ciencia, y que es en la esfera moral donde la razón y la vida se aúnan.

No lo sé, no lo sé, no lo sé... Y acaso esté yo diciendo en el fondo, aunque más turbiamente, lo mismo que ésos, los adversarios que me finjo para tener a quien combatir, dicen, sólo que más claro, más definida y más racionalmente. No lo sé, no lo sé... Pero sus cosas me hielan y me suenan a vaciedad afectiva.

Y volviendo a lo mismo, ¿es la virtud ciencia? ¿Es la ciencia virtud? Porque son dos cosas distintas. Puede ser ciencia la virtud, ciencia de saber conducirse bien, sin que por eso toda otra ciencia sea virtud. Ciencia es la de Maquiavelo, y no puede decirse que su *virtú* sea virtud moral siempre. Sabido es, además, que no son mejores ni los más inteligentes, ni los más instruidos.

No, no, no; ni la fisiología enseña a digerir, ni la lógica a discurrir, ni la estética a sentir la belleza o a expresarla, ni la ética a ser bueno. Y menos mal si no enseña a ser hipócrita, porque la pedantería, sea de lógica, sea de estética, sea de ética, no es en el fondo sino hipocresía.

Acaso la razón enseña ciertas virtudes burguesas, pero no hace ni héroes ni santos. Porque santo es el que hace bien no por el bien mismo, sino por Dios, por la eternización.

¡Acaso, por otra parte, la cultura, es decir, la Cultura —¡oh, la cultura!—, obra, sobre todo, de filósofos y de hombres de ciencia, no la han hecho ni los héroes ni los santos! Porque los santos se han cuidado muy poco del progreso de la cultura humana; se cuidaron más bien de la salvación de las almas individuales de aquellos con quienes convivían. ¿Qué significa, por ejemplo, en la historia de la cultura humana, nuestro San Juan de la Cruz, aquel frai-

lecito incandescente, como se le ha llamado culturalmente
—y no sé si cultamente—, junto a Descartes?

Todos esos santos, encendidos de religiosa caridad hacia
sus prójimos, hambrientos de eternización propia y ajena,
que iban a quemar corazones ajenos, inquisidores acaso, todos esos santos, ¿qué han hecho por el progreso de la ciencia, de la ética? ¿Inventó acaso alguno de ellos el imperativo categórico, como lo inventó el solterón de Koenigsberg,
que si no fue santo mereció serlo?

Quejábaseme un día el hijo de un gran profesor de ética, de uno a quien apenas si se le caía de la boca el imperativo ese, que vivía en una desoladora sequedad de espíritu, en un vacío interior. Y hube de decirle:

«Es que su padre de usted, amigo mío, tenía un río soterraño en el espíritu, una fresca corriente de antiguas creencias infantiles, de esperanzas de ultratumba; y cuando creía
alimentar su alma con el imperativo ese o con algo parecido, lo estaba en realidad alimentando con aquellas aguas
de la niñez. Y a usted le ha dado la flor acaso de su espíritu, sus doctrinas racionales de moral, pero no la raíz, no
lo soterraño, no lo irracional.»

¿Por qué prendió aquí, en España, el krausismo y no el
hegelianismo o el kantismo, siendo estos sistemas mucho
más profundos, racionalmente y filosóficamente, que aquél?
Porque el uno nos le trajeron con raíces. El pensamiento filosófico de un pueblo o de una época es como su flor, es
aquello que está fuera y está encima; pero esa flor, o, si se
quiere, fruto, toma sus jugos de las raíces de la planta, y
las raíces, que están dentro y están debajo de la tierra, son
el sentimiento religioso. El pensamiento filosófico de Kant,
suprema flor de la evolución mental del pueblo germánico,
tiene sus raíces en el sentimiento religioso de Lutero, y no
es posible que el kantismo, sobre todo en su parte práctica,
prendiese y diese flores y frutos en pueblos que ni habían
pasado por la Reforma ni acaso podían pasar por ella. El
kantismo es protestante, y nosotros, los españoles, somos
fundamentalmente católicos. Y si Krause echó aquí algu-
nas raíces —más que se cree, y no tan pasajeras como se
supone— es porque Krause tenía raíces pietistas, y el pie-

tismo, como lo desmotró Ritschl en la historia de él (*Geschichte des Pietismus*), tiene raíces específicamente católicas y significa en gran parte la invasión o más bien la persistencia del misticismo católico en el seno del racionalismo protestante. Y así se explica que se krausizaran aquí hasta no pocos pensadores católicos.

Y puesto que los españoles somos católicos, sepámoslo o no lo sepamos, queriéndolo o sin quererlo, y aunque alguno de nosotros presuma de racionalista o de ateo, acaso nuestra más honda labor de cultura y, lo que vale más que de cultura, de religiosidad —si es que no son lo mismo—, es tratar de darnos clara cuenta de ese nuestro catolicismo subconciente, social o popular. Y esto es lo que he tratado de hacer en esta obra.

Lo que llamo el sentimiento trágico de la vida en los hombres y en los pueblos es por lo menos nuestro sentimiento trágico de la vida, el de los españoles y el pueblo español, tal y como se refleja en mi conciencia, que es una conciencia española, hecha en España. Y este sentimiento trágico de la vida es el sentimiento mismo católico de ella, pues el catolicismo, y mucho más el popular, es trágico. El pueblo aborrece la comedia. El pueblo, cuando Pilato, el señorito, el distinguido, el esteta, racionalista si queréis, quiere darle comedia y le presenta al Cristo en irrisión diciéndole: «¡He aquí el hombre!», se amotina y grita: «¡Crucifícale! ¡Crucifícale!» No quiere comedia, sino tragedia. Y lo que el Dante, el gran católico, llamó comedia divina, es la más trágica tragedia que se haya escrito.

Y como he querido en estos ensayos mostrar el alma de un español y en ella el alma española, he escatimado las citas de escritores españoles, prodigando, acaso en exceso, las de los de otros países. Y es que todas las almas humanas son hermanas.

Y hay una figura, una figura cómicamente trágica, una figura en que se ve todo lo profundamente trágico de la comedia humana, la figura de Nuestro Señor Don Quijote, el Cristo español, en que se cifra y encierra el alma inmortal de este mi pueblo. Acaso la pasión y muerte del Caballero de la Triste Figura es la pasión y muerte del pueblo español. Su muerte y su resurrección. Y hay una filosofía, y hasta una metafísica quijotesta, y una lógica y una ética quijotescas también, y una religiosidad —religiosidad católica española— quijotesca. Es la filosofía, es la lógica, es la ética, es la religiosidad que he tratado de esbozar y más de sugerir que de desarrollar en esta obra. Desarrollarlas racionalmente, no; la locura quijotesca no consiente la lógica científica.

Y ahora, antes de concluir y despedirme de mis lectores, quédame hablar del papel que le está reservado a Don Quijote en la tragicomedia europea moderna.

Vamos a verlo en un último ensayo de éstos.

12. Conclusión

Don Quijote en la tragicomedia europea contemporanea

¡Voz que clama en el desierto!

(Isaías, XL, 3.)

Fuerza me es ya concluir, por ahora al menos, estos ensayos, que amenazan convertírseme en el cuento de nunca acabar. Han ido saliendo de mis manos a la imprenta en una casi improvisación sobre notas recogidas durante años, sin haber tenido presentes al escribir cada ensayo los que le precedieron. Y así irán llenos de contradicciones íntimas —al menos aparentes—, como la vida y como yo mismo.

Mi pecado ha sido, si alguno, el haberlos exornado en esceso con citas ajenas, muchas de las cuales parecerán traídas con cierta violencia. Mas ya lo explicaré otra vez.

Muy pocos años después de haber andado Nuestro Señor Don Quijote por España, decíanos Jacobo Boehme (*Aurora,* cap. XI, párrafo 75), que no excribía una historia que le hubiesen contado otros, sino que tenía que estar él mismo en la batalla, y en ella en gran pelea, donde a menudo tenía que ser vencido como todos los hombres, y más adelante (párrafo 83) añade que, aunque tenga que hacerse es-

pectáculo del mundo y del demonio, le queda la esperanza
en Dios sobre la vida futura, en quien quiere arriesgarla y
no resistir al Espíritu. Amén. Y tampoco yo, como este
Quijote del pensamiento alemán, quiero resistir al Espíritu.

Y por esto lanzo mi voz, que clamará en el desierto, y
la lanzo desde esta Universidad de Salamanca, que se llamó a sí misma arrogantemente *omnium scientiarum prin-
ceps,* y a la que Carlyle llamó fortaleza de la ignorancia, y
un literato francés, hace poco, Universidad fantasma; desde esta España, «tierra de los ensueños que se hacen realidades, defensora de Europa, hogar del ideal caballeresco»
—así me decía en carta, no ha mucho, míster Archer M.
Huntington, poeta—; desde esta España, cabeza de la Contra-Reforma en el siglo XVI. ¡Y bien se lo guardan!

En el cuarto de estos ensayos os hablé de la esencia del
catolicismo. Y a *desesenciarlo,* esto es, a descatolizar a Europa, han contribuído el Renacimiento, la Reforma y la Revolución, sustituyendo aquel ideal de una vida eterna ul-
traterrena por el ideal del progreso, de la razón, de la ciencia. O, mejor, de la Ciencia, con letra mayúscula. Y lo último, lo que hoy más se lleva, es la Cultura.

Y en la segunda mitad del pasado siglo XIX, época in-
filosófica y tecnicista, dominada por especialismo miope y
por el materialismo histórico, ese ideal se tradujo en una
obra, no ya de vulgarización, sino de avulgaramiento científico —o más bien seudocientífico— que se desahogaba
en democráticas bibliotecas baratas y sectarias. Quería así
popularizarse la ciencia como si hubiese de ser ésta la que
haya de bajar al pueblo y servir sus pasiones, y no el pueblo el que debe subir a ella y por ella más arriba aún, a nuevos y más profundos anhelos.

Todo esto llevó a Brunetière a proclamar la bancarrota
de la ciencia, y esa ciencia, o lo que fuere, bancarroteó en
efecto. Y como ella no satisfacía, no dejaba de buscarse la
felicidad, sin encontrarla ni en la riqueza, ni en el saber, ni
en el poderío, ni en el goce, ni en la resignación, ni en la
buena conciencia moral, ni en la cultura. Y vino el
pesimismo.

El progresismo no satisfacía tampoco. Progresar, ¿para

qué? El hombre no se conformaba con lo racional, el *Kulturkampf* no le bastaba; quería dar finalidad final a la vida, que ésta que llamo la finalidad final es el verdadero οντως ον. Y la famosa *maladie du siècle,* que se anuncia en Rousseau y acusa más claramente que nadie el *Obermann* de Sénancour, no era ni es otra cosa que la pérdida de la fe en la inmortalidad del alma, en la finalidad humana del Universo.

Su símbolo, su verdadero símbolo es un ente de ficción, el Doctor Fausto.

Este inmortal Doctor Fausto que se nos aparece ya a principios del siglo XVII, en 1604, por obra del Renacimiento y de la Reforma y por ministerio de Cristóbal Marlowe, es ya el mismo que volverá a descubrir Goethe, aunque en ciertos respectos más espontáneo y más fresco. Y junto a él aparece Mephistophilis, a quien pregunta Fausto aquello de «¿qué bien hará mi alma a tu señor?» Y le contesta: «Ensanchar su reino». «¿Y es ésa la razón por la que nos tienta así?», vuelve a preguntar el Doctor, y el espíritu maligno responde: «*Solamen miseris socios habuisse doloris*», que es lo que, mal traducido en romance, decimos: mal de muchos, consuelo de tontos. «Donde estamos, allí está el infierno, y donde está el infierno, allí tenemos que estar siempre», añade Mephistophilis, a lo que Fausto agrega que cree ser una fábula tal infierno, y le pregunta quién hizo el mundo. Y este trágico Doctor, torturado por nuestra tortura, acaba encontrando a Helena, que no es otra, aunque Marlowe acaso no lo sospechase, que la Cultura renaciente. Y hay aquí en este *Faust* de Marlowe una escena que vale por toda la segunda parte del *Faust* de Goethe. Le dice a Helena Fausto: «Dulce Helena, hazme inmortal con un beso —y le besa— Sus labios me chupan el alma. ¡Mira cómo huye! ¡Ven, Helena, ven; devuélveme el alma! Aquí quiero quedarme, porque el cielo está en estos labios, y todo lo que no es Helena, escoria es».

¡Devuélveme el alma! He aquí el grito de Fausto, el Doctor, cuando después de haber besado a Helena, va a perderse para siempre. Porque al Fausto primitivo no hay ingenua Margarita alguna que le salve. Esto de la salvación fue invención de Goethe. ¿Y quién no conoce a su Fausto, nuestro Fausto, que estudió Filosofía, Jurisprudencia, Medicina, hasta Teología, y sólo vio que no podemos saber nada y quiso huir al campo libre —¡*hinaus ins weite Land*!— y topó con Mefistófeles, parte de aquella fuerza que siempre quiere el mal haciendo siempre el bien, y éste le llevó a los brazos de Margarita, el pueblo sencillo, a la que aquel, el sabio, perdió; pero merced a la cual, que por él se entregó, se salva, redimido por el pueblo creyente con fe sencilla? Pero tuvo esa segunda parte, porque aquel otro Fausto era el Fausto anecdótico, y no el categórico de Goethe, y volvió a entregarse a la Cultura, a Helena, y a engendrar en ella a Euforión, acabando todo con aquello del eterno-femenino entre coros místicos. ¡Pobre Euforión!

¿Y esta Helena es la esposa del rubio Menelao, la que robó Paris y causó la guerra de Troya, y de quien los ancianos troyanos decían que no debía indignar el que se peleasen por mujer que por su rostro se parecía tan terriblemente a las diosas inmortales? Creo más bien que esa Helena de Fausto era otra, la que acompañaba a Simón Mago, y que éste decía ser la inteligencia divina. Y Fausto puede decirle: «¡Devuélveme el alma!»

Porque Helena, con sus besos, nos saca el alma. Y lo que queremos y necesitamos es alma, y alma de bulto y de sustancia.

Pero vinieron el Renacimiento, la Reforma y la Revolución, trayéndonos a Helena, o más bien empujados por ella, y ahora nos hablan de Cultura y de Europa.

¡Europa! Esta noción primitiva e inmediatamente geográfica nos la han convertido, por arte mágica, en una categoria casi metafísica. ¿Quién sabe hoy ya, en España por lo menos, lo que es Europa? Yo sólo sé que es un *chibolete* (v. mis *Tres ensayos*). Y cuando me pongo a escudriñar lo que llaman Europa nuestros europeizantes, paréceme a las veces que queda fuera de ella mucho de lo periférico —España, desde luego, Inglaterra, Italia, Escandinavia, Rusia—, y que se reduce a lo central, a Franco-Alemania, con sus anejos y dependencias.

Todo esto nos lo han traído, digo, el Renacimiento y la Reforma, hermanos mellizos que vivieron en aparente guerra intestina. Los renacientes italianos, socinianos todos ellos; los humanistas, con Erasmo a la cabeza, tuvieron por un bárbaro a aquel fraile Lutero, que del claustro sacó su ímpetu, como de él lo sacaron Bruno y Campanella. Pero aquel bárbaro era su hermano mellizo; combatiéndolos, combatía a su lado contra el enemigo común. Todo eso nos ha traído el Renacimiento y la Reforma, y luego la Revolución, su hija, y nos han traído también una nueva Inquisición: la de la ciencia o la cultura, que usa por armas el ridículo y el desprecio para los que no se rinden a su ortodoxia.

Al enviar Galileo al gran duque de Toscana su escrito sobre la movilidad de la Tierra, le decía que conviene obedecer y creer a las determinaciones de los superiores, y que reputaba aquel escrito «como una poesía o bien un ensueño, y por tal recíbalo Vuestra Alteza». Y otras veces le llama «quimera» y «capricho matemático». Y así yo, en estos ensayos, por temor también —¿por qué no confesarlo?—, a la Inquisición, pero a la de hoy, a la científica, presento como poesía, ensueño, quimera o capricho místico lo que más de dentro me brota. Y digo con Galileo: *Eppur si muove!* Mas ¿es sólo por ese temor? ¡Ah, no!, que hay otra más trágica Inquisición, y es la que un hombre moderno, culto, europeo —como lo soy yo, quiéralo o no—, lleva dentro de sí. Hay un más terrible ridículo, y es el ridículo de uno ante sí mismo y para consigo. Es mi razón, que se burla de mi fe y la desprecia.

Y aquí es donde tengo que acojerme a mi Señor Don Quijote para aprender a afrontar el ridículo y vencerlo, y un ridículo que acaso —¿quién sabe?— él no conoció.

Sí, sí. ¿Cómo no ha de sonreír mi razón de estas costrucciones pseudofilosóficas, pretendidas místicas dilettantescas, en que hay de todo menos paciente estudio, objetividad y método... científico? ¡Y, sin embargo... *Eppur si muove!*

¡Eppur si muove!, sí. Y me cojo al dilettantismo, a lo que un pedante llamaría filosofía *demi-mondaine,* contra la pedantería especialista, contra la filosofía de los filósofos profesionales. Y quién sabe... Los progresos suelen venir del bárbaro, y nada más estancado que la filosofía de los filó-

sofos y la teología de los teólogos. ¡Y que nos hablen de Europa! La civilización del Tibet es paralela a la nuestra, y ha hecho y hace vivir a hombres que desaparecen como nosotros. Y queda flotando sobre las civilizaciones todas el *Eclesiastés,* y aquello de «así muere el sabio como el necio» (II, 3).

Corre entre las gentes de nuestro pueblo una respuesta admirable a la ordinaria pregunta de «¿qué tal?» o «¿cómo va?», y es aquella que responde: «¡Se vive!...» Y de hecho es así; se vive, vivimos tanto como los demás. ¿Y qué más puede pedirse? ¿Y quién no recuerda lo de la copla?

> *Cada vez que considero*
> *que me tengo que morir,*
> *tiendo la capa en el suelo*
> *y no me harto de dormir.*

Pero no dormir, no, sino soñar; soñar la vida, ya que la vida es sueño.

Proverbial se ha hecho también en muy poco tiempo entre nosotros, los españoles, la frase de que la cuestión es pasar el rato, o sea matar el tiempo. Y de hecho hacemos tiempo para matarlo. Pero hay algo que nos ha preocupado siempre tanto o más que pasar el rato —fórmula que marca una posición estética—, y es ganar la eternidad, fórmula de la posición religiosa. Y es que saltamos de lo estético y lo económico a lo religioso, por encima de lo lógico y lo ético; del arte a la religión.

Un joven novelista nuestro, Ramón Pérez de Ayala, en su reciente novela *La pata de la raposa,* nos dice que la idea de la muerte es el cepo; el espíritu, la raposa, o sea virtud astuta con que burlar las celadas de la fatalidad, y añade: «Cogidos en el cepo, hombres débiles y pueblos débiles yacen por tierra...; los espíritus recios y los pueblos fuertes reciben en el peligro clarividente estupor, desentrañan de pronto la desmesurada belleza de la vida y, renunciando para siempre a la agilidad y locura primeras, salen del cepo con los músculos tensos para la acción y con las fuerzas del alma centuplicadas en ímpetu, potencia y eficacia.» Pero veamos: hombres débiles..., pueblos débiles..., espíritus re-

cios..., pueblos fuertes..., ¿qué es eso? Yo no lo sé. Lo que
creo saber es que unos individuos y pueblos no han pensado aún de veras en la muerte y la inmortalidad; no las
han sentido, y otros han dejado de pensar en ellas o más
bien han dejado de sentirlas. Y no es, creo, cosa de que se
engrían los hombres y los pueblos que no han pasado por
la edad religiosa.

Lo de la desmesurada belleza de la vida está bien para
escrito, y hay, en efecto, quienes se resignan y la aceptan
tal cual es, y hasta quienes nos quieren persuadir que el del
cepo no es problema. Pero ya dijo Calderón (*Gustos y dis-
gustos no son más que imaginación*,, act. I, esc. IV), que

> *No es consuelo de desdichas,*
> *es otra desdicha aparte,*
> *querer a quien las padece*
> *persuadir que no son tales.*

Y, además, «a un corazón no habla sino otro corazón»,
según fray Diego de Estella (*Vanidad del mundo*, cap. XXI).

No ha mucho hubo quien hizo como que se escandalizaba de que, respondiendo yo a los que nos reprochaban a
los españoles nuestra incapacidad científica, dijese, después
de hacer observar que la luz eléctrica luce aquí, y corre aquí
la locomotora tan bien como donde se inventaron, y nos ser-
vimos de los logaritmos como en el país donde fueron idea-
dos, aquello de «¡que inventen ellos!» Expresión paradójica
a que no renuncio. Los españoles deberíamos apropiarnos
no poco de aquellos sabios consejos que a los rusos, nuestros semejantes, dirijía el conde José de Maistre en aquellas
sus admirables cartas al conde Rasoumowski, sobre la educación pública en Rusia, cuando le decía que no por no estar hecha para la ciencia debe una nación estimarse menos;
que los romanos no entendieron de artes ni tuvieron un matemático, lo que no les impidió hacer su papel, y todo lo
que añadía sobre esa muchedumbre de semisabios falsos y
orgullosos, idólatras de los gustos, las modas y las lenguas
extranjeras, y siempre prontos a derribar cuanto desprecian,
que es todo.

¿Que no tenemos espíritu científico? ¿Y qué, si tenemos

algún espíritu? ¿Y se sabe si el que tenemos es o no compatible con ese otro?

Mas al decir «¡que inventen ellos!», no quise decir que hayamos de contentarnos con un papel pasivo, no. Ellos, a la ciencia de que nos aprovecharemos; nosotros, a lo nuestro. No basta defenderse, hay que atacar.

Pero atacar con tino y cautela. La razón ha de ser nuestra arma. Lo es hasta del loco. Nuestro loco sublime, nuestro modelo, Don Quijote, después que destrozó de dos cuchilladas aquella a modo de media celada que encajó con el morrión, «la tornó a hacer de nuevo, poniéndole unas barras de hierro por de dentro, de tal manera que él quedó satisfecho de su fortaleza, y sin querer hacer nueva experiencia della, la diputó y tuvo por celada finísima de encaje». Y con ella en la cabeza se inmortalizó. Es decir, se puso en ridículo. Pues fue poniéndose en ridículo como alcanzó su inmortalidad Don Quijote.

¡Y hay tantos modos de ponerse en ridículo...! Cournot (*Traité de l'enchaînement des idées fondamentales,* etc., párr. 510) dijo: «No hay que hablar ni a los príncipes ni a los pueblos de sus probabilidades de muerte: los príncipes castigan esta temeridad con la desgracia; el pueblo se venga de ella con el ridículo». Así es, y por eso dicen que hay que vivir con el siglo. *Corrumpere et corrumpi saeculum vocatur.* (Tácito, *Germanía,* 19.)

Hay que saber ponerse en ridículo, y no sólo ante los demás, sino ante nosotros mismos. Y más ahora, en que tanto se charla de la conciencia de nuestro atraso respecto a los demás pueblos cultos; ahora, en que unos cuantos atolondrados que no conocen nuestra propia historia —que está por hacer, deshaciendo antes lo que la calumnia protestante ha tejido en torno de ella— dicen que no hemos tenido ni ciencia, ni arte, ni filosofía, ni Renacimiento (éste acaso nos sobraba), ni nada.

Carducci, el que habló de los *contorcimenti dell'affannosa grandiositá spagnola,* dejó escrito (en *Mosche cochiere*) que «hasta España, que jamás tuvo hegemonía de pensamiento, tuvo su Cervantes». ¿Pero es que Cervantes se dio aquí solo, aislado, sin raíces, sin tronco, sin apoyo? Mas se comprende que diga que España *non ebbe mai egemonia di pensiero* un racionalista italiano que recuerda que fue España la que reaccionó contra el Renacimiento en su patria. Y qué, ¿acaso no fue algo, y algo hegemónico en el orden cultural, la Contra-Reforma que acaudilló España y que empezó de hecho con el saco de Roma, providencial castigo contra la ciudad de los paganos Papas del Renacimiento pagano? Dejemos ahora si fue mala o buena la Contra-Reforma; pero ¿es que no fueron algo hegemónico Loyola y el Concilio de Trento? Antes de éste dábanse en Italia cristianismo y paganismo, o mejor, inmortalismo y mortalismo en nefando abrazo y contubernio, hasta en las almas de algunos Papas, y era verdad en filosofía lo que en teología no lo era, y todo se arreglaba con la fórmula de *salva la fe*. Después ya no, después vino la lucha franca y abierta entre la razón y la fe, la ciencia y la religión. Y el haber traído esto, gracias sobre todo a la testarudez española, ¿no fue hegemónico?

Sin la Contra-Reforma no habría la Reforma seguido el curso que siguió; sin aquélla, acaso ésta, falta del sostén del pietismo, habría perecido en la ramplona racionalidad de la *Aufklaerung,* de la ilustración. Sin Carlos I, sin Felipe II, nuestro gran Felipe, ¿habría sido todo igual?

Labor negativa, dirá alguien. ¿Qué es eso? ¿Qué es lo negativo? ¿Qué es lo positivo? En el tiempo, línea que va siempre en la misma dirección, del pasado al porvenir, ¿dónde está el cero que marca el límite entre lo positivo y lo negativo? España, esta tierra que dicen de caballeros y pícaros —y todos pícaros— ha sido la gran calumniada de la Historia precisamente por haber acaudillado la Contra-Reforma. Y porque su arrogancia le ha impedido salir a la plaza pública, a la feria de las vanidades, a justificarse.

Dejemos su lucha de ocho siglos con la morisma, defendiendo a Europa del mahometismo, su labor de unificación interna, su descubrimiento de América y las Indias —que lo hicieron España y Portugal, no Colón y Gama—; dejemos eso y más, y no es dejar poco. ¿No es nada cultural crear veinte naciones sin reservarse nada y engendrar, como engendró el conquistador, en pobres indias siervas, hombres libres? Fuera de esto, en el orden del pensamiento, ¿no es nada nuestra mística? Acaso un día tengan que volver a ella, a buscar su alma, los pueblos a quienes Helena se la arrebataron con sus besos.

Pero ya se sabe, la Cultura se compone de ideas y sólo de ideas, y el hombre no es sino un instrumento de ella. El hombre para la idea, y no la idea para el hombre; el cuerpo para la sombra. El fin del hombre es hacer ciencia, catalogar el Universo para devolvérselo a Dios en orden, como escribí hace unos años en mi novela *Amor y Pedagogía*. El hombre no es, al parecer, ni siquiera una idea. Y al cabo el género humano sucumbirá al pie de las bibliotecas —talados bosques enteros para hacer el papel que en ellas se almacena—, museos, máquinas, fábricas, laboratorios... para legarlos... ¿a quién? Porque Dios no los recibirá.

Aquella hórrida literatura regeneracionista, casi toda ella embuste, que provocó la pérdida de nuestras últimas colonias americanas, trajo la pedantería de hablar del trabajo perseverante y callado —eso sí, voceándolo mucho, voceando en silencio—, de la prudencia, la exactitud, la moderación, la fortaleza espiritual, la sindéresis, la ecuanimidad, las virtudes sociales, sobre todo los que más carecemos de ellas. En esa ridícula literatura caímos casi todos los españoles, unos más y otros menos, y se dio el caso de aquel archi-español Joaquín Costa, uno de los espíritus menos europeos que hemos tenido, sacando lo de europeizarnos y poniéndose a *cidear* mientras proclamaba que había que cerrar con siete llaves el sepulcro del Cid y... conquistar Africa. Y yo di un ¡muera Don Quijote!, y de esta blasfemia, que quería decir todo lo contrario que decía —así estábamos entonces—, brotó mi *Vida de Don Quijote y Sancho* y mi culto al quijotismo como religión nacional.

Escribí aquel libro para repensar el *Quijote* contra cervantistas y eruditos, para hacer obra de vida de lo que era y sigue siendo para los más letra muerta. ¿Qué me importa lo que Cervantes quiso o no quiso poner allí y lo que realmente puso? Lo vivo es lo que yo allí descubro, pusiéralo o no Cervantes, lo que yo allí pongo y sobrepongo y sotopongo, y lo que ponemos allí todos. Quise allí rastrear nuestra filosofía

Pues abrigo cada vez más la convicción de que nuestra filosofía, la filosofía española, está líquida y difusa en nuestra literatura, en nuestra vida, en nuestra acción, en nuestra mística, sobre todo, y no en sistemas filosóficos. Es concreta. ¿Y es que acaso no hay en Goethe, verbigracia, tanta o más filosofía que en Hegel? Las coplas de Jorge Manrique, el Romancero, El *Quijote, La vida es sueño,* la *Subida al Monte Carmelo,* implican una intuición del mundo y un concepto de la vida, *Weltanschauung and Lebensansicht.* Filosofía esta nuestra que era difícil se formulase en esa segunda mitad del siglo XIX, época afilosófica, positivista, tecnicista, de pura historia y de ciencias naturales, época en el fondo materialista y pesimista.

Nuestra lengua misma, como toda lengua culta, lleva implícita una filosofía.

Una lengua, en efecto, es una filosofía potencial. El platonismo es la lengua griega que discurre en Platón, desarrollando sus metáforas seculares; la escolástica es la filosofía del latín muerto de la Edad Media en lucha con las lenguas vulgares; en Descartes discurre la lengua francesa; la alemana, en Kant y en Hegel y el inglés en Hume y en Stuart Mill. Y es que el punto de partida lógico de toda especulación filosófica no es el yo, ni es la representación —*Vorstellung*— o el mundo tal como se nos presenta inmediatamente a los sentidos, sino que es la representación mediata o histórica, humanamente elaborada y tal como se nos da principalmente en el lenguaje por medio del cual conocemos el mundo; no es la representación psíquica, sino la pneumática. Cada uno de nosotros parte para pensar, sabiéndolo o no y quiéralo o no lo quiera, de lo que han pensado los demás que le precedieron y le rodean. El pensamiento es una herencia. Kant pensaba en alemán, y al alemán tradujo a Hume y a Rousseau, que pensaban en inglés y en francés, respectivamente. Y Spinoza, ¿no pensaba en judeo-portugués, bloqueado por el holandés y en lucha con él?

El pensamiento reposa en pre-juicios y los pre-juicios van

en la lengua. Con razón adscribía Bacon al lenguaje no pocos errores de los *idola fori*. Pero ¿cabe filosofar en pura álgebra o siquiera en esperanto? No hay sino leer el libro de
Avenarius de crítica de la experiencia pura —*reine Erfahrung*—, de esta experiencia prehumana, o sea inhumana, para ver adónde puede llevar eso. Y Avenarius mismo, que ha tenido que inventarse un lenguaje, lo ha inventado sobre tradición latina, con raíces que llevan en su fuerza metafórica todo un contenido de impura experiencia, de
experiencia social humana.

Toda filosofía es, pues, en el fondo, filología. Y la filología, con su grande y fecunda ley de las formaciones ana-
lógicas, da su parte al azar, a lo irracional, a lo absolutamente inconmensurable. La historia no es matemática ni la
filosofía tampoco. ¡Y cuántas ideas filosóficas no se deben
en rigor a algo así como rima, a la necesidad de colocar un
consonante! En Kant mismo abunda no poco de esto, de si-
metría estética, de rima.

La representación es, pues, como el lenguaje, como la
raza misma —que no es sino el lenguaje interior—, un producto social y racial, y la raza, la sangre del espíritu, es la
lengua como ya lo dejó dicho, y yo muy repetido, Oliver
Wendell Holmes, el yanqui.

Nuestra filosofía occidental entró en madurez, llegó a
conciencia de sí, en Atenas, con Sócrates, y llegó a esta conciencia mediante el diálogo, la conversación social. Y es
hondamente significativo que la doctrina de las ideas inna-
tas, del valor objetivo y normativo de las ideas, de lo que
luego, en la Escolástica, se llamó realismo, se formulase en
diálogos. Y esas ideas, que son la realidad, son nombres,
como el nominalismo enseñaba. No que no sean más nombres, *flatus vocis,* sino que son nada menos que nombres.
El lenguaje es el que nos da la realidad, y no como un mero
vehículo de ella, sino como su verdadera carne, de que todo
lo otro, la representación muda o inarticulada, no es sino
esqueleto. Y así la lógica opera sobre la estética; el concepto sobre la expresión, sobre la palabra, y no sobre la percepción bruta.

Y esto basta tratándose del amor. El amor no se descubre a sí mismo hasta que no habla, hasta que no dice: «¡Yo te amo!» Con muy profunda intuición Stendhal, en su novela *La Chartreuse de Parme,* hace que el conde Mosca, furioso de celos y pensando en el amor que cree une a la duquesa Sanseverina con su sobrino Fabricio, se diga: «Hay que calmarse; si empleo maneras rudas, la duquesa es capaz, por simple pique de vanidad, de seguirle a Belgirate, y allí, durante el viaje, el azar puede traer una palabra que dará nombre a lo que sienten uno por otro y después en un instante, todas las consecuencias.»

Así es: todo lo hecho se hizo por la palabra y la palabra fue en un principio.

El pensamiento, la razón, esto es, el lenguaje vivo, es una herencia, y el solitario de Aben Tofail, el filósofo arábigo guadijeño, tan absurdo como el yo de Descartes. La verdad concreta y real, no metódica e ideal, es: *homo sum, ergo cogito.* Sentirse hombre es más inmediato que pensar. Mas, por otra parte, la Historia, el proceso de la cultura, no halla su perfección y efectividad plena sino en el individuo; el fin de la Historia y de la Humanidad somos los sendos hombres, cada hombre, cada individuo. *Homo sum, ergo cogito; cogito ut sim Michael de Unamuno.* El individuo es el fin del Universo.

Y esto de que el individuo sea el fin del Universo lo sentimos muy bien nosotros los españoles. ¿No dijo Martín A. S. Hume *(The Spanish People* [Prefacio] aquello de la individualidad introspectiva del español, y lo comenté yo en un ensayo publicado en la revista *España Moderna?* (1).

Y es acaso este individualismo mismo introspectivo el que no ha permitido que brotaran aquí sistemas estrictamente filosóficos, o más bien metafísicos. Y ello, a pesar de Suárez, cuyas sutilezas formales no merecen tal nombre.

Nuestra metafísica, si algo, ha sido misantrópica, y los nuestros, filólogos, o más bien humanistas, en el más comprensivo sentido.

---

¹ «El individualismo español», en el tomo 171, correspondiente al 1.° de marzo de 1903.

Menéndez y Pelayo, de quien con exactitud dijo Benedetto Croce (*Estética*, apéndice bibliográfico) que se inclinaba al idealismo metafísico, pero parecía querer acojer algo de los otros sistemas, hasta de las teorías empíricas; por lo cual su obra sufría, al parecer de Croce —que se refería a su *Historia de las ideas estéticas en España*—, de cierta incerteza, desde el punto de vista teórico del autor; Menéndez y Pelayo, en su exaltación de humanista español, que no quería renegar del Renacimiento, inventó lo del vivismo, la filosofía de Luis Vives, y acaso, no por otra cosa que por ser como él, este otro, español renaciente y ecléctico. Y es que Menéndez y Pelayo, cuya filosofía era, ciertamente, todo incerteza, educado en Barcelona, en las timideces del escocesismo traducido al espíritu catalán, en aquella filosofía rastrera del *common sense* que no quería comprometerse, y era toda de compromiso, y que tan bien representó Balmes, huyó siempre de toda robusta lucha interior y fraguó con compromisos su conciencia.

Más acertado anduvo, a mi entender, Angel Ganivet, todo adivinación e instinto, cuando pregonó como nuestro el senequismo, la filosofía sin originalidad de pensamiento, pero grandísima de acento y tono, de aquel estoico cordobés pagano, a quien por suyo tuvieron no pocos cristianos. Su acento fue un acento español, latino-africano, no helénico, y ecos de él se oyen en aquel —también tan nuestro— Tertuliano, que creyó corporales, de bulto, a Dios y al alma, y que fue algo así como un Quijote del pensamiento cristiano de la segunda centuria.

Mas donde acaso hemos de ir a buscar el héroe de nuestro pensamiento no es a ningún filósofo que viviera en carne y hueso, sino a un ente de ficción y de acción, más real que los filósofos todos; es a Don Quijote. Porque hay un quijotismo filosófico, sin duda, pero también una filosofía quijotesca. ¿Es acaso otra, en el fondo, la de los conquistadores, la de los contra-reformadores, la de Loyola y, sobre todo, ya en el orden del pensamiento abstracto, pero sentido, la de nuestros místicos? ¿Qué era la mística de San Juan de la Cruz sino una caballería andante del sentimiento a lo divino?

Y el de Don Quijote no puede decirse que fuera en rigor idealismo; no peleaba por ideas. Era espiritualismo; peleaba por espíritus.

Convertid a Don Quijote a la especulación religiosa, como ya él soñó una vez en hacerlo cuando encontró aquellas imágenes de relieve y entalladura que llevaban unos labradores para el retablo de su aldea (1), y a la meditación de las verdades eternas, y vedle subir al Monte Carmelo por medio de la noche oscura del alma, a ver desde allí arriba, desde la cima, salir el sol que no se pone, y como el águila que acompaña a San Juan en Patmos, mirarle cara a cara, y escudriñar sus manchas, dejando a la lechuza que acompaña en el Olimpo a Atena —la de ojos glaucos, esto es, lechucinos, a la que ve en las sombras, pero a la que la luz del mediodía deslumbra— buscar entre sombras con sus ojos la presa para sus crías.

Y el quijotismo especulativo o meditativo es, como el práctico, locura; locura hija de la locura de la cruz. Y por eso es despreciado por la razón. La filosofía, en el fondo, aborrece al cristianismo, y bien lo probó el manso Marco Aurelio.

La tragedia de Cristo, la tragedia divina, es la de la cruz. Pilato, el escéptico, el cultural, quiso convertirla por la burla en sainete, e ideó aquella farsa del rey de cetro de caña y corona de espinas, diciendo: «¡He aquí el hombre!»; pero el pueblo, más humano que él, el pueblo que busca tragedia, gritó: «¡Crucifícale! ¡Crucifícale!» Y la otra tragedia, la tragedia humana, intra-humana, es la de Don Quijote con la cara enjabonada para que se riera de él la servidumbre de los Duques, y los Duques mismos, tan siervos como ellos. «¡He aquí el loco!», se dirían. Y la tragedia cómica, irracional, es la pasión por la burla y el desprecio.

El más alto heroísmo para un individuo como para un pueblo, es saber afrontar el ridículo; es, mejor aún, saber ponerse en ridículo y no acobardarse en él.

Aquel trágico suicida portugués, Antero de Quental, de

---

¹ Véase cap. LVIII de la Segunda parte de *El ingenioso hidalgo Don Quijote de la Mancha*, y el mismo de mi *Vida de Don Quijote y Sancho*.

cuyos ponderosos sonetos os he ya dicho, dolorido en su patria a raíz del *ultimátum* inglés a ella en 1890, escribió (1):
«Dijo un hombre de Estado inglés del siglo pasado, que era
también por cierto un perspicaz observador y un filósofo,
Horacio Walpole, que la vida es una tragedia para los que
sienten y una comedia para los que piensan. Pues bien: si
hemos de acabar trágicamente, nosotros, portugueses, *que
sentimos,* prefiramos con mucho ese destino terrible, pero
noble, a aquel que le está reservado, y tal vez en un futuro
no muy remoto, a Inglaterra, *que piensa y calcula,* el cual
destino es el de acabar miserable y cómicamente.» Dejemos
lo de que Inglaterra piensa y calcula, como implicando que
no siente, en lo que hay una injusticia que se explica por
la ocasión en que fue eso escrito, y dejemos lo de que los
portugueses sienten, implicando que apenas piensan ni cal-
culan, pues siempre nuestros hermanos atlánticos se distin-
guieron por cierta pedantería sentimental, y quedémonos
con el fondo de la terrible idea, y es que unos, los que ponen el pensamiento sobre el sentimiento, yo diría, la razón
sobre la fe, mueren cómicamente, y mueren trágicamente
los que ponen la fe sobre la razón. Porque son los burlado-
res los que mueren cómicamente, y Dios se ríe luego de
ellos, y es para los burlados la tragedia, la parte noble.

Y hay que buscar, tras las huellas de Don Quijote, la
burla.

¿Y volverá a decírsenos que no ha habido filosofía española en el sentido técnico de esa palabra? Y digo: ¿cuál es
ese sentido? ¿qué quiere decir filosofía? Windelband, historiador de la filosofía, en su ensayo sobre lo que la filosofía sea *(Was ist Philosophie?,* en el volumen primero de sus
Präludien), nos dice que «la historia del nombre de la filosofía es la historia de la significación cultural de la ciencia», añadiendo: «Mientras el pensamiento científico se in-
dependentiza como impulso del conocer por saber, toma el
nombre de filosofía; cuando después la ciencia unitaria se

---

[1] En un folleto que estuvo para publicarse con ocasión del *ultimátum*
y cuyos originales obran en poder del señor conde de Ameal. Este frag-
mento se publicó en el número 3 de la revista portuguesa *A Aguia,* marzo de 1912.

divide en sus ramas, es la filosofía el conocimiento general del mundo que abarca a los demás. Tan pronto como el pensamiento científico se rebaja de nuevo a un medio moral o de la contemplación religiosa, trasfórmase la filosofía en un arte de la vida o en una formulación de creencias religiosas. Y así que después se liberta de nuevo la vida científica, vuelve a encontrar la filosofía el carácter de independiente conocimiento del mundo, y en cuanto empieza a renunciar a la solución de este problema, cámbiase en una teoría de la ciencia misma.» He aquí una breve caracterización de la historia de la filosofía desde Tales hasta Kant, pasando por la escolástica medieval, en que intentó fundamentar las creencias religiosas. ¿Pero es que acaso no hay lugar para otro oficio de la filosofía, y es que sea la reflexión sobre el sentimiento mismo trágico de la vida, tal como lo hemos estudiado, la formulación de la lucha entre la razón y la fe, entre la ciencia y la religión, y el mantenimiento reflexivo de ella?

Dice luego Windelband: «Por filosofía, en el sentido sistemático, no en el histórico, no entiendo otra cosa que la ciencia crítica de los valores de validez universal *(allgemeingiltigen Werten).»* ¿Pero qué valores de más universal validez que el de la voluntad humana queriendo, ante todo y sobre todo, la inmortalidad personal, individual y concreta del alma, o sea la finalidad humana del Universo, y el de la razón humana, negando la racionalidad y hasta la posibilidad de ese anhelo? ¿Qué valores de más universal validez que el valor racional o matemático y el valor volitivo o teleológico del Universo, en conflicto uno con otro?

Para Windelband, como para los kantianos y neo-kantianos en general, no hay sino tres categorías normativas, tres normas universales, y son las de lo verdadero o falso, lo bello o lo feo, y lo bueno o lo malo moral. La filosofía se reduce a lógica, estética y ética, según estudia la ciencia, el arte o la moral. Queda fuera otra categoría, y es la de lo grato y lo ingrato —o agradable y desagradable—; esto es, lo hedónico. Lo hedónico no puede, según ellos, pretender validez universal, no puede ser normativo. «Quien eche sobre la filosofía —escribe Windelband— la carga de deci-

dir en la cuestión del optimismo y el pesimismo, quien le
pida que dé un juicio acerca de si el mundo es más apro-
piado a engendrar dolor que placer, o viceversa; el tal, si
se conduce más que dilettantescamente, trabaja en el fantasma de hallar una determinación absoluta en un terreno
en que ningún hombre razonable la ha buscado.» Hay que
ver, sin embargo, si esto es tan claro como parece, en caso
de que sea yo un hombre razonable y no me conduzca nada
más que dilettantescamente, lo cual sería la abominación
de la desolación.

Con muy hondo sentido, Benedetto Croce, en su filosofía del espíritu junto a la estética como ciencia de la expresión y a la lógica como ciencia del concepto puro, dividió
la filosofía de la práctica en dos ramas: económica y ética.
Reconoce, en efecto, la existencia de un grado práctico del
espíritu, meramente económico, dirigido a lo singular, sin
preocupación de lo universal. Yago o Napoleón son tipos
de perfección, de genialidad económica, y este grado queda
fuera de la moralidad. Y por él pasa todo hombre, porque
ante todo, debe querer ser él mismo, como individuo, y sin
ese grado no se explicaría la moralidad como sin la estética
la lógica carece de sentido. Y el descubrimiento del valor
normativo del grado económico, que busca lo hedónico, tenía que partir de un italiano, de un discípulo de Maquiavelo, que tan hondamente especuló sobre la *virtú*, la eficacia práctica, que no es precisamente la virtud moral.

Pero ese grado económico no es, en el fondo, sino la in-
coación del religioso. Lo religioso es lo económico o hedónico trascendental. La religión es una economía o una he-
donística trascendental. Lo que el hombre busca en la religión, en la fe religiosa, es salvar su propia individualidad,
eternizarla, lo que no se consigue ni con la ciencia, ni con
el arte, ni con la moral. Ni ciencia, ni arte, ni moral no
exigen a Dios, lo que nos exige a Dios es la religión. Y con
muy genial acierto hablan nuestros jesuitas del gran negocio de nuestra salvación. Negocio, sí, negocio, algo de género económico, hedonístico, aunque trascendente. Y a
Dios no le necesitamos ni para que nos enseñe la verdad de
las cosas, ni su belleza, ni nos asegure la moralidad con pe-

nas y castigos, sino para que nos salve, para que no nos deje morir del todo. Y este anhelo singular es, por ser de todos y de cada uno de los hombres normales —los anormales por barbarie o por supercultura no entran en cuenta—, universal y normativo.

Es, pues, la religión una economía trascedente, o si se quiere, metafísica. El Universo tiene para el hombre, junto a sus valores lógico, estético y ético, también un valor económico, que, hecho así universal y normativo, es el valor religioso. No se trata sólo para nosotros de verdad, belleza y bondad; trátase también, y ante todo, de salvación del individuo, de perpetuación, que aquellas normas no nos procuran. La economía llamada política nos enseña el modo más adecuado, más económico, de satisfacer nuestras necesidades, sean o no racionales, feas o bellas, morales o inmorales —un buen negocio económico puede ser una estafa, o algo que a la larga nos lleve a la muerte—, y la suprema *necesidad* humana es la de no morir, la de gozar por siempre la plenitud de la propia limitación individual. Que si la doctrina católica eucarística enseña que la sustancia del cuerpo de Jesucristo está toda en la hostia consagrada y toda en cada parte de ésta, eso quiere decir que Dios está todo en todo el Universo, y todo en cada uno de los individuos que le integran. Y éste es, en el fondo, un principio no lógico, ni estético, ni ético, sino económico, trascendente o religioso. Y con esa norma puede la filosofía juzgar del optimismo y del pesimismo. *Si el alma humana es inmortal, el mundo es económica o hedonísticamente bueno; y si no lo es, es malo.* Y el sentido que a las categorías de bueno y de malo dan el pesimismo y el optimismo, no es un sentido ético, sino un sentido económico o hedonístico. Es bueno lo que satisface nuestro anhelo vital, y malo aquello que no lo satisface.

Es, pues, la filosofía también ciencia de la tragedia de la vida, reflexión del sentimiento trágico de ella. Y un ensayo de esta filosofía, con sus inevitables contradicciones o antinomias íntimas, es lo que he pretendido en estos ensayos. Y no ha de pasar por alto el lector que he estado operando sobre mí mismo; que ha sido éste un trabajo de auto-ciru-

gía y sin más anestésico que el trabajo mismo. El goce de
operarme ennoblecíame el dolor de ser operado.

Y en cuanto a mi otra pretensión, y es la de que esto sea
filosofía española, tal vez *la* filosofía española, de que si un
italiano descubre el valor normativo y universal del grado
económico, sea un español el que enuncie que ese grado no
es sino el principio del religioso y que la esencia de nuestra
religión, de nuestro catolicismo español, es precisamente el
ser no una ciencia, ni un arte, ni una morarl, sino una economía a lo eterno, o sea a lo divino; que esto sea lo español, digo, dejo para otro trabajo —éste histórico—, el intento siquiera de justificarlo. Mas por ahora, y aun dejando
la tradición expresa y externa, la que se nos muestra en do-
cumentos históricos, ¿es que no soy yo un español —y un
español que apenas si ha salido de España—, un producto,
por lo tanto, de la tradición española, de la tradición viva,
de la que se trasmite en sentimientos e ideas que sueñan y
no en textos que duermen?

Aparéceseme la filosofía en el alma de mi pueblo como
la expresión de una tragedia íntima análoga a la tragedia
del alma de Don Quijote, como la expresión de una lucha
entre lo que el mundo es según la razón de la ciencia nos
lo muestra, y lo que queremos que sea, según la fe de nuestra religión nos lo dice. Y en esta filosofía está el secreto de
eso que suele decirse de que somos en el fondo irreducti-
bles a la Kultura, es decir, que no nos resignamos a ella.
No, Don Quijote no se resigna ni al mundo, ni a su verdad, ni a la ciencia o lógica, ni al arte o estética, ni a la moral o ética.

«Es que con todo esto —se me ha dicho más de una vez
y más que por uno—no conseguirías en todo caso sino empujar a las gentes al más loco catolicismo». Y se me ha acu-
sado de reaccionario y hasta de jesuíta. ¡Sea! ¿Y qué?

Sí, ya lo sé, ya sé que es locura querer volver las aguas
del río a su fuente, y que es el vulgo el que busca la medicina de sus males en el pasado; pero también sé que todo
el que pelea por un ideal cualquiera, aunque parezca del pasado, empuja el mundo al porvenir, y que los únicos reac-
cionarios son los que se encuentran bien en el presente. Toda

supuesta restauración del pasado es hacer porvenir, y si el pasado ese es un ensueño, algo mal conocido..., mejor que mejor. Como siempre, se marcha al porvenir; el que anda, a él va, aunque marche de espaldas. ¡Y quién sabe si no es esto mejor...!

Siéntome con un alma medieval, y se me antoja que es medieval el alma de mi patria; que ha atravesado ésta, a la fuerza, por el Renacimiento, la Reforma y la Revolución, aprendiendo, sí, de ellas, pero sin dejarse tocar al alma, conservando la herencia espiritual de aquellos tiempos que llaman caliginosos. Y el quijotismo no es sino lo más desesperado de la lucha de la Edad Media contra el Renacimiento, que salió de ella.

Y si los unos me acusaren de servir a una obra de reacción católica, acaso los otros, los católicos oficiales... Pero éstos en España apenas se fijan en cosa alguna ni se entretienen sino en sus propias disensiones y querellas. ¡Y, además, tienen unas entendederas los pobres!

Pero es que mi obra —iba a decir mi misión— es quebrantar la fe de unos y de otros y de los terceros, la fe en la afirmación, la fe en la negación y la fe en la abstención, y esto por fe en la fe misma; es combatir a todos los que se resignan, sea al catolicismo, sea al racionalismo, sea al agnosticismo; es hacer que vivan todos inquietos y anhelantes.

¿Será esto eficaz? ¿Pero es que creía Don Quijote acaso en la eficacia inmediata aparencial de su obra? Es muy dudoso, y por lo menos no volvió, por si acaso, a acuchillar segunda vez su celada. Y numerosos pasajes de su historia delatan que no creía gran cosa conseguir de momento su propósito de restaurar la caballería andante. ¿Y qué importaba si así vivía él y se inmortalizaba? Y debió de adivinar, y adivinó de hecho, otra más alta eficacia de aquella su obra, cual era la que ejercería en cuantos con piadoso espíritu leyesen sus hazañas.

Don Quijote se puso en ridículo, ¿pero conoció acaso el más trágico ridículo, el ridículo reflejo, el que uno hace ante sí mismo, a sus propios ojos del alma? Convertid el campo de batalla de Don Quijote a su propia alma; ponedle luchando en ella por salvar a la Edad Media del Renacimiento, por no perder su tesoro de la infancia; haced de él un Don Quijote interior —con su Sancho, un Sancho también interior y también heroico, al lado— y decidme de la tragedia cómica.

«¿Y qué ha dejado Don Quijote?», diréis. Y os diré que se ha dejado a sí mismo y que un hombre, un hombre vivo y eterno, vale por todas las teorías y por todas las filosofías. Otros pueblos nos han dejado sobre todo instituciones, libros; nosotros hemos dejado almas. Santa Teresa vale por cualquier instituto, por cualquier *Crítica de la razón pura.*

Es que Don Quijote se convirtió. Sí, para morir el pobre. Pero el otro, el real, el que se quedó y vive entre nosotros alentándonos con su aliento, ése no se convirtió, ése sigue animándonos a que nos pongamos en ridículo, ése no debe morir. Y el otro, el que se convirtió para morir, pudo haberse convertido porque fue loco y fue su locura, y no su muerte ni su conversión, lo que le inmortalizó, mereciéndole el perdón del delito de haber nacido. *¡Felix culpa!* Y no se curó tampoco, sino que cambió de locura. Su muerte fue su última aventura caballeresca; con ella forzó el cielo, que padece fuerza.

Murió aquel Don Quijote y bajó a los infiernos, y entró en ellos lanza en ristre, y libertó a los condenados todos, como a los galeotes, y cerró sus puertas y quitando de ellas el rótulo que allí viera el Dante, puso uno que decía: «¡Viva la esperanza!», y escoltado por los libertados, que de él se reían, se fue al cielo. Y Dios se rió paternalmente de él, y esta risa divina le llenó de felicidad eterna el alma.

Y el otro Don Quijote se quedó aquí, entre nosotros, luchando a la desesperada. ¿Es que su lucha no arranca de desesperación? ¿Por qué entre las palabras que el inglés ha tomado a nuestra lengua figura entre *siesta. camarilla, guerrilla* y otras, la de *desperado,* esto es, desesperado? Ese Quijote interior que os decía, conciente de su propia trágica comicidad, ¿no es un desesperado? Un *desperado,* sí, como Pizarro y como Loyola. Pero «es la desesperación dueña de los imposibles», nos enseña Salazar y Torres (en *Elegir al enemigo,* acto I), y es de la desesperación y sólo de ella de donde nace la esperanza heroica, la esperanza absurda, la esperanza loca. *Spero quia absurdum*, debía decirse, más bien que *credo*.

Y Don Quijote, que estaba solo, buscaba más soledad aún, buscaba las soledades de la Peña Pobre para entregarse allí, a solas, sin testigos, a mayores disparates en que desahogar el alma. Pero no estaba tan solo, pues le acompañaba Sancho. Sancho el bueno, Sancho el creyente, Sancho el sencillo. Si, como dicen algunos, Don Quijote murió en España y queda Sancho, estamos salvados, porque Sancho se hará, muerto su amo, caballero andante. Y en todo caso, espera otro caballero loco a quien seguir de nuevo.

Hay también una tragedia de Sancho. Aquél, el otro, el que anduvo con el Don Quijote que murió, no consta que muriese, aunque hay quien cree que murió loco de remate, pidiendo la lanza y creyendo que había sido verdad cuanto su amo abominó por mentira en su lecho de muerte y de conversión. Pero tampoco consta que murieran ni el bachiller Sansón Carrasco, ni el cura, ni el barbero, ni los duques y canónigos, y con éstos es con los que tiene que luchar el heroico Sancho.

Solo anduvo Don Quijote, solo con Sancho, solo con su soledad. ¿No andaremos también solos sus enamorados, forjándonos una España quijotesca que sólo en nuestro magín existe?

Y volverá a preguntársenos: «¿Qué ha dejado a la Kultura Don Quijote?» Y diré: «¡El quijotismo, y no es poco!» Todo un método, toda una epistemología, toda una estética, toda una lógica, toda una ética, toda una religión sobre todo, es decir, toda una economía a lo eterno y lo divino, toda una esperanza en lo absurdo racional.

¿Por qué peleó Don Quijote? Por Dulcinea, por la gloria de vivir, por sobrevivir. No por Iseo, que es la carne eterna; no por Beatriz, que es la teología; no por Margarita, que es el pueblo; no por Helena, que es la cultura. Peleó por Dulcinea, y la logró, pues que vive.

Y lo más grande de él fue haber sido burlado y vencido, porque siendo vencido es como vencía; dominaba al mundo dándole que reír de él.

¿Y hoy? Hoy siente su propia comicidad y la vanidad de

su esfuerzo en cuanto a lo temporal; se ve desde fuera —la
cultura le ha enseñado a objetivarse, esto es, a enajenarse en
vez de ensimismarse—, y al verse desde fuera, se ríe de sí
mismo, pero amargamente. El personaje más trágico acaso
fuese un Margutte íntimo, que, como el de Pulci, muera
reventado de risa, pero de risa de sí mismo. *E riderà in eterno,* reirá eternamente, dijo de Margutte el ángel Gabriel.
¿No oís la risa de Dios?

Don Quijote el mortal, al morir, comprendió su propia
comicidad y lloró sus pecados, pero el inmortal, compren-
diéndola, se sobrepone a ella y la vence sin desecharla.

Y Don Quijote no se rinde, porque no es pesimista, y
pelea. No es pesimista porque el pesimismo es hijo de vanidad, es cosa de moda, puro *snobismo,* y Don Quijote ni
es vano ni vanidoso, ni moderno de ninguna modernidad
—menos modernista—, y no entiende qué es eso de *snob*
mientras no se lo digan en cristiano viejo español. No es pesimista Don Quijote, porque como no entiende qué sea eso
de la *joie de vivre,* no entiende de su contrario. Ni entiende
de tonterías futuristas tampoco. A pesar de Clavileño, no
ha llegado al aeroplano, que parece querer alejar del cielo
a no pocos atolondrados. Don Quijote no ha llegado a la
edad del tedio de la vida que suele traducirse en esa tan
característica topofobia de no pocos espíritus modernos, que
se pasan la vida corriendo a todo correr de un lado para
otro, y no por amor a aquel adonde van, sino por odio a
aquel otro de donde vienen, huyendo de todos. Lo que es
una de las formas de la desesperación.

Pero Don Quijote oye ya su propia risa, oye la risa divina, y como no es pesimista, como cree en la vida eterna,
tiene que pelear, arremetiendo contra la ortodoxia inquisi-
torial científica moderna por traer una nueva e imposible
Edad Media, dualística, contradictoria, apasionada. Como
un nuevo Savonarola, Quijote italiano de fines del siglo XV,
pelea contra esta Edad Moderna que abrió Maquiavelo y
que acabará cómicamente. Pelea contra el racionalismo he-
redado del XVIII. La paz de la conciencia, la conciliación entre la razón y la fe, ya, gracias a Dios providente, no cabe.
El mundo tiene que ser como Don Quijote quiere, y las ven-

tas tienen que ser castillos, y peleará con él y será, al parecer, vencido, pero vencerá al ponerse en ridículo. Y se vencerá riéndose de sí mismo y haciéndose reír.

«La razón habla y el sentido muerde», dijo el Petrarca;
pero también la razón muerde y muerde en el cogollo del
corazón. Y no hay más calor a más luz. «¡Luz, luz, más luz
todavía!», dicen que dijo Goethe moribundo. No, calor, calor, más calor todavía, que nos morimos de frío y no de oscuridad. La noche no mata; mata el hielo. Y hay que libertar a la princesa encantada y destruir el retablo de Mae-
se Pedro.

¿Y no habrá también pedantería, Dios mío, en esto de
creerse uno burlado y haciendo el Quijote? Los regenerados
(*Opvakte*) desean que el mundo impío se burle de ellos para
estar más seguros de ser regenerados, puesto que son burlados, y gozar la ventaja de poder quejarse de la impiedad
del mundo, dijo Kierkegaard (*Afsluttende uvidenskabelig
Efterskrift,* II Afsnit II, capítulo IV, sectio II, B).

¿Cómo escapar a una u otra pedantería, a una u otra afec-
tación, si el hombre natural no es sino un mito, y somos
artificiales todos?

¡Romanticismo! Sí, acaso sea esa en parte la palabra. Y
nos sirve más y mejor por su imprecisión misma. Contra
eso, contra el romanticismo, se ha desencadenado recientemente, sobre todo en Francia, la pedantería racionalista y
clasicista. ¿Que él, que el romanticismo, es otra pedantería,
la pedantería sentimental? Tal vez. En este mundo un hombre culto, o es dilettante o es pedante; a escojer, pues. Sí,
pedantes acaso René y Adolfo. Obermann y Lara... El caso
es buscar consuelo en el desconsuelo.

A la filosofía de Bergson, que es una restauración espiritualista, en el fondo mística, medieval, quijotesca, se le
ha llamado filosofía *demi-mondaine*. Quitadle el *demi; mon-
daine,* mundana. Mundana, sí, para el mundo y no para
los filósofos, como no debe ser la química para los químicos solos. El mundo quiere ser engañado —*mundus vult de-
cipi*—, o con el engaño de antes de la razón, que es la poesía, o con el engaño de después de ella, que es la religión.
Y ya dijo Maquiavelo que quien quiera engañar encontrará

siempre quien deje que le engañen. ¡Y bienaventurados los
que hacen el primo! Un francés, Jules de Gaultier, dijo que
el privilegio de su pueblo era *n'être pas dupe,* no hacer el
primo. ¡Triste privilegio!

La ciencia no le da a Don Quijote lo que éste le pide.
«¡Que no le pida eso —dirán—; que se resigne, que acep-
te la vida y la verdad como son!» Pero él no las acepta así,
y pide señales, a lo que le mueve Sancho, que está a su
lado. Y no es que Don Quijote no comprenda lo que comprende quien así le habla, el que procura resignarse y aceptar la vida y la verdad racionales. No; es que sus necesidades efectivas son mayores. ¿Pedantería? ¡Quién sabe!...

Y en este siglo crítico, Don Quijote, que se ha contami-
nado de criticismo también, tiene que arremeter contra sí
mismo, víctima del intelectualismo y del sentimentalismo,
y que cuando quiere ser más espontáneo, más afectado aparece. Y quiere el pobre racionalizar lo irracional e irracio-
nalizar lo racional. Y cae en la desesperación íntima del siglo crítico de que fueron las dos más grandes víctimas
Nietzsche y Tolstoi. Y por desesperación entra en el furor
heroico de que hablaba aquel Quijote del pensamiento que
escapó al claustro, Giordano Bruno, y se hace despertador
de las almas que duermen, *dormitantium amimorum excubi-
tor,* como dijo de sí mismo el ex dominicano, el que escribió: «El amor heroico es propio de las naturalezas superiores llamadas insanas —*insane*—, no porque no saben
—*non sanno*—, sino porque sobresalen —*soprasanno*».

Pero Bruno creía en el triunfo de sus doctrinas, o por lo
menos al pie de su estatua, en el Campo dei Fiori, frente
al Vaticano, han puesto que se la ofrece el siglo por él adi-
vinado, *il secolo da lui divinato.* Mas nuestro Don Quijote,
el redivivo, el interior, el conciente de su propia comicidad,
no cree que triunfen sus doctrinas en este mundo porque
no son de él. Y es mejor que no triunfen. Y si le quisieran
hacer a Don Quijote rey, se retiraría solo al monte, huyendo de las turbas regificientes y regicidas, como se retiró solo
al monte el Cristo cuando, después del milagro de los pe-
ces y los panes, le quisieron proclamar rey. Dejó el título
de rey para encima de la cruz.

¿Cuál es, pues, la nueva misión de Don Quijote hoy en este mundo? Clamar, clamar en el desierto. Pero el desierto oye, aunque no oigan los hombres, y un día se convertirá en selva sonora, y esa voz solitaria que va posando en el desierto como semilla, dará un cedro gigantesco que con sus cien mil lenguas cantará un hosanna eterno al Señor de la vida y de la muerte.

*   *   *

Y vosotros ahora, bachilleres Carrascos del regeneracionismo europeizante, jóvenes que trabajáis a la europea, con método y crítica..., científicos, haced riqueza, haced patria, haced arte, haced ciencia, haced ética, haced o más bien traducid sobre todo Kultura, que así mataréis a la vida y a la muerte. ¡Para lo que ha de durarnos todo!...

Y con esto se acaban ya —¡ya era hora!—, por ahora al menos, estos ensayos sobre el sentimiento trágico de la vida en los hombres y en los pueblos, o, por lo menos en mí —que soy hombre— y en el alma de mi pueblo tal como en la mía se refleja.

Espero, lector, que mientras dure nuestra tragedia, en algún entreacto, volvamos a encontrarnos. Y nos reconoceremos. Y perdona si te he molestado más de lo debido e inevitable, más de lo que, al tomar la pluma para distraerte un poco de tus distracciones, me propuse. ¡Y Dios no te dé paz y sí gloria!

En Salamanca, año de gracia de 1912.

Índice